Hans Jürgen Boxberger

Kleine Brötchen backen?

Als Asperger-Autist in den Tücken des Berufslebens

VON LOEPER LITERATURVERLAG

Bibliographische Information der Deutschen Bibliothek
Die Deutsche Bibliothek verzeichnet diese Publikation in der Deutschen Nationalbibliographie; detaillierte bibliographische Daten sind im Internet unter http://dnb.ddb.de abrufbar.

Gehen Sie uns „ins Netz"!
Besuchen Sie uns im Internet unter
www.vonLoeper.de

Gerne senden wir Ihnen kostenlos ausführliche Informationen zu unserem Verlagsprogramm zu und informieren Sie regelmäßig über wichtige Neuerscheinungen zum Thema. (Adresse siehe unten)

Wichtiger Hinweis:
Weitere Literatur, ausführliche Zusatzinformationen zum Thema Autismus, wichtige Links und weiteres Bonus-Material finden Sie im Internet unter
www.vonLoeper.de/autismus

Originalausgabe
1. Auflage 1-0718-bo

Gesamtherstellung und Vertrieb:
Ariadne Buchdienst,
Daimlerstr. 23, 76185 Karlsruhe
Tel. (0721) 46472 9-029
Fax (0721) 46472 9-099
E-Mail: Info@vonLoeper.de
Internet: www.vonLoeper.de

ISBN 978-3-86059-250-2

Inhalt

Für meinen Vater, meine Frau und meinen Sohn

Vorwort

Was bedeutet es, autistisch zu sein?

Wie gestalten sich die Leben von Menschen, die heutzutage eine Autismusdiagnose bekommen?

Und muss Autismus als Krankheit begriffen werden oder nicht viel mehr als besondere Struktur der Persönlichkeit, zumindest bei den vielen betroffenen Menschen, die unter den sogenannten hochfunktionalen Varianten einer heute sogenannten Autismus-Spektrum-Störung leiden? Dabei geht es um jene Menschen, die über eine zumindest bei oberflächlicher Betrachtung funktionierende Sprache im kommunikativen Sinne und eine durchschnittliche nicht selten auch überdurchschnittliche Intelligenz verfügen.

Mit diesen Fragen setzt sich Jürgen Boxberger in seinem Buchprojekt „Kleine Brötchen backen? Als Asperger-Autist in den Tücken des Berufslebens“ auseinander. Dabei geht er von seinen ganz persönlichen Erfahrungen mit dieser Thematik aus. Eingangs schildert er die klinische Symptomatik des Autismus, wie sie nach aktuellem Verständnis definiert wird.

Vor diesem Hintergrund schildert Jürgen Boxberger dann die Geschichte seines Protagonisten Armin, der erst im Alter von 52 Jahren seine Autismusdiagnose erhielt. Dies geschah zu einem Zeitpunkt, nachdem er auf dem ersten Arbeitsmarkt gerade wegen seiner autistischen Besonderheiten gescheitert war. Die Diagnose kam für Armin zu spät, um auf dem ersten Arbeitsmarkt noch einmal Fuß fassen zu können. Anschaulich und lebensnah schildert Jürgen Boxberger, wie das Leben vielleicht hätte anders verlaufen können, wäre die Diagnose bereits 30 oder 40 Jahre früher gestellt worden. Hätte er früher Gelegenheit gehabt, die Besonderheiten seiner Struktur auch begrifflich für sich selber zu fassen und hätte er mit allgemein akzeptierten Begriffen und Konzepten diese Besonderheiten seiner Person auch anderen Kollegen wie Vorgesetzten deutlich machen können, vielleicht wäre es möglich gewesen die vielen Missverständnisse, Verletzungen und Konflikte zu vermeiden, die bei ihm aber möglicherweise auch bei seinen Kommunikationspartnern „auf der Arbeit“ so entstanden sind. Jürgen Boxberger schildert am Beispiel seines Protagonisten Armin dabei eine aus klinischer Perspektive geradezu klassische Konstellation gerade von Menschen mit sehr hoch funktionalem Autismus. Dabei ist es nicht selten so, dass, je höher das Funktionsniveau und die Intelligenz von autistischen Menschen ausgeprägt sind, die begriffliche Diagnose der strukturellen Besonderheit der betroffenen Personen umso später gestellt wird. Denn gerade sehr hoch funktionale und intelligente, aber dennoch autistisch strukturierte Menschen verfügen über extrem hohe Kompensationsmechanismen. Der Blickkontakt wird früh und gezielt geübt – oft nach Ermahnung durch Eltern, Kindergärtnerinnen oder in der Schule – sozial übliche Verhaltensweisen werden „abgeschaut“ und mit extrem hoher analytischer Anstrengungsbereitschaft wird gelernt und trainiert, die eigenen Besonderheiten und die eigene strukturelle Differenz im Vergleich zur großen Mehrheit der Referenzgruppen zu verbergen. Dies bedeutet eine große, oft auch übergroße Anstrengung für die Betroffenen. Und so geraten sie immer wieder in Situationen, die für durchschnittlich strukturierte Menschen keine besondere Schwierigkeit darstellen, an ihre Grenzen, dekompensieren und reagieren in den Augen der Anderen schroff, zurückgezogen oder arrogant. Da dies gerade in solchen Situationen geschieht, die für „die Meisten“ keine besondere Anstrengung darstellen wie etwa die Mittagspause, das Betriebsfest oder andere soziale und lockere Veranstaltungen, ist das Verhalten für die vielen durchschnittlich strukturierten Menschen umso unverständlicher. Genau dies führt dann zu den wechselseitigen Missverständnissen, Fehldeutungen und Konflikten, die sich wie ein roter Faden durch das Leben gerade besonders hochfunktionaler autistischer Menschen ziehen.

Gerade für diese Gruppe von Menschen ist dann die Autismusdiagnose in Hinblick auf die eigene Identitätsbildung eine plausible Erklärung für die chronischen Schwierigkeiten in ihrem Leben und damit von besonders großer Bedeutung. Aus klinischer Perspektive ergibt sich dabei die Schwierigkeit, dass man sich hier zwangsläufig früher oder später in einem Grenzgebiet bewegt, was den Schweregrad der Ausprägung der autistischen Symptomatik anbelangt. Können Menschen, die zwar erkennbar seit der Kindheit Probleme mit dem Blickkontakt hatten, die gerne zur Beruhigung geschaukelt haben, denen körperliche Berührungen unangenehm waren, die in sozialen Gruppen nur schwer oder gar nicht zurechtkamen, die eine erkennbare Tendenz hatten, Sprache wörtlich zu nehmen, die erkennbar auf Routinen und erwartungsgemäße Tagesabläufe angewiesen waren und sich spielend leicht mit über die Lebensspanne auch wechselnden besonderen Thematiken auseinandersetzen konnten, die eine detailorientierte Wahrnehmung hatten und bei Erwartungsfrustration erkennbar leicht in Anspannungszustände mit Wutattacken gerieten aber dennoch eine erfolgreiche Schullaufbahn „hinlegten", ihr Studium schafften, eine Partnerschaft entwickeln konnten und ein nach außen betrachtet mehr oder weniger normales Familienleben aufbauen konnten wirklich nach medizinischen Kriterien als krank beschrieben werden? Die Antwort lautet natürlich nein. Dennoch ist der Begriff des Autismus, der Autismus-Spektrum-Störung oder des Asperger-Syndroms für viele dieser sehr hoch funktional autistisch strukturierten Menschen von zentraler Bedeutung, um sich und anderen ihr eigenes So-Sein plausibel erklären zu können. Erst daraus – also aus der Erkenntnis der eigenen Persönlichkeit bzw. Struktur – entwickelt sich ein angemessenes Selbstbild, welches die eigenen Schwächen aber auch die eigenen Stärken realistisch und wertfrei und ohne eigene oder fremde Vorverurteilung in den Blick nimmt. Auf dieser Grundlage kann dann eine wohlwollende und vernünftige Lebensplanung aufgebaut werden.

Die genaue Analyse zeigt, dass die klassisch medizinische Dichotomie in krank versus gesund nicht hinreicht, um die vielen Phänomene im Grenzbereich des Autismus angemessen zu beschreiben. Es wird eine differenziertere Begrifflichkeit benötigt, um das Phänomen des Autismusspektrums sowohl aus der klinisch psychiatrischen Perspektive als auch aus der Sichtweise der gesellschaftlich alltäglichen Wirklichkeit zu beschreiben. Es muss erkannt werden, dass autistische Persönlichkeitsstrukturen sowohl dimensional im stufenlos mehr oder weniger ausgeprägten Sinne als Persönlichkeitsstruktur gegeben sind, als auch im Kontext klar erkennbarer und benennbarer neuropsychiatrischer Krankheiten. Beides ist der Fall. Autismus kann sowohl unabhängig von seinem Schweregrad als Krankheit kategorial diagnostiziert werden als auch im dimensionalen Sinne als mehr oder weniger stark ausgeprägte Persönlichkeitsstruktur zwischen dem holistischen und autistischen Pol gegeben sein (Vergleiche Tebartz van Elst. Autismus und ADHS. Zwischen Normvariante, Persönlichkeitsstörung und neuropsychiatrischer Krankheit. Kohlhammer Verlag 2016).

Wie diese akademischen aber dennoch auch für Patienten und ihre Angehörigen sehr wichtigen theoretischen Erkenntnisse sich in das alltägliche Leben und insbesondere die Erwerbsbiographie einschreiben, schildert Jürgen Boxberger sehr anschaulich, authentisch und anrührend in der Lebensgeschichte seines Protagonisten Armin. Der Leser bekommt einen anschaulichen und lebhaften Eindruck von den Besonderheiten eines solchen Menschen mit sehr hoch funktional autistischen Eigenschaften. Anschaulich wird auch geschildert, wie Armin als autistisch strukturierter Wissenschaftler zwischen Skylla (Arbeitsrausch) und Charybdis (Panikattacken) seinen Kurs kaum halten kann. Dies sind Szenen, die dem Kliniker vor allem im Kontext von autistisch strukturierten Menschen aber auch bei Menschen mit einer hochfunktionalen ADHS nur allzu geläufig sind. Ebenfalls einen hohen Wiedererkennungswert für Kliniker haben die Szenen, in denen die Überforderung, die aus der Überkompensation resultiert, ihren Niederschlag in körperlichen, somatisierenden Symptomen finden und so der Weg von Arzt zu Arzt gesucht wird, ohne eine plausible Erklärung für die vielen Beschwerden zu finden. Die Diagnose des Asperger-Syndroms wird in dieser Konstellation für Armin wie für seine Familie als Erlösung erlebt, als „zweite Geburt". „Am 19.10.2010 wurde aus dem lange gehegten Verdacht nun schließlich Gewissheit: Die Autismus-Ambulanz der Charité verlieh Armin das Prädikat

„Asperger-Syndrom im Erwachsenenalter gemäß DSM IV und ICD 10 (F84.5)."

Gerade diese Formulierung führt wieder zurück zu den oben beschriebenen Überlegungen. Obwohl bei einem Menschen wie Armin der Autismus wahrscheinlich eher nicht im Sinne einer klassischen Krankheit, sondern eher als Normvariante eines dimensional strukturierten So- und Anders-Seins verstanden werden muss, wird die Diagnose auch kategoriales Phänomen – ganz anders als viele andere psychiatrische Diagnosen – als Befreiung erlebt, mit großer Bereitschaft akzeptiert und geradezu als „Prädikat" gefeiert. Diese für den Kliniker alltägliche Erfahrung kann nur durch das Leid erklärt werden, welches die Verborgenheit der eigenen Struktur und die daraus resultierenden chronischen Missverständnisse und Konflikte über Jahre und Jahrzehnte verursacht hat. Wieder wird klar: um sich dem Phänomen Autismus so wie es sich in der Lebenswirklichkeit darstellt angemessen nähern zu können, braucht man eine Begrifflichkeit, die es sowohl in seiner dimensionalen als auch in seiner kategorialen Existenz beschreiben kann. Die traurige gesellschaftliche Realität ist die, dass viele nicht autistische Menschen autistisch strukturierten Zeitgenossen erst dann mit Toleranz und Akzeptanz begegnen können, nachdem diese zuvor in einem ersten Schritt normativ im Sinne einer psychiatrischen Diagnose abgesondert und ausgegrenzt wurden. Dieser gesellschaftlichen Wirklichkeit darf sich aber die Medizin im Sinne einer wissenschaftlichen Psychiatrie nicht beugen. Auch wenn es gedanklicher Anstrengung bedarf, so muss verstanden werden, dass nicht jede extreme Form der Ausprägung von Persönlichkeitseigenschaften als psychiatrische Krankheit fehlgedeutet werden darf, auch wenn aus dieser strukturellen Besonderheit aus nachvollziehbaren Gründen chronische Missverständnisse, Fehldeutungen und schweres Leid resultieren. Was diese theoretischen Überlegungen in der Praxis eines gelebten Lebens und insbesondere im Arbeitsleben bedeutet, kann in Jürgen Boxbergers Buch „Kleine Brötchen backen?“ sehr anschaulich und unterhaltsam nachgelesen werden. Ich kann es zur Lektüre nur empfehlen.

Prof. Dr. Ludger Tebartz van Elst
Freiburg, November 2017

Danksagung

Ohne die Ermutigung, Unterstützung und Hilfsbereitschaft einer ganzen Reihe von Menschen hätte dieses Buch nicht geschrieben werden können. Mein Dank gebührt Prof. Dr. Ludger Tebartz van Elst für sein Entgegenkommen, dieses Buch mit einem Geleitwort aus der Sicht des Wissenschaftlers zu bereichern. Gedankt sei auch Britta Seger, die große Teile des Manuskripts kritisch gelesen und mich vor mancher „Betriebsblindheit" bewahrt hat. Dank auch an Eva Daniels für den wertvollen Hinweis, dass man einem neurotypischen Publikum eine schwierige Thematik wie Autismus nur über die humorige Seite näherbringen kann. Sehr verbunden bin ich nicht zuletzt auch dem Verleger und Nora Cremers für ihren Mut, sich des Themas anzunehmen und das Manuskript bis zur endgültigen Buchwerdung zu begleiten. Gedankt sei auch allen namentlich ungenannt gebliebenen Menschen, die mir in verschiedenen Phasen meiner Erwerbsbiografie Hilfe gewährt und Orientierung gegeben haben. Sie werden sich sicher wiedererkennen. Gar nicht genug danken kann ich meiner Frau. Selbst in schwierigsten Zeiten war und ist sie mir eine liebe und treue Weggefährtin.

„Geschaffen wird der Mensch von der Natur,
weiterentwickelt und geformt jedoch durch die Gesellschaft.
Kein Lebensumstand rettet und schützt
den Menschen vor den Einflüssen der Gesellschaft,
vor ihr gibt es kein Verstecken, vor ihr kein Entkommen.“

Wissarion Grigorjewitsch Belinskij
(Russischer Literat und Philosoph, 1811-1848)

Einführung

Mancher Leser, der sich auf dieses Buch einlässt, wird sich die Frage stellen: „Erwerbsbiografie? Was soll das denn sein?" Biografien, ja, die kennt man. Die Regale in den Buchläden biegen sich unter der Last biografischer und autobiografischer Neuerscheinungen. Andere Leser können sich unter den Begriffen „Autist" oder „Autismus" nicht viel vorstellen. Daher erscheinen einige einführende Worte als angebracht.

Betrachten wir zunächst den seltsam sperrigen Terminus „Erwerbsbiografie". Gemeint ist ein persönlicher, ganz spezieller Lebenslauf. Er bildet sowohl die eigenen Aktivitäten bei der Suche nach erwerbsmäßiger Arbeit als auch die persönlichen Erfahrungen am Arbeitsplatz ab. Im Kern beschreibt er jenen Lebensabschnitt, der durch aktive „Teilhabe am Arbeitsleben" der materiellen Sicherung der eigenen Existenz und – sofern vorhanden – der Familie dient. Landläufig nennt man das „seine Brötchen verdienen".

Streng genommen umfasst eine Erwerbsbiografie nur jene Lebenszeit, die dem Erwerb des Lebensunterhaltes vorbehalten ist. Das ist in der Regel die Zeit der Berufstätigkeit, kann aber auch die Phase der Ausbildung miteinschließen. Um die Problematik, die der hier vorgestellten Erwerbsbiografie zu Grunde liegt, deutlicher herauszustellen, ist es hingegen sinnvoll, auch frühere Lebensphasen miteinzubeziehen. Grund ist der angeborene Autismus des Protagonisten, den wir Armin nennen, über deren Existenz er erst im fortgeschrittenen Alter erfährt. Rätselhafte Ereignisse und scheinbar unerklärliche Vorfälle in seinem (Erwerbs-)Leben stehen ursächlich mit dieser Besonderheit in Zusammenhang und werden im Nachhinein durch diese erst verständlich. Doch davon soll später die Rede sein.

Armins Erwerbsbiografie weist einige auffällige Abweichungen von der typischen, mehr oder weniger aufwärts strebenden „Karriere“ auf. Sie ist durch unerwartete und unfreiwillige Brüche sowie durch den Wechsel zwischen typischen und atypischen Beschäftigungsverhältnissen gekennzeichnet. In dieser fragmentierten, gebrochenen, diskontinuierlichen, oder wenn man es positiv ausdrücken möchte: in dieser „bunten“ Erwerbsbiografie wechseln sich Phasen der Vollerwerbsbeschäftigung mit Phasen der Arbeitssuche, der Arbeitslosigkeit, der Krankheit, der ungewollten Rehabilitationsmaßnahmen und erneuter Erwerbstätigkeit auf immer neuen Tätigkeitsfeldern einander ab. Um dem Leser Zeitsprünge zu ersparen, ist der Erzähler den streng chronologischen Weg gegangen und hat im Interesse der Lesbarkeit auf komplexe Rück- und Vorblenden fast vollständig verzichtet.

Um Armins Lebensgeschichte besser verstehen zu können, müssen wir über seine Besonderheit Bescheid wissen. Wenden wir uns deshalb nun der Beantwortung der Frage zu, was sich hinter dem Phänomen Autismus[1] verbirgt.

So simpel die Frage gestellt ist, so schwierig ist sie zu beantworten. Obwohl das Thema Autismus, nicht zuletzt wegen der in den letzten Jahren gewachsenen Medienpräsenz von Autisten, ins Bewusstsein vieler Menschen gedrungen ist, herrschen in der Bevölkerung noch Verunsicherung und Halbwissen vor. Kaum einem anderen Begriff begegnet man mit so viel Unkenntnis und Vorurteilen wie dem Begriff Autismus. Die meisten Menschen haben keine richtige Vorstellung davon, was Autismus ist, geschweige denn davon, was es heißt, autistisch zu sein. Ehe wir uns Armins Erwerbsbiografie zuwenden, wollen wir uns deshalb kurz mit der Begriffserklärung beschäftigen.

Autismus wird von der Weltgesundheitsorganisation WHO im Klassifikationssystem für Krankheiten als „tiefgreifende Entwicklungsstörung“ des menschlichen Gehirns, also als defizitäre Beeinträchtigung der mentalen Gesundheit definiert (http://www.icd-code.de/icd/code/F84.0.html oder auch nachzulesen in Remschmidt, Schmidt, Poustka 2001). Die angeborene, vom „neurotypischen", das heißt vom nicht-autistischen Schaltplan des menschlichen Denkorgans abweichende Verdrahtung der Gehirnzellen mit Auswirkungen auf die Wahrnehmung und das Verhalten wird gemeinhin als „autistische Behinderung", als Defekt oder gar als Krankheit (Syndrom) angesehen. Aus diesem Grund wird autistischen Menschen – wie auch anderen Menschen mit Handicap – aus der Sicht neurotypischer, nicht behinderter Menschen immer wieder unterstellt, sie litten unter ihrer „Behinderung", weil ihnen etwas fehle. Im Gegensatz zu dieser Außensicht fühlen sich viele Autisten (Innensicht) selbst jedoch durch ihr „autistisches Sein" weder krank noch leidend. Aufgrund der fundamental andersartigen (aber aus der Innensicht nicht falschen) Wahrnehmung der Welt und den daraus resultierenden, nicht immer regelkonformen Verhaltensweisen autistischer Menschen kann jedoch aus der Perspektive der Außensicht der Eindruck einer neuropsychiatrischen Behinderung entstehen. Autistisches Verhalten wird deshalb erst im sozialen Kontext der gesellschaftlichen Bedingungen zu einem Handicap, da es für den Autisten in der Regel negative Folgen nach sich zieht. Folglich kann Autismus je nach Sichtweise beides bedeuten: durch ein Defizit behindert zu sein oder durch die Gesellschaft behindert zu werden[2]. Mit anderen Worten: Autismus kann als Diagnose (negativ) oder aber als besondere Form des Seins und der Persönlichkeit (positiv) begriffen werden.

Das Wort Autismus muss als Gattungsbegriff verstanden werden, der unterschiedliche Erscheinungsformen einschließt. Das amerikanische Klassifikationssystem „Diagnostic and Statistical Manual of Mental Disorders" (DSM) listete diese bis vor wenigen Jahren ungeachtet ihrer Übereinstimmungen und Ähnlichkeiten als getrennte Kategorien. Die in den nachfolgenden Definitionen aufgeführten Kennzeichen und Merkmale (vgl. Remschmidt 2000, S. A1298 ff.; vgl. Vogeley 2010, S. 149 ff.) entsprechen der Außensicht:

1. Frühkindlicher Autismus, auch Kanner-Syndrom[3] genannt:
   Die Sprachentwicklung setzt verzögert, in manchen Fällen

gar nicht ein. Ab dem dritten Lebensjahr ist eine ausgeprägte Beeinträchtigung nonverbaler Verhaltensweisen wie Blickkontakt, Gesichtsausdruck und Körpersprache zu beobachten. Die Kinder entwickeln anscheinend keine adäquaten Beziehungen zu Gleichaltrigen. Abhängig vom intellektuellen Leistungsvermögen unterteilt dieses System den frühkindlichen Autismus weiter in niedrig-, mittel- und hochfunktionalen Autismus (wir beschränken uns im Weiteren auf die letztgenannte Variante des Kannerschen Autismus).

2. Hochfunktionaler Autismus (HFA):
   Menschen mit HFA zeigen als Kleinkinder die Merkmale des Kanner-Syndroms. Ihre Sprachentwicklung erfolgt nach anfänglicher Verzögerung jedoch weitgehend normal. Sie erreichen ein Funktionsniveau, das dem des Asperger-Syndroms[4] vergleichbar ist.

3. Asperger-Syndrom (AS):
   Von allen Autismus-Varianten manifestiert sich das Asperger-Syndrom am spätesten (etwa ab dem vierten Lebensjahr[5]). Asperger-Autisten erwerben die Fähigkeit zu sprechen altersgerecht. Es bestehen jedoch Beeinträchtigungen bei der nonverbalen Kommunikation und bei der sozialen Interaktion. Aufgrund der verhältnismäßig „milden“ Ausprägung bleibt diese Autismus-Form in vielen Fällen unentdeckt.

4. Atypischer Autismus:
   Die „Symptome“ treten nach dem dritten Lebensjahr auf. Sie erfüllen nicht alle Kriterien des Kanner- oder des Asperger-Syndroms. Die bei Kindern mit atypischem Autismus beobachtete Intelligenzminderung könnte in der Verwendung sprachgebundener Intelligenztests begründet liegen. Bei sprachfreien Tests schneiden die Kinder deutlich besser ab (vgl. Soulières et al. 2011).

Allen Erscheinungsformen des Autismus gemein ist eine Reihe funktional bedeutsamer Eigenschaften. Mit anderen Worten: Alle autistischen Menschen teilen sich einige gemeinsame Kennzeichen.

Diese Merkmale umfassen:

A. Eine sensorisch andere Wahrnehmung der Welt:
Bis auf spezielle Ausnahmen zeichnet Autisten aus der Außensicht eine intensivere taktile, auditive und/oder visuelle Wahrnehmung aus. Anders ausgedrückt: Sie nehmen Berührungen, Geräusche und Bilder stärker wahr, als neurotypische Menschen. Diese Filterschwäche gegen die drei Hauptreize menschlicher Sinneswahrnehmung führt zu sensorischem „Dauerfeuer", Reizüberflutung, permanentem Stress und mentaler Überlastung. Überforderung in speziellen Situationen kann zu Sprech- und Denkblockaden bis hin zur totalen Reaktionsunfähigkeit führen. Eine Abschaltfunktion des Gehirns und das teils strikte Meiden von Augen- und Körperkontakt (oder allgemein von Stress erzeugenden Situationen) dienen dem Selbstschutz.

B. Ungewöhnliche Lern- und Problemlösungsstrategien:
Zu den autismusspezifischen Wahrnehmungsbesonderheiten zählt unter anderem eine ausgeprägte Detailwahrnehmung. Nicht das Gesamtabbild an sich ist für den Autisten von Bedeutung, sondern dessen einzelne Facetten. Sein visuell-fotorealistisches, gegenständliches und assoziatives Denken zerlegt Gegenstände oder Situationen in Einzelteile, die separat gespeichert und wie ein Puzzle wieder zusammengefügt werden. Die Fähigkeiten, mehr Unterschiede statt Gemeinsamkeiten zu sehen, verdeckte, verborgene oder hintergründige Muster oder Figuren zu erkennen, räumlich und assoziativ zu denken sowie Dinge oder Wörter in Muster zu transferieren, gestatten unorthodoxes, bei Pädagogen nicht immer erwünschtes Lernverhalten und ermöglichen selbsterschlossene Lösungswege abseits aller Konventionen.

C. Auf Spezialinteressen fokussiertes Denken:
   Vor allem Autisten mit AS und HFA beschäftigen und identifizieren sich in ungewöhnlich hohem Maße mit speziellen Interessensgebieten. Oft erarbeiten sie sich auf ihrem Spezialgebiet ein enormes Fach- und Detailwissen. Die Interessensgebiete können so unterschiedliche Gebiete einschließen wie das Nahverkehrsnetz einer Stadt, elektrische Schaltpläne von Haushaltsgeräten, adlige Stammbäume, die Spielergebnisse seit der Gründung der Bundesliga oder Computerprogramme.

D. Atypische Bewegungsmuster und motorische Dysfunktionen:
   Viele Autisten wirken durch ihre bisweilen beeinträchtigte motorische Koordination oder Körperwahrnehmung sonderbar hölzern, linkisch, unbeholfen oder ungeschickt. Unruhiges Flattern mit den Händen und Füßen oder andere Aktivitäten dienen in stressbeladenen Situationen der Eigenberuhigung. Dieses sogenannte „Stimming“ wird von neurotypischen Menschen oftmals als störend und unangebracht abgelehnt. Für autistische Menschen stellt es jedoch eine ungemein wichtige, ja unverzichtbare Kompensationsstrategie dar, um sich in schwierigen sozialen Verhältnissen wieder zu „erden“.

E. Ausgeprägtes Bedürfnis nach Beständigkeit, Routine und Ordnung:
   Etliche Handlungen laufen bei Autisten ritualisiert oder nach mehr oder weniger starren Regeln ab. Sie geben ihnen Sicherheit in einer sich ständig verändernden Welt. Tagesablauf und Tätigkeiten können strikt nach individuellen Ordnungskriterien durchstrukturiert sein („Autisten lieben Listen“). Abweichungen von der Regel und unerwartete Veränderungen können daher Beunruhigung oder panikartige Zustände auslösen. Meist wird deshalb eine zurückgezogene Lebensweise bevorzugt und zu viel menschliche Nähe in der Regel gemieden.

F. Keine der Erwartungshaltung entsprechende Kommunikation: Metaphern, Ironie und andere nichtwörtliche Bedeutungen und Redewendungen werden oftmals wortwörtlich verstanden oder fehlinterpretiert. Die Fähigkeit „zwischen den Zeilen zu lesen" ist eingeschränkt, ebenso die Befähigung, bewusst die Unwahrheit zu sagen. Belanglose Gespräche (small talk) und Telefonate können Unsicherheit und Beklemmung auslösen.

G. Schwierigkeiten bei der sozialen Interaktion:
Die sozialen Realitäten von neurotypischen und autistischen Menschen unterscheiden sich fundamental (vgl. Seng 2016, S. 185). Soziale Situationen, wie Zeitdruck, Gespräche, unerwartete Veränderungen oder Ereignisse, können wie die sensorische Überempfindlichkeit zu Reizüberflutung führen und stresshaft erlebt werden. Unkontrollierte, der Situation nicht angemessene Handlungen können die Folge sein. Das stark belastende Aufnehmen und Halten von Blickkontakt oder Körperberührung werden deshalb gemieden. Neurotypische soziale Regeln müssen erst verstanden und mühsam durch Nachahmung erlernt werden. Autisten wirken auf neurotypische Menschen häufig naiv, andererseits auf eine als unangenehm empfundene Art und Weise sehr direkt oder gar arrogant. Sie haben zudem Schwierigkeiten, sich in andere Menschen hineinzuversetzen (Mangel an kognitiver Empathie). Die Interpretation von nonverbaler Kommunikation (Mienen- und Gebärdenspiel) und das Ablesen von Stimmungen oder Gefühlen können mitunter Schwierigkeiten bereiten. Die scheinbaren Probleme beim Benennen und Ausdrücken von Gefühlen werden von neurotypischen Menschen oft als mangelndes persönliches Interesse oder als unhöfliche Gleichgültigkeit missverstanden. Umgekehrt besitzen neurotypische Menschen keinen oder kaum Zugang zur sozialen Wirklichkeit von Autisten. In die Welt eines Blinden, eines Taubstummen oder eines Querschnittsgelähmten können sie sich durch

geeignete technische Simulationen hineinversetzen. Wie es sich „anfühlt, autistisch zu sein, wird keiner von ihnen je wissen" (Vero 2014, S. 23).

Die autistischen Wesenszüge können individuell in kaum wahrnehmbarer oder stark ausgeprägter Form in Erscheinung treten. Um nicht als gestört oder als krank zu gelten, bevorzugen viele autistische Personen den wertneutralen Begriff „Autismus-Spektrum" (vgl. Theunissen, Paetz 2015, S. 41 ff.). Sie bringen damit zum Ausdruck, dass sie Autismus als eine Sonderform des menschlichen Seins begreifen, ähnlich der Linkshändigkeit oder der Homosexualität. „Die Erkenntnis, dass ich anders – nicht geschädigt – bin, ist in starkem Maße gesundheitsfördernd", stellt der autistische Gitarrentechniker John E. Robison nicht ohne Genugtuung fest. Selbst in der Autismusforschung mehren sich die Stimmen derjenigen, die im Autismus keine pathologische Störung erkennen. Sie interpretieren Autismus vielmehr als das Ergebnis neuronaler Vielfalt (Neurodiversität). Das dem Autismus-Spektrum zugrunde liegende Konzept versteht Autismus als einen Formenkreis, mit dessen Hilfe die vielfältigen Ausprägungen zwanglos assoziiert werden können. Das Autismus-Spektrum wird den defizitorientierten, kategorisierenden und pathologisierenden Syndromen (syndromaler Autismus) bewusst gegenübergestellt. Angesichts etlicher Merkmalsüberlappungen zwischen den unterschiedlichen Autismuskategorien und der damit verbundenen Schwierigkeit, autistisches Verhalten eindeutig einzuordnen, verzichtet das DSM seit 2013 auf die starre Kategorisierung. Alternativ wurde der vermittelnde Oberbegriff „Autismus-Spektrum-Störung" (ASS) eingeführt. Da auch er einen psychischen Defekt, ein nicht-normal-sein unterstellt, wird er von zahlreichen Autisten als diskriminierender Ausdruck einer defizitorientierten Außensicht abgelehnt.

Die Barrieren, Hemmnisse und Einschränkungen, mit denen Menschen aus dem Autismus-Spektrum konfrontiert werden, sind so verschieden und so vielfältig wie diese Menschen selbst.

Die Probleme beginnen bereits in der Schule. Obwohl das Lernen vielen autistischen Kindern keine Schwierigkeiten bereiten würde, vermag ein inklusionsresistenter Schulbetrieb die vorhandenen geistigen Fähigkeiten dieser Schüler eher zu unterdrücken als zu fördern. Das Gleiche gilt für die sich anschließende Berufsausbildung oder für das Studium. Wer auch diesen Lebensabschnitt gemeistert hat, sieht sich mit den knallharten Anforderungen des Arbeitsmarktes konfrontiert. Für viele Erwachsene aus dem Autismus-Spektrum stellen Bewerbungsgespräche auf Grund der äußeren Umgebung, der nicht vertrauten Räumlichkeiten und der ungewohnten Atmosphäre, unter denen die Interviews stattfinden, schier unüberwindbare Hürden dar. In den seltensten Fällen entsprechen die Denkmuster und die sozialen Interaktionen autistischer Bewerber den Vorstellungen ihrer neurotypischen Interviewer. Werden die Bewerbungsgespräche zudem inquisitorisch geführt, steht der Verlierer auch bei hundertprozentiger Qualifikation von vornherein fest.

Autisten sind somit in besonderem Maße auf die Hilfe der Arbeitsagenturen, Jobcenter und anderer Arbeitsvermittler angewiesen. Doch den meisten Mitarbeiterinnen und Mitarbeitern dieser Einrichtungen sind die Erscheinungsbilder des Autismus nahezu unbekannt. Nach einer 2008 durchgeführten Umfrage der Autismus-Forschungs-Kooperation (AFK) in Berlin wissen sie nicht, dass die meisten Menschen mit HFA oder mit AS (also die Menschen aus dem Autismus-Spektrum, die in der Regel zu ihnen kommen) normale bis überdurchschnittliche kognitive Fähigkeiten besitzen und durchaus ein starkes Mitgefühl (affektive Empathie) für nicht-autistische Menschen entwickeln. Sie wissen nichts über die gemeinsamen Schwierigkeiten autistischer und neurotypischer Menschen, gegenseitig in soziale Interaktion zu treten und der Situation angemessen zu kommunizieren. Über die Probleme vieler Autisten bei der Aufnahme von Blick- und Körperkontakt sowie mit der nonverbalen Kommunikation haben sie in der Regel nie etwas erfahren. Die Arbeitsvermittler wissen zudem kaum über die besonderen Stärken autistischer

Menschen Bescheid, während sie deren vermeintliche Schwächen und Defizite rasch aufdecken und als Maßstab für die Job(un)tauglichkeit nutzen. Es ist ihnen unbekannt, dass Autisten mit HFA oder mit AS meist über ein ausgeprägtes logisches Denkvermögen verfügen und sich auf ihren Spezialgebieten durch eine außergewöhnliche Sachkenntnis, durch eine hohe Merkfähigkeit oder andere jobdienliche Begabungen auszeichnen.

Autisten machen nichts „aus dem Bauch heraus". Alles geschieht über den Kopf. Viele Menschen mit autistischem Hintergrund wären durchaus in der Lage, in den von ihnen ergriffenen oder angestrebten Berufen erfolgreich zu sein (in Kap. *Autisten auf dem Arbeitsmarkt – Eine Standortbestimmung* sind einige positive Beispiele aufgeführt). Traurige Tatsache ist aber, dass die Mehrzahl der Autisten in der heutigen Arbeitswelt an den hohen Anforderungen was die soziale Kompetenz betrifft, scheitert und kaum geeignete Stellen findet. Zudem sind Autisten im Berufsleben in besonderem Maße Mobbing ausgesetzt, da sich viele scheuen, Vorgesetzte und Kollegen, die sich von der vermeintlich respektlosen und provokativen Art ihrer neuen Mitarbeiterinnen und Mitarbeiter herausgefordert fühlen, über ihre Besonderheit aufzuklären. In vielen Fällen wissen sie selbst nicht, dass sie autistisch veranlagt sind. Ohne Diagnose besteht jedoch kein Anspruch auf Förderungen wie finanzielle Hilfen an Arbeitgeber, Ausstattungs- und Wiedereingliederungshilfe, Hilfsmittelfinanzierung etc. durch die Agentur für Arbeit, durch den Rentenversicherungsträger oder durch das Integrationsamt. Liegt eine Diagnose vor und ist der Autismus gar durch einen Schwerbehindertenausweis „amtlich", erweisen sich die zur Verfügung stehenden Förderinstrumente wie Nachteilsausgleiche oder die Förderung der Beschäftigung durch besondere Pflichten der Arbeitgeber in vielen Fällen als unzureichend, kaum oder schwer durchsetzbar und sind deshalb allzu oft von geringem Nutzen. All das führt zahlreiche Menschen im Autismus-Spektrum letztlich mit fataler Zwangsläufigkeit in andauernde Erwerbslosigkeit. Prekäre Lebensverhältnisse sind die

Folge. Die Betroffenen finden sich unversehens in einer Endlosschleife aus Arbeitslosigkeit, kurzfristigen, geringqualifizierten Beschäftigungen, Krankheit und eigentlich überflüssigen Rehabilitationsmaßnahmen wieder. Einmal in diesem Hamsterrad gefangen, ist ein Ausbrechen aus eigener Kraft kaum mehr möglich.

Es ist tröstlich zu wissen, dass es vor allem Autisten mit den Diagnosen HFA und AS trotz ihrer besonderen Veranlagung und den damit einhergehenden, mitunter sehr belastenden Schwierigkeiten immer wieder gelingt, in einem überraschend breiten Berufsspektrum tätig zu werden. Unter ihnen finden sich auch hervorragend ausgebildete Spezialisten, Wissenschaftler oder Künstler. Die meisten Menschen im Autismus-Spektrum dürften jedoch Tätigkeiten ausüben, die sie intellektuell unterfordern und die ihnen kaum eine ihrer Ausbildung angemessene Entlohnung oder gar eine befriedigende berufliche Perspektive bieten. Ohnehin mit einem Handicap belastet, verringern sich ihre beruflichen Chancen mit zunehmendem Alter mehr und mehr. Das Hamsterrad bewegt sich in einer Abwärtsspirale, an deren Ende die Altersarmut durchaus zu einer mehr als nur hypothetischen Option zu werden droht.

Um Menschen mit Handicap uneingeschränkten Zugang zum Arbeitsmarkt zu ermöglichen, wurde 2009 das Leitbild der Inklusion eingeführt. Inklusion bedeutet, dass jeder Mensch überall ganz natürlich dazu gehört, gleichgültig wie er aussieht, welche Sprache er spricht oder ob er eine Behinderung hat. „Wenn jeder Mensch überall dabei sein kann, am Arbeitsplatz, beim Wohnen oder in der Freizeit: Das ist Inklusion“ (Aktion Mensch). Soweit die Theorie. In der Praxis wird dieses wegweisende Konzept jedoch nur sehr zögerlich und äußerst unzureichend umgesetzt. Der Widerstand gegen die Inklusion behinderter Menschen ist erheblich, zäh und in allen gesellschaftlichen Gruppen und Schichten anzutreffen. Anliegen dieses Buches ist es, diese negativ gepolte Gemengelage mit speziellem Bezug auf Menschen mit Autismus sozialkritisch zu thematisieren. Armin, der Protagonist dieser Erwerbsbiografie, bemüht sich seit vielen Jahren um einen Arbeitsplatz und kämpft gleichzeitig gegen den anscheinend unabwendbaren gesellschaftlichen Abstieg.

Erst im Alter von 52 Jahren erfuhr Armin von seinem Autismus – viel zu spät, um auf dem ersten Arbeitsmarkt nochmals Fuß fassen zu können. Möglicherweise wäre sein Leben anders verlaufen, hätte er dreißig oder vierzig Jahre früher von seiner Besonderheit erfahren. Das späte Wissen darüber öffnete ihm jedoch die Augen ob der widrigen Umstände, unter denen sich Menschen mit Handicap in Deutschland heute noch gegen eine auf allen Ebenen aktiv betriebene Stigmatisierung als „hilfsbedürftige Leidende" behaupten müssen. Neben seinem ganz persönlichen Kampf um die Teilhabe am Arbeitsleben setzt er sich seit seiner „Diagnose" für das Verstehen und für die Akzeptanz autistischer Menschen in der Gesellschaft und in der Arbeitswelt ein. Seine Erwerbsbiografie soll der jungen Autistengeneration Orientierungshilfe und Wegweiser sein, um verhängnisvolle Irrwege und Fehlentscheidungen möglichst zu vermeiden. Das Buch soll junge Menschen im Autismus-Spektrum für das Recht auf Teilhabe am Arbeitsleben sensibilisieren. Es soll aufzeigen, wie unzulänglich dieses Recht in der Gesellschaft bislang umgesetzt wird. Es soll dazu ermutigen, legitime Rechte in Anspruch zu nehmen und sich bei entscheidenden Fragen zur Lebensplanung nicht mit „kleinen Brötchen" abspeisen zu lassen. Nun lesen Sie Armins Geschichte.

Kindheit in der Nussschale (1958-1965)

Als Armin 1958 das Licht der Welt erblickte, deutete nichts darauf hin, auf welche Widerstände der neue Erdenbürger in seinem Leben einst stoßen würde. Im Gegenteil: von existenziellen Sorgen und Nöten unberührt stand klein Armin im ländlich-dörflichen Milieu seiner Kindheit ein weites Feld an ungestörten Bewegungs- und Betätigungsmöglichkeiten offen. Ein großer Garten mit Nutz- und Haustierhaltung bot reichlich Gelegenheit zu spielerischem Zeitvertreib. Dieses Umfeld war seinen späteren, naturkundlich orientierten Interessen in hohem Maße förderlich. Da seine Eltern ihn nicht in den Kindergarten schickten, konnte er seinen kindlichen Beschäftigungen bis zur Einschulung weitgehend ungehindert und unbehelligt nachgehen. Allenfalls Gisela, das Mädchen aus der Nachbarschaft, besuchte ihn hin und wieder, da er über das Privileg eines privaten Sandkastens verfügte. Er gewährte ihr gerne Zutritt zu seiner Buddelkiste. Als Gegenleistung ließ er sie bei ihren Besuchen wieder und wieder das gedehnte Geräusch erzeugen, das sie ausstieß, wenn sie das körnige Baumaterial aus einem Eimerchen rieseln ließ.

„Eoooooon …“

„Nochmal!“

„Eoooooon …“

„Nochmal!“

Das Geräusch gefiel ihm ausgesprochen gut. Es klang wie Musik in seinen Ohren. Wenn er allein spielte, versuchte er, es zu imitieren. Doch so richtig gut tönte es eben nur aus Giselas Mund.

Andere Kinder traf er nur, wenn er gelegentlichen mit seiner Mutter im Dorf zweikaufen[6] ging. Der eingezäunte Garten – der einzige Spielplatz seiner frühen Kindheit – war wie eine luftige, von Maschendraht umsponnene Nussschale, die ihn gegen alle störenden Einflüsse abschirmte. Seine Schwester, die ihm im Abstand von drei Jahren in diese Welt nachgefolgt war, verlieh seinem Dasein eine gewisse Bereicherung, die er interessiert zur Kenntnis nahm: Die gewohnten Gerüche, Geräusche und anderen Sinneseindrücke im Haus veränderten sich. Nachdem er zuvor hauptsächlich mit sich selbst beschäftigt gewesen war, zog die kleine Schwester nun einen Teil seiner Aufmerksamkeit (und die seiner Eltern) auf sich. Von anderen Kindern wusste er, dass sie zwei, drei oder noch mehr Geschwister hatten. Wie wohltuend übersichtlich war da doch die eigene Familie: Eltern, Schwester und Großeltern bildeten einen überschaubaren Kreis an Bezugspersonen, der ihm Orientierung und Sicherheit bot. Dabei war er selbst Teil einer ansehnlichen Sippe. Die zahlenmäßig zwar überlegene, aber ferne Verwandtschaft mit ihrem Hang zu überbordendem Trubel brachte nur gelegentlich Unruhe in sein Leben, da sich das Zusammentreffen mit Onkeln, Tanten und Cousinen (fünf an der Zahl) auf die unabwendbaren Familienfeierlichkeiten beschränkten. Da ging es allerdings hoch her! All die Kommunionen, Konfirmationen, Geburtstage, Hochzeiten und anderen Jubelfeiern hatten stets die Formate von saalfüllenden Volksfesten. Einschließlich der Seitenverwandten, deren Ehepartnern und Nachkommen konnten da rasch zwei, drei Dutzend Feierwütige zusammenströmen. Die feuchtfröhlichen Runden entwickelten einen beachtlichen Schalldruck, vor allem wenn die gemietete Musikkapelle zu fortgeschrittener Stunde gegen das bier- und weinselige Gelächter aus zahlreichen Kehlen ins Hintertreffen zu geraten drohte und versuchte, sich mittels elektrischer Verstärkung Gehör zu verschaffen.

Armin verspürte selten einen Hang zu dieser Art der Geselligkeit. In seinem Garten war er sich selbst genug. Auch das wuselige Getümmel der sich in schrillem Diskant verständigenden Altersgenossen auf dem Spielplatz hätte ihn nur gestört. Er beschäftigte sich lieber mit seiner Legokiste, deren Inhalt von Jahr zu Jahr wuchs. Im Übrigen ließ die Beschäftigung mit einem halben Dutzend verschiedener Haustierarten und den unzähligen Kleinlebewesen und Pflanzen, die den Garten bevölkerten, den Wunsch nach Freunden oder menschlichen Spielgefährten gar nicht erst aufkommen. Er vermisste sie auch nicht. Mit den Tieren zu reden genügte ihm vollkommen. Die Kaninchen waren zwar stumm und die Hühner selbst zur einfachsten Konversation zu einfältig, aber mit den Hunden und Katzen ließ sich doch manches Gespräch führen. Auch wenn man sich unterschiedlicher Idiome bediente: man verstand sich.

Früh faszinierten Armin Worte; zunächst die von seinen Bezugspersonen in reichlicher Menge ausgesprochenen, später auch die in Kinderbüchern gedruckten oder mit ungelenker Hand selbst niedergeschriebenen. Gesprochene Worte waren für ihn wie akustische Seifenblasen. Manche zerplatzten, ehe er ihren Sinn erfassen konnte. Einige hielten sich länger und erregten seine Aufmerksamkeit. Bald unterschied er gute und schlechte, warme und kalte, harte und weiche, süße und saure. Worte waren nicht einfach nur simple Laute, die an sein Ohr drangen. Sie konnten eine Gestalt, eine gewisse sinnliche Qualität, ja sogar eine körperliche Konsistenz besitzen. Das Wort „gelb“ hörte sich angenehm sämig, dickflüssig und süß an. Wohl deshalb erkor er die Farbe Gelb zu seiner Lieblingsfarbe und die Mirabelle zu seiner Lieblingsfrucht. Gelb, die Farbe, die aus sich heraus leuchtet, war die Farbe des Lichts und der Sonne, die er mit sonnenblumiger Wachskreide auf schneeweißes Papier malte. Schwarz hingegen war wie Schmutz, ein hartes, scharfes Wort. Es stand für kohlenkellerdunkle, Angst machende Finsterkeit. Schwarz war das Schaf mit den unerwünschten Eigenschaften. Armin sonderte deshalb das schmutzschwarze Exemplar seiner Buntstifte, das sich so augenfällig und aufsässig der Harmonie des Regenbogens widersetzte, rigoros aus dem Kreis der Farbspender aus und „bestrafte“ es mit der Zuweisung eines abgesonderten Platzes in der Farbmalkiste. Rot mochte er auch nicht leiden, weil es die Farbe der Tomate war, deren glibberiges Fruchtfleisch er in seinem Mund lange Zeit nicht ertragen konnte. Eine noch größere Abneigung hegte er nur noch gegen die rotgeschminkten Lippen, die sich auf Familienfesten auf seine Wangen zu drücken pflegten. Blau, die Farbe des Himmels, und Grün, die Farbe der Wiesen und Wälder, waren freundliche Farbgeschwister. Auch das schokoladige Braun belegte auf Armins Beliebtheitsskala einen der vorderen Plätze. Das lag wohl auch daran, dass sein Großvater für helles Karamellbraun das lustige Wort „Brinzelbraun" geprägt hatte, dessen Stabreim sich in Armins Gehörgang behaglich einrichtete.

Als ihm seine Großmutter eines Tages prophezeite, wenn er in die Schule käme, würde er eine Menge Spielkameraden finden, stellte Armin sich die Schule als einen Ort vor, an dem es viele technische Apparate mit Knöpfen zum Drehen und Drücken gäbe, aus denen Musik und Sprache hervordringt. Wahrscheinlich hatte die phonetische Ähnlichkeit mit den Wörtern Kamera und Radio diese Assoziation ausgelöst. Da diese geheimnisvollen Geräte von jeher eine große Anziehungskraft auf ihn ausübten, bestand er darauf, der Schule sofort einen Besuch abzustatten, um mit den Kameraden spielen zu können. Zu seiner Enttäuschung sollte das jedoch erst nach seinem sechsten Geburtstag möglich sein. Der Himmel wusste, wann das sein würde!

Zum Glück gab es ja noch das Radio, das im Winkel der hölzernen Eckbank seinen Platz hatte und ihn auf Knopfdruck zuverlässig mit kurzweiliger Beschallung versorgte. Durch Radiohören schnappte er viele interessante oder spaßig klingende Worte auf. Ganz besonders gerne lauschte er den in angenehmer Zuverlässigkeit zur vollen Stunde aus dem Radiogehäuse hervorquellenden Wortschwallen, um das geheimnisvolle, wunderbare Wort „Kuufdömürwill"[7] aufzuschnappen. Es animierte Armin herrlich zum endlosen Nachplappern. Und erst die gewiss leckere „Luftwaffel", die es jedoch zu seiner Enttäuschung im Kramladen nicht zu kaufen gab. Überhaupt entpuppte sich die an lautmalerischem Wortschatz reiche deutsche Sprache als unerschöpfliche Fundgrube für seine Sprachphantasie: zischen, rattern, platschen, plumpsen, zwitschern, knallen, hecheln, japsen, jaulen. Diese Worte waren gewissermaßen selbsterklärend.

Sie stimmten ganz zwanglos mit seinen Beobachtungen und Erfahrungen überein. Der Satz „Wenn Fliegen hinter Fliegen fliegen, fliegen Fliegen Fliegen nach“, versetzte Armin wegen der ostinaten Wiederholungen regelrecht in Verzückung. Sprache und Buchstaben waren etwas Wunderbares. Sie zogen ihn an wie ein Obstteller die Fruchtfliegen.

Zu Ziffern hatte Armin ein weit weniger inniges Verhältnis. Zwar schien man mit den Grundzahlen Null bis Neun ebenso viele Kombinationen bilden zu können wie mit den viel zahlreicheren Buchstaben des Alphabets, doch vermochte er ihnen so recht keinen Nutzen abzugewinnen. Sie blieben abstrakt und nebulös und erwiesen sich nur beim Zählen von Bonbons oder von Geburtstagen als brauchbar. Lediglich die Abfolge der Jahreszahlen konnte Armin vor seinem geistigen Auge „sehen“. Allerdings nicht als linearen Zeitstrahl, sondern als ein im dreidimensionalen Raum gewundenes Band, ähnlich einem lose zusammengeknäulten Maßband. Erst Jahrzehnte später erfuhr er, dass es sich bei dieser Art der Visualisierung um eine Form der Synästhesie[8] handelt (vgl. Kap. *Es ist eine Lust zu Lesen!*). Doch wir wollen nicht vorgreifen. Begleiten wir Armin lieber auf seinem Weg hinein in den „Ernst des Lebens“.

Es ist eine Lust zu Lesen! (1966-1969)

Mit der Einschulung im Jahr 1965 ging die Phase relativer Ruhe und Abschirmung zu Ende. Der tägliche Kontakt mit den Mitschülern, meist in Tuchfühlung mit dem Banknachbarn, war doch etwas anderes als das, was Armin vom ungezwungenen Umgang mit den Hunden, Katzen, Kaninchen, mit dem Federvieh oder auch mit seiner kleinen Schwester gewohnt war. Einige, als Rabauken im Dorf berüchtigte Klassenkameraden flößten ihm nicht nur gehörigen Respekt ein, sie machten ihm mit ihrem lautstarken Imponiergehabe regelrecht Angst. Die Angst war nicht unbegründet, hatten ihn doch besonders rabiate Jungs mehrmals mit Kieselsteinen beworfen. Eine Narbe am rechten Unterschenkel zeugt noch heute von der Wirkung eines der Wurfgeschosse. Bei anderer Gelegenheit versetzten sie ihn mit ausgerissenen Brennnesseln oder mit zischend durch die Luft sausenden Gummipeitschen in Angst und Schrecken. Aber auch Mädchen konnten ihn buchstäblich in die Flucht schlagen, wenn sie ihn bei ihren Rollenspielen anfassen oder ihm gar an die Wäsche wollten (besonders beliebt war das Spiel „Doktor und Patient“). Durch diese Schlüsselerlebnisse gewarnt, begegnete Armin der weiblichen Fraktion seiner Schulklasse mit der gleichen vorsichtigen Zurückhaltung wie den „wilden Kerlen“, die ihm bei jeder sich bietenden Gelegenheit „Keile“ oder „Senge“ androhten. Mit den ruhigeren Kindern kam er jedoch gut zurecht. Mit der stillen Heidi tauschte er Comics aus und Gottfried, den zurückhaltenden Jungen mit dem kuriosen Sprachfehler, lud er sogar zu seinem Geburtstag ein.

Die vom Stundenplan geforderte Disziplin brachte er gerne auf, sorgte diese doch für einen gleichartigen und verlässlichen Tagesablauf, den Armin durchaus schätzte. In den großen

Pausen boten ihm die in die Pflasterung des Schulhofes eingelassenen, geometrischen Muster Gelegenheit für Spaziergänge entlang der vorgegebenen Linien. Erlaubte das Wetter keinen Aufenthalt im Freien, verbrachte er die Pausenzeit gerne mit der Betrachtung eines großen Wandmosaiks, das unser Sonnensystem aus der Raumschiffperspektive darstellte. Puzzlespiele waren ihm damals noch unbekannt, doch das aus tausenden von farbigen Steinchen zusammengesetzte Panorama zog ihn jeden Tag aufs Neue in seinen Bann. Je nachdem, ob er das Mosaik aus der Nähe oder aus der Ferne betrachtete, tauchten immer wieder neue Details auf oder verloren sich in der bunten Masse der Steinchen. Armins späteres Interesse für antike Bodenmosaike könnte durch dieses Schlüsselerlebnis geweckt worden sein. Als er herausgefunden hatte, dass die Schule über eine kleine Leihbücherei verfügt, meldete er sich freiwillig, um dort auszuhelfen. Er mochte Bücher und den Geruch, den sie verströmten. Wenn er einen Band aus dem Regal zog, schnupperte er daran. Wenn ihm das Titelbild gefiel, blätterte er darin. Am besten rochen Romane und andere Bücher mit einer Menge Text. Hochglänzende Bildbände hatten einen sehr eigenartigen, mitunter stechenden Geruch, der ihm nicht so behagte, selbst wenn ihm die farbigen Abbildungen gefielen. Neue Bücher rochen besser als alte, abgegriffene. Jenen haftete mitunter etwas Muffiges an, das ihn an die dumpfe Luft im von unsympathischen Spinnen bevölkerten Keller erinnerte. Die wenigen Bücher mit Ledereinband – meist waren es Bibeln oder Gesangbücher – nahm er besonders gern zur Hand. Neben ihrem charakteristischen Aroma gefiel ihm das warme, narbige Material, das den Fingerspitzen so angenehm sinnlich schmeichelte. Am nützlichsten fand er die Taschenbücher. Man konnte sie überallhin mitnehmen und schmökern, wann und wo immer man Lust dazu hatte. Und er hatte eigentlich ständig Lust zum Lesen. Bereits im Vorschulalter hatte er herausgefunden, dass die merkwürdigen Zeichen, die die weißen Blasen in den Comics füllten, die Figuren zum Sprechen brachten.

Der Klassenlehrer, ein schon ergrauter, etwas zerstreuter Herr und seines Zeichens Rektor der Schule, zog Armin des Öfteren zu Botengängen und Sonderaufgaben heran. So musste er jeden Morgen in die benachbarte Dienstwohnung laufen und die Zeitung aus dem Briefkasten holen. Der Herr Rektor pflegte sie nämlich während des Unterrichts zu lesen. Die Muße dazu verschaffte er sich, indem er seine Schüler mit Abschreibübungen beschäftigte. Mitunter gefiel es ihm, Armin und einen anderen Schüler damit zu beauftragen, Erde aus einer frisch ausgehobenen Baugrube in seinen Garten zu schaffen. Zu diesem Zweck rüstete er die Knaben mit einer kleinen Zinkwanne und Handschaufeln aus. Armins Mutter, die ihm kein Wort glaubte, als er sich wegen seiner verdreckten Klamotten rechtfertigte, nahm ihn scharf ins Gebet. Sie vermutete, unstatthafte Exkursionen auf dem Heimweg seien die wahre Ursache der reichlich mit Lehm verschmierten Schuhe und Hosen.

Eine weitere Sonderaufgabe für Armin bestand darin, neben dem Pult zu stehen und die Mitschüler scharf im Auge zu behalten, wenn der Lehrer das Klassenzimmer verließ. Bei Verstößen gegen die Disziplin musste er die Namen der Störenfriede an die Tafel schreiben. Er machte jedoch nicht lange Gebrauch von diesem durch den Rektor sanktionierten Denunziantentum, da ihm die Delinquenten umgehend und recht überzeugend „Dresche" als Vergeltung für diesen Verrat in Aussicht stellten. Immerhin war ihr Respekt vor den zu erwartenden „Tatzen"[9] groß genug, um ihr Wohlverhalten bis zum Erscheinen der eigentlichen Autoritätsperson zu garantieren. Weshalb der Lehrer ausgerechnet ihn für derartige Dienste auserkoren hatte, blieb Armin ein Rätsel. Er war weder der Klassenbeste noch der körperlich größte und stärkste Schüler. Dennoch war er stolz auf das in ihn gesetzte Vertrauen.

Mit der Entlassung des Rektors ins Pensionärsdasein hatte Armins herausragende Stellung in der Klasse ein Ende. Bevorzugungen einzelner Schüler fanden nicht mehr statt. Junge Lehrerinnen und Lehrer gestalteten den Unterricht nun farbiger und interessanter. Schiefertafel und Schreibgriffel gehörten endgültig der Vergangenheit an. Dennoch fand Armin vieles, was im Klassenzimmer vor sich ging, nicht annähernd so spannend wie seine gewohnten Exkursionen im Garten oder in den Kleintierställen. Nicht selten versprach der Blick aus dem Fenster des Klassenzimmers mehr Erkenntnisgewinn als jener auf die Wandtafel oder in das Lesebuch. So konnte es nicht ausbleiben, dass die Klassenlehrerin seine Eltern im zweiten Schuljahr dahingehend informierte, dass ihr Sohn während des Unterrichts „träume“, „mehr aus dem Fenster schaue als in seine Schulbücher“ und im Übrigen „für alles Mögliche empfänglich sei, nur nicht für das Unterrichtsgeschehen“. Diese Einschätzung mag für das eine oder das andere Fach zutreffend gewesen sein. Es gab aber auch Fächer, die Armin sehr zur Mitarbeit animierten, ohne dass es eines besonderen Anstoßes bedurfte. Als im Fach Heimatkunde die Lurche durchgenommen wurden, kannte er nicht Rast noch Ruhe, bis er Salamander und Frösche, Kröten und Kaulquappen aus einem ihm zugänglichen Amphibienbiotop in ein eigens dafür eingerichtetes Terrarium umgesiedelt hatte. In einem mit Filzdecken gepolsterten Handleiterwagen transportierte er das zerbrechliche Gehäuse zur Schule, wo ihm und seinem Werk die ungeteilte Aufmerksamkeit von Schülern und Lehrern für eine Weile sicher war. Doch auch in den langweiligen Lernfächern erfüllte er die in ihn gesetzten Erwartungen, wenn auch leidlich und ohne besonderen Ehrgeiz.

Da seine Mutter tageweise in einem Ferienheim der evangelischen Landeskirche arbeitete, wohin er nach der Schule zu gehen hatte, blieb ihm zwar der (groß)elterliche Garten öfter verwehrt, doch das zu der Herberge gehörige, idyllisch am Waldrand gelegene Anwesen wog diesen Nachteil bei Weitem auf. Da es von einem Jägerzaun umfriedet war, stand Armin dieser weiträumige Abenteuerspielplatz ganz exklusiv zur Verfügung. Sogar ein Bach, der nur wenige Meter außerhalb des Grundstücks entsprang und der die kleine Aue durchfloss, zählte zu Armins persönlichem Revier. In einer Zeit, in der alle Flüsse, die er kannte, einen hohen Grad von Verschmutzung aufwiesen, war das kristallklare Wasser des Krebsbaches etwas ganz Besonderes. Aquarianer zapften es wegen seiner Weichheit hektoliterweise ab. Auch Kaffee- und Teeliebhaber standen mit Kanistern oft geduldig Schlange, um mit dem begehrten Nass ihre Heißgetränke brühen zu können.

Das Wassergrundstück bedeutete Armin sehr viel. Außer Lurchen gab es dort stets jede Menge Käfer, Libellen, Köcherfliegen, Schmetterlinge, Schnecken und anderes Getier zu entdecken. Manchmal ließen sich auf der Wiese Igel sowie Hasen blicken und am Waldrand erschienen nicht selten Rehe. Nach Erledigung der Schulaufgaben konnte er sich auf dem Gelände meist frei bewegen. Hier war er ungestört und wurde von niemandem belästigt. Bei schlechtem Wetter oder wenn es die Lage sonst erforderte, verlagerte sich sein Aufenthalt in das teils gebacksteinte, teils im Schwarzwälder Stil errichtete Haus. Dort hatte er sich in einem ihm zugewiesenen Zimmer aufzuhalten. Armin vertrieb sich an solchen Tagen die Langeweile gerne mit Malen und Zeichnen, worin er es mit der Zeit zu einer Anstelligkeit und Befähigung brachte, die sich sehen lassen konnten. Technische, klar strukturierte Darstellungen übten einen besonderen Reiz auf ihn aus. Freunde seiner Eltern amüsierten sich köstlich über seine Kollektion an selbst konstruierten, phantastischen Vorrichtungen. Der Sinn dieser skurrilen Spinnereien bestand darin, einfache Vorgänge wie das Aufschlagen eines Frühstückseis oder das Abreißen von Toilettenpapier zu einer quälend langen Abfolge von Teilprozessen zu zerdehnen, die sich nach Art des Dominoeffekts nacheinander selbst aktivieren. Erst nach der Ingangsetzung einer komplizierten Kette aus Flaschenzügen, Propellern, Wippen, Federn, Hydrauliken und Schussvorrichtungen stand das gewünschte Produkt oder Resultat zur Verfügung. Neben diesen „Umstandsmaschinen“ griff Armin in seinen Darstellungen auch gerne Szenen aus der Raumfahrt auf. Ob Raketenstarts, Kopplungsmanöver, Weltraumspaziergänge oder die Landung von Sonden auf dem Mond: jede neue, aufregende Mission hielt er in sauber getuschten Bildern fest. Die Rhein-Neckar-Zeitung druckte etliche seiner Zeichnungen auf ihrer Jugendseite ab. Die Sammlung seiner frühen künstlerischen Gehversuche befindet sich noch heute in seinem Besitz, wohl verwahrt und ordentlich abgeheftet.

Seine Haupt- und Lieblingsbeschäftigung im Haus aber war das Lesen. Man konnte nie genug Lesestoff zusammentragen, um seinen Hunger nach Lektüre zu stillen. Sein Gehirn dürstete ständig nach Input und Lesen befriedigte dieses Bedürfnis auf sehr kurzweilige und lehrreiche Weise. Er las, was ihm unter die Augen kam: Comics, Witze, Illustrierte, Journale, dicke Versandhauskataloge, Wetterberichte, die Werbe- und Todesanzeigen in den Zeitungen. Damals entstand auch Armins noch heute lebendiges Interesse für Kreuzwort- und Bilderrätsel.

Sein Verständnis von Sprache hatte anfangs zur Folge, dass ihm manche Redewendung und manche Textstelle eigenartig vorkamen. Warum erkundigten sich Dorfbewohner bei ihm, wenn er für alle deutlich sichtbar mit einer Milchkanne durch den Ort lief, ob er Milchholen gehe? Warum wurde er gefragt, ob er beim Frisör gewesen sei, obwohl die auf Streichholzlänge gekürzten Haare auf seinem Kopf keinen anderen Schluss zuließen? Der Satz seiner Mutter „du bringst mich noch auf die Palme" forderte gleich mehrfach zum Widerspruch heraus:

1. Es gab keinen einleuchtenden Grund, weshalb irgendjemand auf die Spitze dieses wegen seiner Astlosigkeit unzugänglichen Gewächses gebracht werden sollte.
2. Der Vorgang wäre ohne Zuhilfenahme einer Feuerwehrleiter oder einer Hebebühne kaum durchführbar gewesen.
3. Das Vorhaben hätte schon allein deswegen scheitern müssen, weil diese exotischen Bäume in unseren Breiten nicht an jeder Ecke anzutreffen sind. Daraus folgte ganz allgemein, dass
4. derjenige, der jemanden auf die Palme bringen will, mit demjenigen, der dorthin gebracht werden soll, erst eine gemeinsame Fahrt in ein exotisches Land oder in den botanischen Garten unternehmen müsste.
5. Das Erklettern von Palmen und das Deponieren von Menschen auf denselben würden nicht unbedingt den Beifall der Gärtner in den Gewächshäusern finden.

Seine Streifzüge durch die Jugendliteratur und sein unermüdliches Studium des Wörterbuches offenbarten Armin nach und nach, dass Formulierungen wie „Leine ziehen", „auf den Putz hauen", „verduften" oder eben „auf die Palme bringen" nicht in dem Sinne gebraucht wurden, den die Worte nahelegten. Daraufhin sammelte er Metaphern und Bilder mit wachsender Begeisterung zwecks späterer Anwendung in Wort und Schrift.

Weil die geliebten Comics viel zu rasch ausgelesen waren, versorgte er sich mit Büchern aus der kleinen Hausbibliothek des Ferienheimes. Eine sehr ergiebige Lesequelle war ein großformatiges Buch mit Bildergeschichten von Wilhelm Busch, das ihm seine Großmutter geschenkt hatte. Buschs geniale Reimkunst und seine gekonnten Zeichnungen übten auf Armin noch nach Jahrzehnten eine ungebrochene Faszination aus. Viele Jahre später erfüllte er sich einen Herzenswunsch und besuchte den Ort Ebergötzen, wo die lebenden Vorbilder zu Max und Moritz ihr lausbübisches Unwesen getrieben hatten. Wenn Armin während seiner meist unfreiwilligen Mußestunden nicht dem Zeichnen oder Lesen frönte, vertrieb er sich die Zeit mit dem Ausdenken eigener Geschichten. Dabei begnügte er sich nicht damit, sie zu erfinden. Er erzählte sie anderen Menschen, und zwar so glaubhaft, dass sie ihm seine Räuberpistolen, Lügenmärchen und Münchhausiaden ohne den geringsten Anflug von Zweifel oder Argwohn abkauften. Selbst die Geschäftsführerin des Ferienheimes fiel auf eine Konfabulation[10] im Gewande der Plausibilität herein. Allerdings behielt sie seine Geschichte nicht für sich. Dass sie sie ausgerechnet an seine Mutter weitergeben würde, damit hatte Armin allerdings nicht gerechnet. „Warum haben Sie mir denn nicht gesagt, dass Sie heute mit ihrem Sohn in die Stadt fahren wollen? Ich hätte Ihnen doch den Nachmittag freigegeben!"

So kam ans Licht, dass manche Geschichte, die er unbeschwert in Umlauf brachte, erstunken und erlogenen war, ohne dass er sich Gedanken über die Konsequenzen gemacht hätte. Das strikte Verbot der Verbreitung von „fake news" an allzu leichtgläubige Zeitgenossen folgte natürlich auf dem Fuße. Das Redeverbot hatte zur Konsequenz, dass er sich wieder verstärkt mit dem wesentlich unverdächtigeren Schmökern beschäftigte. Eine mit packenden Holzschnitten bebilderte Jugendausgabe des Nibelungenliedes fesselte ihn ganz besonders. Dieses Buch, das er ebenfalls von seiner Großmutter geschenkt bekommen hatte und das noch heute in seinem Besitz ist, zog ihn auf ganz besondere Weise in seinen Bann. Zum ersten Mal gewann er Einsicht in die geheimnisvolle und rätselhafte Sagen- und Mythenwelt seiner Heimat. Seine Großmutter schien ein Gespür dafür gehabt zu haben, was ihren Enkel interessierte und ansprach. Da er sie auf ihren zahlreichen Busreisen begleiten durfte, lernte er zwischen Schwarzwald und Spessart, zwischen Pfälzer Wald und Odenwald eine Menge historisch bedeutender und geografisch reizvoller Orte kennen. Der Quell, an dem Siegfried meuchlings erschlagen worden sein soll, verursachte ebenso ehrfürchtige Gänsehaut wie der Besuch einer historischen Richtstätte mitsamt Galgen oder der düsteren Königsgruft in den rotfelsigen Tiefen des Speyrer Doms. Armins lebhaftes Interesse für Geschichte(n), Sagen und Mythen dürfte in jener Zeit geweckt worden sein.

Doch nicht nur Grimms Märchen und die Sagen des klassischen Altertums fanden sein reges Interesse. Bald wandte er sich auch technischen und naturwissenschaftlichen Themen zu, um sein empirisches Wissen zu erweitern. Ausgehend von dem Band über Dinosaurier verfügte er bald über sämtliche Ausgaben einer sehr populären Jugendsachbuchreihe, da er seine Eltern ständig bedrängte, den Bestand durch den Kauf von Neuerscheinungen zu ergänzen. Diese und eine ganze Anzahl anderer Sach- und Fachbücher über die damals äußerst populäre Raumfahrt trugen dazu bei, sein Wissen über das, was ihn wirklich interessierte, rasch anwachsen zu lassen. Nicht die schlechtesten Voraussetzungen, sollte man meinen, um 1969, als er die technischen Einzelheiten der ersten Mondlandung wie ein Schwamm in sich aufsog, an eine höhere Lehranstalt zu wechseln.

Die Nussschale wird geknackt (1969-1980)

Das Gymnasium in der zwölf Kilometer entfernten Kreisstadt stellte eine gänzlich neue Herausforderung für Armin dar. Für die Bewältigung des neuen Schulwegs musste er erstmals öffentliche Verkehrsmittel in Anspruch nehmen. Die Fahrt mit dem morgendlichen, ständig überfüllten Postomnibus brachte er meist stehend hinter sich. Eingekeilt zwischen anderen Passagieren hing er an der Haltestange und übte sich im stoischen Ignorieren der zahlreichen Körperausdünstungen.

In seiner neuen Klasse sah sich Armin mit über dreißig neuen Gesichtern konfrontiert. An die ungeheure Menge von eintausendzweihundert, auf dem Schulhof lärmenden Mitschülern musste er sich erst gewöhnen. Hinzu kam eine erstaunlich große Zahl an neuen Lehrerinnen und Lehrern, die völlig anders waren als die, die er bisher kennengelernt hatte. Das kasernierte Dasein als Pennäler[11] traf ihn einigermaßen unvorbereitet. Eben noch war er in einem hellen, freundlichen Schulneubau gewesen, in einer offenen, fast zwanglosen Klassengemeinschaft unter der einfühlsamen und engagierten Obhut junger Lehrerinnen. Nun mutete ihn dieser wuchtige, lang beflurte und seltsam akademisch riechende, kasernenartige Bau mit seinem überalterten Lehrkörper an wie ein klösterliches Internatsgebäude. Statt wie an der Grundschule an individuellen Tischen auf neuen, ergonomisch geformten Stühlen Platz zu nehmen, musste er sich in eine alte, harte und starre Bank zwängen. Auf der pultartig abgeschrägten Schreibfläche erschreckten ihn die wie in Gefängniswände eingravierten Stoßseufzer zahlloser geknechteter Schülerseelen: „Lieber Gott im Himmel, mach, dass es bald bimmelt“, „Lerne zu klagen ohne zu leiden“, „§ 1 Der Lehrer hat immer Recht. § 2 Hat er mal nicht Recht, tritt § 1 in Kraft“. Neun- oder zehnjährige Jungs (gemischte Klassen waren an dieser Bildungseinrichtung damals noch nicht statthaft) wurden den mittelalterlichen, pädagogischen Idealen von weit über das Pensionsalter hinaus beschäftigten Gymnasialprofessoren überantwortet. Leider waren die Studienassessoren auch nicht viel besser, da sie sich ständig mit dem Karrieresprung auf einen begehrten Studienratsposten beschäftigten. Junge Referendare, die frischen Wind in den „Muff der tausend Jahre[12]" hätten bringen können, waren weit und breit noch nicht zu entdecken. Es herrschte allenthalben akuter Lehrermangel, dem die Schulämter mit allem, was sich für den Schuldienst noch irgendwie reaktivieren ließ oder eignen mochte, abzuhelfen versuchten. Der Mangel an Bildungspersonal war so eklatant, dass selbst Blinde, Lahme und Taube eine gute Chance gehabt hätten, als Kunst-, Sport- und Musiklehrer eingestellt zu werden (Menschen mit den genannten Handicaps mögen mir die flapsige Formulierung bitte nachsehen; sie ist nicht despektierlich gemeint).

Als allererste Lektion lernte Armin, dass an seiner neuen Schule diejenigen Mitschüler in den Genuss einer bevorzugten Behandlung kamen, die sich gewandt in Szene zu setzen wussten. Wer seine Klappe am lautesten aufriss und bei jeder passenden Gelegenheit Sätze wie „mein Vater ist Arzt!" absonderte, gewann schnell das Wohlwollen einiger sehr spezieller Lehrer. Da konnte Armin mit einem biederen „Amtsinspektor" kaum punkten, zumal er selbst nicht hätte sagen können, worin die Tätigkeit eines Amtsinspektors besteht. Es wäre ihm auch nie eingefallen, den väterlichen Beruf wie ein auf Hochglanz poliertes Aushängeschild vor sich herzutragen. Freiwillig trat er ins zweite Glied zurück und beteiligte sich nicht an der bramarbasierenden[13] Nabelschau derjenigen, die glaubten, es nötig zu haben. Dass Herkunft, Titel und Verdienst im Leben eine wichtige Rolle spielen, wurde ihm auch von Seiten einiger Lehrer sehr eindringlich vor Augen geführt. Es dauerte eine Weile, bis ihm die eingeforderte Nennung vermeintlicher Namensbestandteile wie Doktor oder Professor bei der Anrede flüssig über die Lippen kamen.

Auf dieser höheren Bildungsanstalt beschlich Armin schnell der Verdacht, nicht ganz den Anforderungen zu entsprechen, die an einen Gymnasiasten gemeinhin gestellt werden. Als der Deutschlehrer die Klasse aufforderte, Synonyme für das Wort „Haus“ zu nennen, war Armin zunächst in seinem Element. Eine seiner Lieblingsbeschäftigungen bestand (und besteht noch heute) darin, ausgiebig im „Wahrig“[14] zu schmökern und nach den indoeuropäischen Wurzeln deutscher Worte zu forschen. Dabei stieß er stets auch auf allerhand unvermutete Wortverwandtschaften, die er sich einprägte. Da sein geduldig in die Höhe gereckter Arm erst nach einigen anderen Wortmeldungen Beachtung fand, waren die meisten Synonyme bereits genannt. Eines war ihm jedoch noch nicht weggeschnappt worden. Als er endlich an der Reihe war und das Wort „Bude“ nannte, ließ es der Lehrer aus unerfindlichen Gründen nicht gelten. Armin durfte es (gemäß § 1) nicht zu den anderen Synonymen an die Tafel schreiben. Da er auf die Anerkennung des Wortes bestand, weil es im Wörterbuch als Synonym für „Haus“ aufgeführt war, reagierte der Lehrer abweisend und gereizt. Nun trat § 2 in Kraft. Statt über die architektonische Verwandtschaft von Bude und Haus zu diskutieren, wies er Armin, der auf dem Dorf mundartlich zu reden gelernt hatte, harsch an, sich gefälligst des Hochdeutschen zu befleißigen. Dieses „furchtbare Pfälzer Gebabbel“ sei ja „nicht zum Aushalten“! Wahrscheinlich fühlte der Studienassessor (eine Art pädagogischer Unteroffizier) lediglich seine Fachkompetenz in Zweifel gezogen und sich in seiner gottgegebenen Autorität bedroht. Was die Fachkompetenz betraf, lag er gar nicht so falsch. Und Menschen ohne echte Fachkompetenz besaßen in Armins Augen auch keine Autorität. So einfach war das.

Auf seiner neuen Schule lernte er zum ersten Mal Lehrer mit ausgeprägten Stimmungsschwankungen kennen. Am liebsten waren ihm diejenigen, die seine Mitschüler als Langweiler brandmarkten, da sie ihren Unterricht stets mit verlässlichem Gleichmut herunterbeteten. Bei ihnen konnte er sich am besten auf den Unterrichtsstoff konzentrieren. Es gab aber leider auch Lehrer, bei denen das Stimmungspendel sehr weit ausschlagen konnte. Bei ihnen fiel ihm die Konzentration sehr viel schwerer, da er ständig auf ihre wechselnden Gemütsverfassungen gefasst sein musste. Extrem ausgeprägt waren diese Schwankungen bei einem Lehrer für Sport und Latein. An seinen guten Tagen war er in der Lage, die Klasse mit Witz und Wissen zu faszinieren, den Unterricht mit Anekdoten und spaßigen Einfällen lebhaft, kurzweilig und interessant zu gestalten. Doch wehe er betrat das Klassenzimmer mit schlechter Laune! Dann entpuppte er sich als „ganz harter Hund“, der seine Missgestimmtheit unbarmherzig an seinen Schülern ausließ. An einem solchen Tag schikanierte er die Klasse damit, dass er einen schwierigen lateinischen Satz ins Deutsche übersetzen ließ. Boshaft, wie er sein konnte, fragte er nicht den als Hausaufgabe vorbereiten Text ab, sondern verlangte die Übersetzung eines völlig unbekannten, mit vertrackten grammatischen Fußangeln gespickten Abschnittes. Besonders kränkend war, dass sich jedes seiner Opfer erheben und sich, die Beine zwischen den harten Kanten der Sitz- und der Schreibfläche eingeklemmt, im Stehen abmühen musste. Einer nach dem anderen kam an die Reihe und wurde mit hämischen Kommentaren bedacht und zum Stehenbleiben verurteilt, wenn er sich der Aufgabe nicht gewachsen zeigte. Selbst die Klassenbesten scheiterten unter diesen Umständen kläglich und mussten sich aus Jupiters furchtbarem Mund Hohn und Spott gefallen lassen. Armin, der den schwierigen Satz anfangs ebenfalls nicht verstanden hatte, prägte sich jeden Übersetzungsversuch seiner etwa zehn beklagenswerten Vorgänger ein. Er verglich sie, sortierte die falschen Ansätze aus und näherte sich so Schritt für Schritt der tatsächlichen Bedeutung des widerspenstigen Textes. Als er selbst an der Reihe war, hatte er sie glücklich gefunden. Verblüfft nahm der Lehrer Armins richtige Übersetzung zur Kenntnis. Da der Vorwand für die willkürlich verhängte „Strafmaßnahme“ nicht mehr gegeben war, durften sich alle wieder setzen. Milder gestimmt hielt der Tyrann den Rest des Unterrichts unter halbwegs erträglichen Bedingungen ab. Armin konnte sein Glück kaum fassen. Es war ihm durchaus bewusst, dass er seinen unverhofften Erfolg den Fehlversuchen seiner Klassenkameraden zu verdanken hatte. Das machte ihn verlegen. Ein Schuljahr später – der Lateinlehrer war mittlerweile ein anderer – hatte er Gelegenheit, sich bei der Klasse durch Erregung ausgelassener Heiterkeit zu revanchieren. Der neue Altphilologe gab sichtlich amüsiert eine von Armins Stilblüten zum Besten. Er hatte dem Satz *agri culturae germani non student, maiorque pars eorum victus in lacte, caseo, carne consistit*[15] eine völlig neue und sehr eigenwillige Bedeutung verliehen: „Die Germanen plagen sich nicht mit der Landwirtschaft, meistens stellen sie ihre Hütten und Dörfer einfach in einen See."

Zum Glück führten Erlebnisse wie diese nicht dazu, dass Armin sein Wissen grundsätzlich in Frage stellte. Auch sein lebhaftes Interesse an jenen großartigen kulturellen Leistungen, die wir Sprache und Schrift nennen, erlahmte durch fachpädagogische Fehlleistung wie die des dialektverachtenden Deutschlehrers nicht. Andere und bessere Gelegenheiten, sein Sprachverständnis unter Beweis zu stellen, fanden sich bald. Er beteiligte sich an einem Wettbewerb eines Speiseeisherstellers, der in der Ausschreibung nach gereimten Werbesprüchen für eine seiner tiefgekühlten Leckereien fahndete. Das ausgelobte Preisgeld konnte sich sehen lassen. Armin, der großes Gefallen an originellen Wortspielen fand, fielen gleich mehrere flotte Sprüche ein, die ihm einen hübschen Preis bescherten: eintausend Deutsche Mark und ein Rennrad. Das beeindruckte sogar seine Mutter, die von seinem Leistungsvermögen damals keine allzu hohe Meinung hatte. Von diesem Erfolg beflügelt verfasste er für einen bekannten Baustoffhersteller ein arglos-unkritisches Traktätchen[16] zu dem Thema „Was wäre das Bauen ohne Beton?", das prompt Eingang in eine Werbebroschüre des Unternehmens fand. Seine Zeichnungen, die er regelmäßig zur Veröffentlichung an die Rhein-Neckar-Zeitung sandte, versah er immer öfter mit kleinen Kommentaren. Bald ging er dazu über, kurze, mit eigenen Tuschezeichnungen illustrierte Geschichten zu verfassen. Neben der Lust zu lesen und der Begabung zum Zeichnen schien ihm eine gewisse Anlage zum

Schreiben in die Wiege gelegt worden zu sein. Seltsam nur, dass es niemand erkannte, am allerwenigsten er selbst. Seine berufliche Laufbahn hätte womöglich einen ganz anderen Weg eingeschlagen. Aber wir wollen ja nicht vorgreifen.

An der Schule ereigneten sich nun auch Vorfälle, deren bis an die Grenze körperlicher Züchtigung reichende Heftigkeit Armin zutiefst erschreckte und verstörte. Zwei Lehrer im überreifen Pensionsalter, die noch zu Kaisers Zeiten die Schulbank gedrückt haben mochten, setzten ihm besonders zu. Der eine, den Armin zuvor als harmlos und gutmütig eingeschätzt hatte, war wiederholt und ohne erkennbaren Grund außer sich geraten. In erschreckenden Wutausbrüchen war er Armin angegangen. Allen anderen Schülern der Klasse war er hingegen stets mit gutmütiger Gewogenheit begegnet. Seine jähzornigen Ausraster waren derart rabiat, dass Armin fürchtete, der Pädagoge würde ihm gegenüber handgreiflich werden. Das Bestürzende daran war, dass sich Armin keines Vergehens gegen die Unterrichtsordnung bewusst war. Die explosiven Anwandlungen erfolgten ohne Vorwarnung, buchstäblich wie ein Blitz aus heiterem Himmel.

Der andere Lehrer, der seinem Kollegen an unbeherrschter Impulsivität in nichts nachstand, entpuppte sich ebenfalls als heftig aufbrausender Wüterich. Es tröstete Armin wenig, dass sich dessen explosive Attacken nicht ausschließlich gegen ihn, sondern gelegentlich auch gegen seine Mitschüler, ja selbst gegen unschuldige Gegenstände wie die Schultafel richteten (ein wütender Hieb mit der siegelringbewehrten Faust hinterließ auf der Tafeloberfläche ein Muster wie eine auf Panzerglas auftreffende Gewehrkugel). Dieser Schulmeister mochte zwar ein landauf und landab geschätzter Mathematiker gewesen sein, doch als Grundstufenpädagoge konnte man sich auch beim schlechtesten Willen keine schlimmere Fehlbesetzung vorstellen. Ebenso gut hätte man einen Feldwebel als Kindergärtner beschäftigen können. Der leicht erregbare Mann war ständig genervt und das war ihm tagtäglich anzusehen. Sein stets zur Faust geballtes Gesicht sprach Bände. Selbst auf harmlosesten Schabernack seiner zehn- bis elfjährigen

Zöglinge reagierte er mit unmäßigen Anwürfen. Aus zweifellos ernst gemeinten Verbalinjurien wie „Das ist Anarchie! Das ist höchster Terror!" mag die Verbitterung eines Mannes gesprochen haben, dessen autoritäres Weltbild von der 68er Studentenbewegung gerade aus den Angeln gehoben wurde.

Lehrer dieser Sorte trugen maßgeblich dazu bei, Armins anfängliches Interesse für die Schule im Allgemeinen und für Mathematik im Besonderen nachhaltig zu dämpfen. Vorfälle wie die geschilderten leisteten seiner Verunsicherung Vorschub. Der abrupte Wandel vom Musterschüler, der die Klasse beaufsichtigen durfte, zum bösen Buben überraschte und irritierte Armin. Weshalb richtete sich der Zorn der Lehrer ausschließlich gegen ihn? Was stachelte vornehmlich altgediente Pädagogen zu diesen Wutausbrüchen und mühsam unterdrückten Tätlichkeiten gegen ihn an? Es musste doch eine Ursache dafür geben, weshalb er so auffallend oft als Zielscheibe herhalten musste! Noch Jahrzehnte später grübelte Armin darüber nach, was wohl der Grund für die überschießenden Reaktionen gewesen sein könnte, die man im modernen Sprachgebrauch „Bossing" nennen würde. Bis heute ist ihm kein bewusstes Fehlverhalten seinerseits erinnerlich, das ein dermaßen rüdes Einschreiten auch nur im Entferntesten gerechtfertigt hätte. Der Gedanke, irgendwie anders zu sein als die anderen, lag ihm damals noch fern. Dennoch hatte er den Eindruck, als ob die anderen Schüler bei manchen Lehrern besser an- und wegkamen als er. Irgendetwas an ihm schien die Pädagogen zu reizen und ihren Zorn herauszufordern. Mit verständnisvoller Nachsicht – das hatte Armin deutlich zu spüren bekommen – durfte er nun nicht mehr rechnen. Freundliche Hinweise und Ermahnungen, wie sie an der Grundschule üblich gewesen waren, gehörten endgültig der Vergangenheit an. Jetzt wurde gesiebt und, falls nötig, brachial durchgegriffen, um den vermeintlichen Störer zu disziplinieren. Die unantastbare Schulordnung schien dabei fast jedes Mittel zu rechtfertigen. Die Nussschale seiner Kindheit war geknackt worden. Ihr Inhalt war den äußeren Einflüssen schutzlos preisgegeben. Armin war im wahren Leben angekommen.

Der disziplinäre Druck begann sich bald negativ auf Armins Motivation und auf seine schulischen Leistungen auszuwirken. Lediglich Lieblingsfächer wie Deutsch, Biologie, Geografie, Geometrie, Musik und Bildende Kunst hielten sein schulisches Interesse in dem Maße aufrecht, dass er sich leistungsmäßig im grünen Bereich halten konnte. Mit verordnetem Nachhilfeunterricht versuchten seine Eltern, den sich proportional zu seinem rapide schwindenden Interesse verschlechternden Leistungen in Mathematik entgegenzuwirken. Doch Erfolge wurden mit dieser Maßnahme wenig erzielt. Erschwerend kam hinzu, dass seine Mutter ihn zunehmend mit Vorhaltungen verunsicherte. Da sie größten Wert auf Wohlverhalten, Strebsamkeit und sonstige klischeehafte, dem „Struwwelpeter" entnommene Erziehungsideale des 19. Jahrhunderts legte, stellte Armin für sie in dieser Beziehung wohl eine große Enttäuschung dar. Vielleicht hätte sie ihn weniger kritisch gesehen, wenn er als Einzelkind aufgewachsen wäre. Da in der Gestalt seiner unproblematischen Schwester jedoch eine lupenreine Referenz zur Verfügung stand, musste sie die Schwierigkeiten, die er verursachte, wohl als mutwillige Provokation oder als bösen Willen auffassen. Schon als er noch zur Grundschule gegangen war, hatte sie das perfide Vergleichssystem der „doppelten Buchführung" eingesetzt, mit dem sie ihn ständig unter Druck setzte, die vorgegebene Norm zu erfüllen. In einer speziellen Kladde vermerkte sie nicht nur seine Schulnoten, sondern auch die eines Mitschülers, die er in Erfahrung zu bringen und brav zuhause zu berichten hatte. Wenn dieser Vergleich zu seinen Ungunsten ausfiel, konnte er sich auf etliche Vorwürfe und Unterstellungen gefasst machen. Offenbar erwartete seine Mutter für die großzügigen Investitionen in seine Bildung eine Gegenleistung, die er zu ihrer Enttäuschung anscheinend nicht bereit war, zu liefern. Sie legte das als schnöden Undank, bestenfalls als Faulheit aus.

Ihre Vergleiche blieben nicht nur auf die Schulnoten beschränkt. „Der X benimmt sich bestimmt nicht so wie du. Der Y hätte das nie gemacht. Der Z kaspert gewiss nicht so herum. Nimm dir ein Beispiel an diesem oder an jenem. Man muss sich ja schämen, dich irgendwohin mitzunehmen". Solche und ähnliche Vorhaltungen bekam er immer wieder zu hören. Da sie jedoch kaum zu ihm durchdrangen, blieb die erhoffte Wirkung weit hinter den Erwartungen seiner Mutter zurück. Armin verstand nicht, weshalb er so sein sollte wie die anderen Jungs, nur damit seine Mutter mit ihm zufrieden sein konnte.

Armin fand es erstaunlich, dass ihn sein Vater weitgehend unbehelligt ließ. Er beteiligte sich nie an herabsetzenden Szenen. Daher führte er diesen Umstand darauf zurück, dass sein Vater ebenfalls unter gehörigem Druck stand. Auch er konnte den Anforderungen, die seine Frau an ihn stellte, nicht genügen. Auch er musste sich ständig unfaire Vergleiche gefallen lassen. Wie Armin suchte auch er eher den Rückzug als die Konfrontation. Auch er war auf merkwürdige Weise anders als alle anderen Menschen, die Armin kannte – und ihm auf seltsame Art wesensverwandt. Erst vier Jahrzehnte später sollte Armin aufgehen, wie ähnlich er seinem Vater wirklich war.

In Armins häuslichem Umfeld hatte sich nach und nach eine angespannte Atmosphäre allgemeiner Gereiztheit, Unzufriedenheit und Frustration aufgebaut. Nicht selten entlud sie sich in heftigen und lautstarken Zornesausbrüchen seiner Mutter. Ihre chronischen Wutanfälle übertrafen an Lautstärke und Ausdauer sogar die der darin begabtesten Lehrer an seiner Schule. Wenn sich die emotionalen Wogen besonders hoch auftürmten, konnte es geschehen, dass ein zweckentfremdet geschwungener Kochlöffel zur Bekräftigung der mütterlichen Argumente herhalten musste. Armins schulische Leistungen trugen trotz allem kaum dazu bei, die Spannungen abzubauen und die schwelenden Konflikte zu entschärfen. Statt sich „auf den Hosenboden zu setzen" suchte er Zuflucht in den virtuellen Welten von Science-Fiction-Romanen. Er vertrödelte viele Stunden mit der Anfertigung detaillierter technischer Zeichnungen von Robotern und Mondstationen, statt sich mit Gleichungen oder Kurvendiskussionen zu beschäftigen. Zudem hatte er es sich zur Gewohnheit gemacht, seine Probleme und Gedanken einem akribisch geführten Tagebuch anzuvertrauen. Die diszipliniert durchgeführte, tägliche Zwiesprache mit sich selbst half ihm, mit der permanenten Bedrängnis zurechtzukommen. Diese eng beschriebenen, akkurat mit Datumsstempel versehenen Seiten sollten noch viele Jahre später eine unerwartete Bedeutung erhalten.

Seine ersten fünf Schuljahre auf dem Gymnasium (von der Sexta bis zur Obertertia) waren zwar nicht besonders glanzvoll, Anlass zu ernster Sorge bestand jedoch nicht. Armins Leistungen hatten sich sogar verbessert, als die steinalte Garde des Lehrerkollegiums endlich in den Ruhestand entlassen und durch jüngeres Personal ersetzt worden war. Vielleicht hatte er inzwischen auch gelernt, sich den allgemeinen Regeln des vom so genannten humanistischen Ideal geleiteten Lehrbetriebs besser anzupassen. Umso überraschender traf ihn der katastrophale Absturz im ersten Halbjahr der Obersekunda (zehnte Klasse). Mit sage und schreibe fünfmal mangelhaft war er auf den tiefsten Tiefpunkt seiner schulischen Laufbahn regelrecht abgestürzt. Zudem zerrte das Fach Sport, dessen Anforderungen er auf Grund einer merkwürdigen Amotorik nicht gerecht werden konnte, seinen Notendurchschnitt zusätzlich nach unten. Wegen seines Gardemaßes von 193 cm wurde Armin zwar immer wieder bei Fußball- (Torwart!), Volleyball- oder Basketballspielen eingesetzt. Seine Teilnahme führte jedoch meist zu grotesken Situationen: da er manchen Bewegungsabläufen nicht folgen konnte, bewegte er sich in der Wahrnehmung seiner Mitspieler mit der Geschwindigkeit einer Wanderdüne. Sein Unvermögen, schnell gespielte Bälle mannschaftsdienlich zu verwerten, brachte ihm deshalb bald den Ruf der absoluten Spieluntauglichkeit ein. Wenn er nicht gerade als Schiedsrichter eingesetzt wurde, saß er am Ende vorwiegend auf der Ersatzbank. Beim Turnen am Reck oder am Barren gab er eine besonders klägliche Figur ab, da ihn ein unerklärlicher Mangel an Orientierung in lähmende Absturzangst versetzte. Schnelle Bewegungen um die Körperquerachse waren eine Qual für ihn. Sein Sportlehrer nahm es mit Humor, wenn Armin mal wieder hilflos wie ein Käfer rücklings auf der Matte lag: „Liegen lassen", pflegte er lakonisch zu sagen. „Tritt sich fest".

Obwohl sich Armin im zweiten Halbjahr von dreien der bleischweren Zensuren befreien konnte, gelang es ihm nicht, Tritt zu fassen und den Anschluss an seine alten Leistungen wiederzufinden. Der Auftrieb seiner „starken" Fächer reichte nicht mehr aus, den unheilvollen Sog der „schwachen" Fächer zu kompensieren. Stupides Büffeln von Dingen, die sein Interesse nicht von selbst wecken konnten, lag ihm nun mal überhaupt nicht. Er erschloss sich die Dinge lieber auf seine eigene Weise. Bei Fächern, die ihn nicht interessierten oder die ihm verleidet waren, versagte diese Strategie jedoch. Da er gegen dieses Manko nicht entschlossen genug vorging, gelang es ihm nicht, das rettende Ufer zu erreichen. Der Einzug in die Oberstufe blieb ihm versagt. Er musste die zehnte Klasse wiederholen. Das bedeutete zunächst, sich an neue Gesichter zu gewöhnen, mit neuen Klassenkameraden auszukommen und sich auf neue Lehrer einzustellen.

Der Erwerb von Bildung, insbesondere der Erwerb höherer Bildung, hatte sich bereits nach wenigen Jahren als mühsames, anstrengendes und von etlichen Ungereimtheiten, Ungerechtigkeiten und Rückschlägen begleitetes Unterfangen erwiesen. Dagegen waren Armins erste Erfahrungen mit dem Verdienen von Taschengeld weit weniger von Enttäuschung und Ernüchterung geprägt. Das vertraute Ferienheim einschließlich Gelände bot ihm nicht nur Gelegenheit zu freizeitlichem Umtrieb, es hielt auch jede Menge kleiner Arbeiten parat, die er, seinen körperlichen Fähigkeiten entsprechend, gegen ein Taschengeld ausführen durfte. Je nach Jahreszeit musste abgefallenes Laub zusammengekehrt und in den Wald geschafft, Schnee von Fahr- und Fußwegen geräumt, Büsche und Hecken gestutzt, Beete geharkt, Blumen gepflanzt oder die Wiese gemäht werden. Auch in dem großen, zweistöckigen Gebäude, das so angenehm nach gebohnertem Parkett roch, gab es ständig Dinge zu erledigen: Reinigungs-, Maler- und Wartungsarbeiten, kleine Reparaturen und Verschönerungen. Die Arbeit sagte ihm zu und vieles ging ihm bald sehr routiniert von der Hand. Binnen kurzer Zeit kannte er jedes Rohr und jedes Brett vom Heizungskeller bis zum Dachboden. Noch heute wäre Armin in der Lage, sich in dem Gebäude mit verbundenen Augen zurechtzufinden, sofern inzwischen keine baulichen Veränderungen vorgenommen worden waren.

Über mehrere Jahre konnte er so sein Taschengeld deutlich aufbessern. Seine Schallplattensammlung, an der ihm viel gelegen war, hätte er sich ohne diese Einnahmequelle nicht leisten können. Nachdem Armin sechzehn Jahre alt geworden war und die theoretische Führerscheinprüfung für Kleinkrafträder bestanden hatte, kaufte er sich an Heiligabend 1974 von seinen Ersparnissen – von den Eltern und Großeltern subventioniert – ein gebrauchtes Zündapp-Moped samt Ausrüstung. Besonders stolz war er auf den Pfennig für Pfennig zusammengesparten Sturzhelm des italienischen Designers Bertone. Armin konnte das Ende der kalten, zweiradfeindlichen Jahreszeit kaum erwarten. Stundenlang studierte er Straßenkarten und plante die ersten Touren mit dem neuen Gefährt.

Ende März zog endlich der Frühling ins Land. In Rom wurde inbrünstig geurbt und georbt[17], *während* auf dem Dorf durch Verbrennen der „Schlumbeliesl", einer mannshohen Strohpuppe, der Winter nach weniger kirchlichem Brauch gebannt wurde. An jedem halbwegs sonnigen Tag unternahm Armin erste Fahrten mit seinem Moped. Da der Kolben in dem schnapsglasgroßen Zylinder sich mitunter sträubte, zuverlässig seine Arbeit aufzunehmen, musste Armin ihm öfters durch Anschieben auf die Sprünge helfen. Ein eigenartig reibender Schmerz im linken Brustkorb und eine auffällige Kurzatmigkeit ließen ihm diese Le-Mans-Starts[18] aber mehr und mehr zur Qual werden. Durch sorgfältige Selbstbeobachtung und aufmerksames Lesen eines Nachschlagewerks für medizinische Laien gelang es ihm, die tatsächliche Art seiner Erkrankung korrekt zu ermitteln. Man glaubte ihm nicht, hielt alles für eine seiner phantasievollen Erfindungen. Doch die fachärztliche Diagnose gab ihm leider Recht: die profane verschleppte Erkältung erwies sich als eine ernste *Pleuritis exsudativa tuberculosa*[19]. Die langwierige Behandlung fesselte ihn ab dem Frühling 1975 für fünf Monate an das Krankenbett einer Thorax-Spezialklinik. Weitere fünf Monate musste er sich einer ambulanten Behandlung zur Beförderung der Rekonvaleszenz[20] unterziehen. Die erste Motorradsaison war ohne ihn gelaufen. Dafür kam Armin in den Genuss des seltenen und kuriosen Privilegs, dass er das versäumte zweite Halbjahr in einer neuen Klassengemeinschaft nachholen durfte. Zum dritten Mal lösten sich gewohnte Strukturen auf, zum dritten Mal wurden Gesichter in Klassenstärke ausgetauscht, zum dritten Mal musste er sich auf neue Lehrer einstellen. Doch er schaffte es, an den Notendurchschnitt der neunten Klasse anzuknüpfen. Allerdings hatte er zwei wertvolle Jahre verloren – und noch trennten ihn drei lange Jahre vom Abitur.

Zu Beginn der Oberstufe (Obersekunda bzw. elfte Klasse) erwies sich einmal mehr das Fach Deutsch zugleich als seine größte Stärke und Stütze. Seine schriftlichen Noten platzierten sich verlässlich im oberen Drittel der Notenskala. Aufsätze in den Klassenarbeiten schrieb er frei und ohne zeitraubendes Konzept. Die Gliederung nahm er im Kopf vor und die Inhalte flossen fast wie von selbst aus dem mit grüner Tinte betankten Füller. In Deutsch gelang es ihm mühelos, Klassenarbeiten in der zur Verfügung stehenden Zeit zu Ende zu bringen. Die Zeugnisnote in diesem Fach war das Kapital, mit dem er sich defizitäre Zensuren im ungeliebten Fach Mathematik leisten konnte. Doch als in der Unterprima (zwölfte Klasse) seine Leistungsschwäche erneut auf andere Fächer übergriff, reichte dieser Kredit nicht mehr aus. Zwei Jahre nach der Wiederholung der zehnten Klasse wurde Armin erneut zurückgestuft. Diese zweite „Ehrenrunde" empfand Armin als derart entwürdigend und peinlich, dass ihn aller Mut verließ. Obwohl die krankheitsbedingt vertagte Versetzung in der Mittelstufe nicht als Sitzenbleiben zählte, hielten ihn Scham, Frustration und auch der nun deutliche Altersunterschied zu den neuen Mitschülern davon ab, diese Option auch nur in Erwägung zu ziehen. Konsterniert sah er nur noch einen Ausweg: den Bettel hinzuschmeißen.

Wie tief ihn dieser Schlag getroffen hatte, bezeugte ein hartnäckig wiederkehrender Alptraum, der ihn noch viele Jahre später plagte: Wie Herr Dr. Pfeiffer in dem Film die „Feuerzangenbowle“ saß er als Erwachsener in seinem ehemaligen Gymnasium inmitten fremder Schüler in der viel zu engen Schulbank. Im Gegensatz zur Filmkomödie tat er das im Traum jedoch nicht zum Spaß. Das Kleben an der Schulbank war Ausdruck des in Träumen so charakteristischen Nichtvorankommens. In einem zähen Sumpf watend näherte man sich in solchen Träumen trotz aller Anstrengungen dem Ziel (in diesem Fall dem Abitur) um keinen Zentimeter. Solche Flashbacks, „in denen das ursprüngliche Trauma in seiner Gesamtheit wiedererlebt wird“ (Sacks, S. 265), werden nicht selten beobachtet.

Mittlerweile volljährig geworden, aber bar jeglicher Motivation, spielte Armin ernsthaft mit dem Gedanken, sich bei der Bundeswehr zu verpflichten. Der Musterungsbescheid war ohnehin schon eingetroffen. Beim Barras[21], so seine Überlegung, könne er vielleicht doch noch zu einem Studium zugelassen werden. Hoffnungen auf einen seinen Interessen entsprechenden Beruf durfte er sich als Schulversager ja keine mehr machen. Doch dieser aus der Not geborene Ausweg erwies sich als nicht gangbar. Die Musterungskommission stufte ihn auf Grund seiner Krankengeschichte als „nicht tauglich“ ein. Jeder Wehrdienstverweigerer wäre vor Freude übergeschnappt, doch Armin war nicht nach frohlocken zumute. Für ihn war nun guter Rat teuer. Mit einem derart schwachen Abgangszeugnis sofort einen Ausbildungsplatz zu bekommen, war kaum zu erwarten. Armin war mehr als mutlos, er war deprimiert.

In dieser kritischen Phase geschah etwas sehr Bemerkenswertes. In einem eilig anberaumten Gespräch beschwor Armins damaliger Klassenlehrer ihn und seine Eltern, „die Flinte bloß nicht ins Korn zu werfen“. Noch heute erinnert er sich genau an das Treffen, das im ehemaligen Bereitschaftsraum der Schülerlotsen stattfand. Der Lehrer ermunterte ihn, die Chance der gymnasialen Oberstufenreform zu nutzen, die just mit dem neuen Schuljahr eingeführt wurde. Mit Deutsch und Biologie als Leistungskurse könne er seine starken Fächer als Joker setzen. Außerdem habe er nach der zwölften Klasse die Möglichkeit, schwache oder ungeliebte Fächer abzuwählen. Obwohl sich Armin sträubte, ließ dieser Lehrer nicht locker und insistierte so eindringlich, bis er den Mutlosen von der Machbarkeit des Planes überzeugt hatte. Der Pädagoge hätte sich wohl kaum so viel Mühe gemacht, wenn er nicht an Armins Potenzial geglaubt hätte. Er war einer der wenigen Menschen, die Armin nicht nach seinen Defiziten beurteilten, sondern ihn an seine Stärken erinnerten. Selbst in der heutigen Zeit, in der das Wort „Inklusion" den Stellenwert eines Menschenrechts genießt (davon später), stellt eine derartige Denkweise eine seltene und wertvolle Außenseiterposition dar. Noch heute ist Armin diesem Lehrer dankbar dafür.

Armin hat sich schließlich überzeugen lassen, die alten Pfade zu verlassen und den neuen Weg einzuschlagen. In der Tat erwies sich die Möglichkeit, Kurse frei auswählen und sich von anderen trennen zu können, als sehr vorteilhaft für ihn. Endlich konnte er abstoßen, was ihn am meisten quälte, und sich in den Leistungskursen intensiv mit dem beschäftigen, was seinen Interessen entgegenkam. Statt Mathematik und Physik standen nun Biologie, Deutsch, Literatur und Philosophie auf seinem Stundenplan. Einzig von der Arbeitsgemeinschaft Theater hielt er sich fern. Auch wenn er gerne klassische Bühnenaufführungen besuchte: Der Herausforderung als Schauspieler fühlte er sich nicht gewachsen. Die merkwürdige Unsicherheit, vor den Augen anderer Menschen zu singen oder sich anderweitig zu produzieren, hielt ihn zurück. Es kam im Deutschunterricht zuweilen auch wieder vor, dass er mit Ansichten konfrontiert wurde, die im Gegensatz zu seinem Sich-selbst-Erleben standen. Am deutlichsten wurde ihm das bewusst, als sein Deutsch-, Literatur- und Philosophielehrer behauptete, der Mensch denke nicht in Bildern, sondern in Worten. Nichtverbales Denken sei „tierhaft", verkündete der promovierte Bibliophile mit der Überzeugung eines Couturiers, der vor Amazonasindianern die Vorzüge europäischer Maßanzüge anpreist. Einige Jahre zuvor wäre Armin gehörig verunsichert und bedrückt gewesen, denn bildhaftes Denken war ihm nicht unvertraut. Auch Rennfahrer, Kunstspringer, Turner, Tänzer und Trapezakrobaten memorieren Streckenverläufe und komplizierte Figuren bildlich. Sollte es dem Herrn Oberstudiendirektor etwa an dieser Qualität des Denkens gebrechen? Armin erkühnte sich, wider den Stachel zu löcken[22]. Derart herausgefordert führte der Lehrer nach Art der mittelalterlichen Scholastiker[23] namhafte philosophische Größen als Kronzeugen ins Feld. Doch Armin, der nie ein Freund der philosophisch, dialektisch oder gar religiös begründeten Beweisführung war, konterte mit Leonardo da Vinci. Der hatte gesagt: „Wer sich in der Diskussion auf eine Autorität beruft, gebraucht nicht den Verstand, sondern sein Gedächtnis".

Zu den fragwürdigen philosophischen Ansichten des Lehrers gehörte auch die Überzeugung, dass einzig und allein der Mensch der Sprache mächtig sei. Pech für ihn, dass gerade zu jener Zeit eine Schimpansin grammatikalisch sinnvolle Kombinationen aus der amerikanischen Gebärdensprache ASL erlernt, in der Kommunikation mit ihren Wärtern verwendet und einem ihrer Artgenossen beigebracht hatte.

Bis auf diese eher unbedeutenden, philosophischen Meinungsverschiedenheiten verstand sich Armin mit seinem letzten Deutschlehrer recht gut. Obwohl er durch seine naturwissenschaftliche Herangehensweise in den Klausuren den tiefen Sand unter manchem philosophischen Denkgebäude freilegte und auch nicht davor zurückschreckte, seines Lehrers Lieblingsdenker Hegel genüsslich der pseudodialektischen Scheinlogik zu bezichtigen, fühlte er sich stets fair behandelt. Man tat ihm sogar die Ehre, seinen Beitrag zu einem Aufsatzwettbewerb im Leistungskurs Deutsch im Jahrbuch der Schule zu veröffentlichen. Auch in der Schülerschaft verhalf ihm sein Talent für spöttisches Formulieren zu einer gewissen Beliebtheit: Die Macher der satirischen Abiturzeitungen wussten seine schrägen und treffsicheren Texte zu schätzen. Drei Jahrgänge dieser beliebten Hefte enthalten witzige oder satirische Beiträge aus Armins Feder.

Die neue Oberstufenreform erwies sich für Armin im schulischen Abstiegskampf als der Rettungsanker. An die wechselnde

Zusammensetzung der Kurse musste er sich zwar erst gewöhnen, doch überwogen die Vorteile, die dieses an den Universitätsbetrieb angelehnte System bot. Selbst seine Noten in Sport verbesserten sich, da er sich in Individualsportarten wie Speer- und Diskuswerfen trotz seiner beschränkten motorischen Fähigkeiten besser als in den Mannschaftssportarten profilieren konnte. Wohltuend rasch bewegte sich sein Notendurchschnitt aus der roten Zone heraus und übertraf alle bisher erreichten Werte. Am Ende hatte er dank der Überzeugungsarbeit seines ehemaligen Lehrers für Geschichte und Englisch die Hochschulreife doch noch in der Tasche – wenn auch mit dreijähriger Verspätung.

Während der letzten beiden Schuljahre hatte auch seine Erwerbsbiografie deutlich an Inhalt gewonnen: Die ersten regulären Arbeitsverträge waren abgeschlossen worden. Zunächst waren es lediglich sehr kurzfristige Tätigkeiten, um die er sich bewarb. So suchte ein Baumarkt jedes Jahr Schüler und Studenten für die Inventur. Ausgestattet mit Listen hatte Armin den Bestand von Stück- und Meterware möglichst genau zu ermitteln. Für die meisten anderen Bewerber war das sterbenslangweilige Erbsenzählerei, doch ihm machte es nichts aus, hunderte von Schrauben und Muttern zu zählen. Um die exakte Zahl von Unterlegscheiben zu erhalten, klaubte er sogar die in den Ritzen der Behälter eingeklemmten Exemplare heraus. In den nachfolgenden Jahren nahm er regelmäßig an derartigen Aktionen Teil. Durch den willkommenen Verdienst auf den Geschmack gekommen, ließ er sich in der Folge auch auf längere Ferienjobs ein. Es machte ihm nichts aus, zwei Wochen der freien Zeit in einem großen Kaufhaus an der Müllpresse zu verbringen. Der Job erforderte zwar nicht gerade geistige Höchstleistung und war zudem „anrüchig", trieb aber seinen Kontostand nach oben. Zudem vermittelte die Arbeit einen tiefen und nachdenklich stimmenden Einblick in die fragwürdigen Konsumgewohnheiten der Wegwerfgesellschaft. Nebenher erklärte er dem neugierigen Fahrstuhlführer, der oft zu einem Schwätzchen aus seinem stählernen Gehäuse auf die Rampe kam, warum die Menschen auf der anderen Seite der Weltkugel nicht ins Bodenlose stürzen. Armin war überrascht, dass es Menschen gibt, denen so etwas Selbstverständliches wie das Naturgesetz der Schwerkraft nicht geläufig ist. Der Vergleich der Erde mit einem Magneten schien den Mann jedoch halbwegs zufriedenzustellen.

Im Jahr darauf wurde Armin bereits im Sonderverkauf von Gartenartikeln eingesetzt. Die Konzentration erfordernde Handhabung der Registrierkasse bei gleichzeitigem Kommunizieren mit den Kunden war jedoch so mühsam und belastend, dass er sich bald die monotone Arbeit an der Müllpresse zurückwünschte. Die hatte ihn nicht so viel Energie und Nerven gekostet.

Die saisonal wechselnden Aushilfsarbeiten im Ferienheim blieben nach wie vor ein fester Bestandteil von Armins Freizeit. Dort konnte er die Dinge in eigener Regie erledigen und hatte jederzeit die Kontrolle über das Pensum und über die Arbeitsgeschwindigkeit. Da es im Haus wie im Gelände das ganze Jahr über etwas zu verrichten gab, konnte er so etwas wie ein regelmäßiges Einkommen erzielen. Auf seinem Sparbuch addierte es sich mit der Zeit zu einer hübschen Anlage. Seine Ersparnisse florierten auch deshalb, weil Diskotheken, Kneipen und andere Etablissements nicht den geringsten Reiz auf ihn ausübten. Wohl mit Recht fürchtete Armin, dass deren Besuch einen merklichen Abfluss seiner Mittel zur Folge gehabt hätte. Ebenso schonend für den Geldbeutel (und für die Gesundheit) war seine distanzierte Einstellung gegenüber Alkohol und Zigaretten. Da es ihm ungeachtet aller Verkostungsbemühungen lediglich gelang, weißen von rotem Wein sicher zu unterscheiden, einigten er und seine Geschmacksnerven sich auf den gelegentlichen Genuss von Hefeweizenbier. Noch zurückhaltender gab er sich beim Konsum von Tabakwaren. Schon die passive Teilhabe am allgemeinen Rauchvergnügen empfand er als olfaktorische[24] Zumutung. Nur um vor den quarzenden Klassenkameraden nicht als Weichei dazustehen, hatte er sich überwunden und an einer ihm angebotenen Zigarette gezogen. Hust. Würg. Kotz. Damit war das Kapitel Nikotin ein für alle Mal erledigt. Lieber fand er heraus, wie lange man ein Weingummi von sechs Gramm Masse im Mund behalten konnte, ehe es sich vollständig in speichelige Süße auflöste. Er brachte es auf beachtliche 45 Minuten.

Statt sich unter grell zuckendem Laserlicht mit einfallsloser Discomusik beschallen zu lassen, überteuerte Drinks zu konsumieren und seine Lungen mit Tabakqualm zu fluten, investierte er das gesparte Geld lieber in Zweitaktgemisch. So oft es die Witterung zuließ, unternahm er mit seinem Moped ausgedehnte Touren durch den Odenwald. Die Fortbewegung auf motorisierten Zweirädern feierte zu jener Zeit als sportliches Freizeitvergnügen fröhliche Urständ[25]. Bald verspürte Armin auf seinen Fahrten den dringenden Wunsch, die auf dem Moped technisch mögliche Höchstgeschwindigkeit von fünfzig Stundenkilometern zu überschreiten. Vor allem an Steigungen ließ die bescheidene Motorleistung von knapp drei Pferdestärken (2,2 KW) doch sehr zu wünschen übrig. Mehr Tempo würde ihm erlauben, seinen doch sehr eingeschränkten Aktionsradius zu erweitern. Folgerichtig opferte er einen Teil seiner Ersparnisse, erwarb den Motorradführerschein (am Autofahren war er nicht interessiert) und leistete sich sein erstes „richtiges" Motorrad. Seine Wahl fiel ganz pragmatisch auf eine in der DDR produzierte und deshalb konkurrenzlos preiswerte 250er mit einer Motorleistung von immerhin 17 PS (12,5 KW). In jeder freien Minute vergrößerte er seine Sammlung an Strecken, die er mit Textmarker in einer Straßenkarte nachzeichnete. Motorradfahren wurde zu seiner Lieblingsfreizeitbeschäftigung. Das Motorrad gestattete ihm eine völlig andere, ansprechendere Art des Reisens als das Automobil. Man war nicht mit anderen Passagieren in einem engen Fahrgastraum zusammengepfercht und empfand die Fortbewegung durch die wechselnden Eindrücke von Fahrtwind und Temperatur viel direkter und intensiver. Armin hatte einen Zeitvertreib gefunden, dem er für nahezu ein Vierteljahrhundert mit Begeisterung frönen sollte.

All das konnte jedoch nicht darüber hinwegtäuschen, dass nun eine wichtige und bedeutende Aufgabe unerbittlich herannahte: Die Berufswahl. Sie erforderte von Armin eine persönliche Entscheidung von großer Tragweite für sein Leben. Niemand konnte sie ihm abnehmen. Frei nach Bismarck sagte er sich: Stelle die Weichen nach bestem Wissen und Gewissen. Die Richtung wird schon stimmen.

Wenn Freiheit zum Problem wird: das Studium (1980-1991)

Es zählt zu den Merkwürdigkeiten seines Lebens, dass Armin nach dem bestandenen Abitur nicht einen Gedanken an ein Germanistikstudium oder an ein anderes Fach, das seine Neigung zur Schriftstellerei befördert hätte, verschwendete. Auch ein Studium der Geschichte zog er nicht in Erwägung. Er entschloss sich stattdessen, Naturwissenschaftler zu werden. Auf dem sich fulminant entwickelnden Gebiet der *Life Science* glaubte er, eher eine berufliche Zukunft finden zu können als in den geisteswissenschaftlichen „Hungerberufen". Wenn man den Experten Glauben schenken durfte, stand das Zeitalter der Biologie unmittelbar bevor. Warum also nicht einer der ersten sein, die es einläuteten?

Da er den Numerus Clausus für ein Biologiestudium um die Breite eines Haares auf dem Kopf eines Elektrons verfehlt hatte, auf keinen Fall aber anderswo als in seiner Heimatstadt studieren wollte, bewarb sich Armin mit Erfolg bei einem weltbekannten Hersteller von Druckmaschinen als Werkstudent. Da man sich nur zum jeweiligen Wintersemester für ein Biologiestudium einschreiben konnte, bot sich ihm die Gelegenheit, ein ganzes Jahr lang die Welt der industriellen Erwerbstätigkeit unter realen Bedingungen kennenzulernen. Positiver Nebeneffekt: er konnte dabei richtig gutes Geld verdienen.

Statt eines ungezwungenen Studentenlebens an der *alma mater*[26] erwartete ihn in diesem Maschinenbauunternehmen ein strikt reglementierter Tagesablauf. Da war gehörig Disziplin gefragt. Um Punkt sieben Uhr an seinem Arbeitsplatz zu stehen, musste er bereits zwei Stunden vor dem Wachwerden aus dem Bett. Das kostete ihn zunächst nicht wenig Überwindung, doch mit der Zeit brachte er seinen inneren Schweinehund dazu, sich beim Klingeln des Weckers in seine Hütte zu verkriechen. Auf den Bus war Armin nicht mehr angewiesen. Im Sommer nahm er das Motorrad und im Winter beteiligte er sich an einer Fahrgemeinschaft. Armin wurde zunächst im Ersatzteillager eingesetzt, wo er Ersatzteile für den Versand in alle Regionen der Welt zusammenstellte. Der strenge Zeitplan, die klaren Ansagen der Vorgesetzten und die immer wiederkehrenden Routinen gaben ihm ein Gefühl der Sicherheit und förderten rasch seine Sachkenntnis. Bald war er darin geübt, sowohl große, schwere Maschinenteile als auch empfindliche elektronische Module in Bahn-, Luft- und Seefrachtkisten fachgerecht und vorschriftsmäßig zu verpacken.

Nach ein paar Monaten vertraute man ihm spezielle Sonderaufgaben an und Armin wechselte von der Werkshalle in das Bürogebäude. In der EDV-Abteilung half er beim Ausdrucken und Einlesen von Lochkarten. Die Buchhaltung war glücklich, wenn er Lieferaufträge oder endlose Preislisten auf Mark und Pfennig kontrollierte. Auf seinen Wunsch hin beschaffte man ihm sogar einen speziellen Taschenrechner, mit dem sich auch höhere Millionenbeträge schnell und problemlos addieren ließen. Sein Monatslohn bewegte sich zwar nicht im siebenstelligen Bereich, doch Armin war angenehm überrascht, mit welch einfachen und leichten Tätigkeiten man als ungelernter Schulabgänger verhältnismäßig viel Geld verdienen konnte.

Nach den ersten Monaten in der Arbeitswelt war Armins Sparschwein dermaßen angefüttert, dass er sich eine größere Motorradreise gestatten konnte. Das passende Gefährt dazu konnte er sich jetzt locker leisten. Schon länger hatte ihn eine einzylindrige Yamaha mit einem halben Liter Hubraum und 27 PS (20 KW) im Schaufenster eines Händlers angelacht. Nun konnte er sie die Seine nennen. Zusammen mit einem ebenfalls motorradbegeisterten Schulfreund spulte Armin rund um den Bodensee mehr als eintausend Kilometer ab. Seine Streckensammlung war um etliche reizvolle Straßen reicher geworden.

Wieder zuhause erwartete ihn die Zulassung zum Biologiestudium. Die Zeit des regelmäßigen Einkommens lag nun – zumindest vorübergehend – hinter ihm, eine neue Lebensphase vor ihm. Unvermittelt war Armin nun weitgehend frei in der Gestaltung dessen, was er zu tun und zu lassen hatte. Doch wie sich bald herausstellen sollte, barg diese Freiheit auch eine nicht zu unterschätzende Gefahr. Überwältigt von all den informativen Vorlesungen, spannenden Exkursionen, aufschlussreichen Seminaren und interessanten Praktika, die ihm einen Zugang zu seinen Interessen in nie dagewesenem Umfang erlaubten, vergaß oder übersah Armin hin und wieder, dass mit dem Studium auch Verpflichtungen und Termine verbunden waren. Während die Zeit mit dem Kennenlernen neuer Dinge verflog, nahten Klausuren und andere lästige Leistungskontrollen. Leider gelang es Armin nicht immer, seinen enormen Wissenszuwachs fristgerecht in Klausuren und Prüfungen abzurufen. Wer sich nicht sonderlich effektiv zu organisieren verstand, konnte sich da leicht Scherereien einhandeln. Nach der durchorganisierten und reglementierten Fabrikarbeit war die Versuchung an der Universität groß, die vermeintlichen Freiheitsgrade vollständig in Anspruch zu nehmen. Uninteressantes oder Lästiges konnte ja so bequem auf die lange Bank geschoben werden! Als ein echter Pluspunkt des Studentendaseins entpuppten sich hingegen die schier endlosen Semesterferien, die richtig große Unternehmungen erlaubten. Eine ausgedehnte Motorradtour durch die wilde Bergwelt Korsikas war gewissermaßen Pflicht. Armin musste allerdings sehr aufpassen, dass er wichtige Etappenziele wie das Vordiplom nicht aus den Augen verlor.

Als Student war Armin berechtigt, eine staatliche Studienförderung (BAfÖG)[27] in Anspruch zu nehmen. Da Vater Staat die Förderung nur als Darlehen auszahlte und das Geld irgendwann zurückhaben wollte, betrachtete Armin es nicht als reales Einkommen. Er legte die monatlichen Zuwendungen als Notgroschen auf die hohe Kante und sah sich noch nach einer anderen Einnahmequelle um. Das finanzielle Polster auf seinem Konto war zu einer so liebgewordenen Gewohnheit geworden, dass ihm der Gedanke, seine Ersparnisse könnten eines Tages dahinschmelzen wie Eiscreme in der Julihitze, Unbehagen bereitete.

An Möglichkeiten, etwas nebenher zu verdienen, mangelte es zum Glück nicht. In einem Großlabor für Filmentwicklung arbeitete Armin freitags in der Spätschicht bis in den frühen Samstagmorgen hinein. Da ihm die Belastung durch die Nachtarbeit, durch die ständig wechselnden Aufgaben und durch den Lärm in der Halle auf die Dauer zusetzte, suchte er nach einem weniger strapaziösen Nebenjob. Er fand ihn bei einem Juristen im Ruhestand, der einen gärtnerisch bewanderten Studenten für sein großes Grundstück im Villenviertel der Stadt suchte. Armin ergriff diese einmalige Gelegenheit sofort beim Schopfe. In gärtnerischen Dingen hatte er ja reichlich Erfahrung gesammelt. Bald gestatteten ihm seine Einnahmen, sich ein neues Motorrad zu gönnen. Diesmal hatte es ihm eine zweizylindrige Honda mit 50 PS (36,8 KW) Leistung angetan. Mit dieser Maschine stattete er 1985 der Insel Korsika einen zweiten Besuch ab.

Da sowohl er als auch sein Arbeitgeber gefunden hatten, was sie suchten, blieb diese Geschäftsbeziehung mehrere Jahre bis zu Armins Promotion bestehen. Mit diesen langfristig sicheren Einnahmen im Hintergrund begann er ab 1985 mit dem Hauptstudium.

Während des Grundstudiums hatte sich Armin noch kaum Gedanken darüber gemacht, wohin seine berufliche Laufbahn ihn führen sollte. Den Diskussionen seiner Kommilitonen entnahm er, dass der Feld-, Wald- und Wiesenbiologe, der mit Schmetterlingsnetz und Botanisiertrommel durchs Gelände pirscht, auf dem Arbeitsmarkt kaum noch gefragt war. Da ihn die Molekularbiologie und die Genetik mit ihren langweiligen Bandenmustern[28] nicht die Bohne interessierten, entschied er sich für den zweiten großen Bereich, der eine akzeptable berufliche Perspektive zu versprechen schien: die Zellbiologie. Die Forschung an den kleinsten Einheiten des Lebens kam seiner Begeisterung für das Mikroskopieren als auch seiner Denkstrategie mehr entgegen als das Interpretieren immer gleich aussehender, verwaschener Farbmarken in einem glibberigen Gel. Er brauchte ein reales, ein lebendes Objekt, mit dem er sich befassen konnte. Sein bildhaftes

Denken erwies sich beim Mikroskopieren als vorteilhaft. Elektronenmikroskopiker müssen in der Lage sein, aus 70 Nanometer[29] dünnen Schnitten die räumliche Anordnung einer Zellstruktur im Geiste „hochzurechnen". Das ist in etwa so, als wolle man anhand von lediglich einigen hauchdünnen Scheiben eines Parmaschinkens die Größe und die Gestalt des Schweins rekonstruieren. Erst viele Jahre später fand er heraus, dass er die Fähigkeit, räumliche Anordnungen besser zu erinnern und dreidimensionale Objekte anhand von zweidimensionalen Bildern zu visualisieren, einer Sequenz-Raum-Synästhesie verdankt (vgl. Kap. *Kindheit in der Nussschale*). Konsequent belegte Armin alle mikroskopischen Kurse, Seminare und Praktika, die er erwischen konnte und eignete sich eine Vielzahl von Präparationstechniken an. Das Thema seiner Diplomarbeit ergab sich somit von selbst.

Auf der Suche nach einem geeigneten Projekt empfahl ihm die Fakultät das benachbarte Deutsche Krebsforschungszentrum (DKFZ), an dem sehr breit angelegte, zellbiologische Forschungen betrieben werden. Vor dem gewaltigen Flaggschiff der Tumorbiologie stehend, konnte er sich zunächst überhaupt nicht vorstellen, dort jemals zur Besatzung zu gehören. Diese verschachtelte, von schier endlosen Fluren durchzogene und von zahllosen Laborräumen ausgehöhlte, von weit über tausend Menschen bevölkerte Großforschungseinrichtung kam ihm vor wie eine ins Riesenhafte vergrößerte Drüsenzelle, die ständig etwas in sich aufnimmt, in ihrem Innern auf geheimnisvolle Weise umwandelt und in völlig veränderter Form wieder freisetzt. Im Vergleich zur biederen Universität wurde dort wahrhaftig „in der Oberliga" geforscht. Hier arbeiteten hervorragende Wissenschaftler wie Werner W. Franke, Peter Krammer und Harald zur Hausen, der 22 Jahre später mit dem Nobelpreis für Physiologie oder Medizin geehrt werden sollte.

Armin besaß nur eine sehr diffuse Vorstellung davon, was er in diesem Tempel der Forschung eigentlich zu suchen hatte. Andere Kommilitonen seines Jahrgangs hingegen gingen dort bereits ein und aus. Mit nicht geringem Lampenfieber betrat er das Respekt einflößende Gebäude. Er war nicht wenig überrascht, als ihn sein zukünftiger Doktorvater wie selbstverständlich willkommen hieß. Auch zu dessen Team – den zukünftigen Kolleginnen und Kollegen – fand Armin überraschend schnell ein vertrauensvolles Verhältnis, das auf gegenseitigem Respekt und Kollegialität gegründet war. Seine anfängliche Unsicherheit schwand, je mehr er sich in die Aufgabenstellung einarbeitete und vertiefte. Bald beherrschte er sein Handwerk vom Auftauen tiefgefrorener Zellen bis hin zur Fotodokumentation seiner Experimente. Die Arbeitsbedingungen am DKFZ halfen ihm dabei. Man konnte sie nicht anders als phantastisch bezeichnen.

Während stundenlanger Sitzungen am Elektronenmikroskop erlebte Armin häufig das, was man heute als „flow"[30] bezeichnen würde. Mit der Zeit sammelte sich ein Berg aus Daten und Fotomaterial an, aus dem er seine schriftliche Abschlussarbeit formulierte.

Nach der Diplomarbeit fühlte er sich in diesem Institut so angekommen und angenommen, dass er das Angebot zu promovieren sofort akzeptierte. Vergessen waren die schweren Zeiten auf dem Gymnasium, vergessen waren die irritierenden, ja lähmenden Selbstzweifel. Allerdings stellten sich seit neuestem vor und während stressbeladener Situationen lästige Symptome wie Unwohlsein bis hin zu offenem Aufruhr im Magen-Darm-Bereich ein. Zu den stressbeladenen Situationen zählten leider auch die in der Wissenschaft üblichen Fachvorträge. Armin hoffte, dass sich die Unpässlichkeiten im Lauf der Zeit geben würden. Doch selbst gestandene Professoren mit jahrelanger Vortragserfahrung suchten, so seine Beobachtung, vor ihren Vorträgen eine gewisse Örtlichkeit auf. Um dem lästigen Drang entgegenzuwirken, banante sich Armin durch die stressbeladenen Tage. Er hatte herausgefunden, dass sein Magen und sein Darm den krummen Staudenfrüchten wohlwollend ein vorübergehendes Bleiberecht einräumen, während sie andere Kost barsch durch die Hinterpforte abschieben.

Die Arbeit am DKFZ hatte den unschätzbaren Vorteil, dass sie als „halbe Stelle" (bei vollem Arbeitspensum) ein bescheidenes

Gehalt abwarf. Zusammen mit seinen Nebeneinkünften konnte er ganz gut davon leben, zumal er erst spät bei seinen Eltern aus- und in das leerstehende Haus seiner Großeltern eingezogen war. Der Kostenfaktor Miete schlug also nicht zu Buche. Mitarbeiter aus seiner Arbeitsgruppe, die nach ihrer Promotion zur Pharmaindustrie übergelaufen waren, bekamen als Berufseinsteiger Bruttogehälter ausgezahlt, die ihm unfassbar hoch erschienen. So konnte es seinetwegen auch mit ihm weitergehen! Aus lauter Vorfreude auf die wunderbare Zukunft kaufte er einem Freund eine vierzylindrige, 95 PS (70 KW) starke, pfeilschnelle und spurtstarke Yamaha XJ 900 ab. Die Maschine beschleunigte alles in Grund und Boden, was Armin bisher gefahren hatte. Zum Glück blieben ihm genügend Freiräume, um seinem Hobby zu frönen. Arbeit und Freizeit ergänzten sich in einem ausgewogenen Verhältnis. Die berufliche Zukunft lag wie ein freundlicher Morgen vor ihm. Die Sonne war gerade erst aufgegangen und Armins Karriere kannte vorerst nur eine Richtung: nach oben. Der Zenit lag noch in weiter Ferne.

Arbeitsrausch und Magenkrämpfe: die Arbeit als Wissenschaftler (1991-1996)

Von einem Wissenschaftler wird erwartet, dass er seine Forschungsergebnisse vor Fachpublikum kompetent vorträgt. Diese Verpflichtung löste in Armin wenig Begeisterung aus. Solche Vorträge waren stets mit einer gehörigen Portion an mentalem und körperlichem Stress verbunden, da sie ihm etwas abverlangten, was er überhaupt nicht schätzte: die kommunikative Interaktion mit Zuhörern, die er mitunter gar nicht kannte. Die Vorbereitungen für die Vorträge verschlangen Unmengen an Zeit, da er stets minuziös präparierte Manuskripte oder Karteikarten anfertigte, wohl wissend, dass solche Hilfsmittel in Wissenschaftskreisen verpönt sind. Ein holpriges, aber in freier Rede vorgetragenes Referat wird einem eher verziehen als eine vom Blatt abgelesene Rede. Ohne Spickzettel hätte er diesen Spießrutenlauf jedoch nicht durchgestanden. Erschwerend kam hinzu, dass auf internationalen Kongressen und Symposien Vorträge in englischer Sprache gehalten werden. Da Armin das Denken in einer Fremdsprache schwerfiel, schwitzte er bei seinem ersten Auftritt auf einem internationalen Kongress in Athen Blut und Wasser. Sein Doktorvater, der im Auditorium saß, wahrscheinlich ebenfalls. „Sie kriegen die Zähne nicht auseinander", so dessen nüchterner Kommentar. An dieser Einschätzung war durchaus etwas Wahres dran. Armin schätzte seinen Mentor auch wegen dessen stets milder und konstruktiver Kritik. Er hatte ihn die verstörenden Erfahrungen mit den aggressiven Gymnasiallehrern vergessen lassen. Trotz all seiner persönlichen Schwächen bei der Präsentation sah Armin zuversichtlich in die Zukunft. Er vertraute darauf, dass sich die nötige Sicherheit und das Selbstvertrauen mit der Zeit ganz von allein einstellen würden. Die Hauptsache war doch, dass er seinen Weg gefunden hatte und seiner Arbeit mit Freude nachging.

Nach der erfolgreichen Promotion war Armins vertraglich vereinbarte Zeit am DKFZ abgelaufen. Es wurden ihm noch ein paar Monate Verlängerung gewährt, in deren Verlauf er sich erstmals im ungewohnten Schreiben von Bewerbungen übte. Denn um seine Brötchen zu verdienen, bedurfte es zukünftig eines Arbeitgebers. Angeregt durch die Kollegen, die in der Pharmaindustrie untergekommen und gut dotierte Verträge erhalten hatten, versuchte er es ihnen gleichzutun und den Einstieg in diese Branche zu finden. Er erhielt jedoch keine Einladungen zu Bewerbungsgesprächen. Armin war ein klein wenig überrascht, aber nicht sonderlich enttäuscht. Immerhin waren ein Institut in Budapest, eine US-amerikanische Forschungseinrichtung sowie zwei Max-Planck-Institute (MPI) auf seine Publikationen aufmerksam geworden und hatten ihm wissenschaftliche Mitarbeiterstellen angeboten. Für den Anfang war die Ausbeute also gar nicht mal so schlecht. Die Verdienstmöglichkeiten in der Forschung reichten zwar nicht an die üppigen Gehälter in der Pharmaindustrie heran, aber vielleicht – so spekulierte Armin – ließ sich durch weitere gute wissenschaftliche Arbeit sein Marktwert steigern. Da war mit Sicherheit noch viel Luft nach oben. Immerhin stand er ja erst am Anfang seiner wissenschaftlichen Laufbahn. Armin war nicht karrieregeil. Vom Leben auf der Überholspur hielt er nichts. Er wollte sich die Zeit nehmen, die er brauchte, um beruflich voranzukommen.

Zur Überraschung all seiner Kolleginnen und Kollegen sagte er in Amerika und Ungarn ab. Ein Auslandsaufenthalt kam für ihn zu diesem Zeitpunkt nicht in Frage. Die noch nicht ganz beherrschte englische Sprache, die ungewohnten Sitten, der zu erwartende Kulturschock: all dem fühlte er sich noch nicht gewachsen. Seine Devise war: so viel Beständigkeit und so wenig Veränderung wie möglich. Dass er mit dieser Entscheidung gegenüber seinen beruflichen Mitbewerbern bereits an Boden verlor, realisierte er damals noch nicht. Es wäre ihm auch gleichgültig gewesen. Wichtiger war, die vertraute Umgebung nicht ohne Not aufgeben zu müssen.

Zunächst fuhr er nach München. Die Arbeit am MPI für Biochemie interessierte ihn prinzipiell, doch die Stadt war ihm eigentlich zu groß und zu teuer. Er befürchtete, dass die Kosten für Miete und Lebenshaltung einen erheblichen Teil seines Gehalts auffressen würden. Ganz abgesehen von den Reisekosten für gelegentliche Fahrten nach Hause. Denn von dem Gedanken, sein gesamtes Arbeitsleben in oder in der Nähe seiner Heimatstadt verbringen zu können, hatte er sich schweren Herzens verabschiedet. Man zog, hatte er sich sagen lassen, der Arbeit hinterher. Im Gegensatz zu ihm hatten einige seiner Mitabsolventen einen Forschungsaufenthalt im Ausland nicht gescheut. Soweit war er noch lange nicht – und es war nicht sicher, ob er sich zu diesem Schritt je würde entschließen können.

Stuttgart stand auf seiner Liste an zweiter Stelle. Die biedere Schwabenmetropole war ihm zwar immer noch eine Nummer zu groß, aber wohnen und leben ließ sich dort immerhin günstiger als im mondänen München. Zudem war seine badische Heimatstadt von Württemberg aus schneller zu erreichen als von Bayern. Die experimentelle Arbeit im Stuttgarter Max-Planck-Institut für Materialforschung reizte ihn ebenfalls, aber es existierte noch kein biologisches Labor, in dem diese hätte durchgeführt werden können. Man erwartete von ihm, dass er sich sein Laboratorium selbst einrichtete. Das traute sich Armin dann doch noch nicht so richtig zu. Er erbat sich Bedenkzeit und fuhr weiter nach Tübingen an das MPI für Biologie. Die beschauliche Kleinstadt am Neckar gefiel ihm auf Anhieb. Am dortigen MPI konnte er seine berufliche Erfahrung in eine interessante Fragestellung der Infektionsbiologie einbringen und zugleich seinen Horizont auf mikrobiologischem Gebiet erweitern. Zudem war das Institut mit der Max-Planck-Gesellschaft im Rücken technisch und finanziell hervorragend aufgestellt. Auch die Rahmenbedingungen waren attraktiv: er würde ein Max-Planck-Stipendium erhalten und in einer großen und doch preiswerten Wohnung der Max-Planck-Gesellschaft wohnen können. Das war ein unschätzbarer Vorteil, denn Wohnraum war in dem von Studenten übervölkerten Universitätsstädtchen so rar wie ein Parkplatz in der Altstadt. Da ihn in Tübingen vieles an seine Heimatstadt erinnerte und das Leben erschwinglich war, sagte er in München und in Stuttgart ab.

Er sollte es nicht bereuen. Die fünf Jahre in Tübingen sollten die besten und produktivsten seines gesamten Berufslebens werden. Nach der Eingewöhnungsphase gelang es ihm, einige technische und methodische Verbesserungen in der Zellkultur zu entwickeln und intern durchzusetzen. Jahre später sollten sie wissenschaftlicher Standard werden. In Tübingen gelang ihm, was er sich zuvor noch nicht zugetraut hatte: er baute ein Labor für primäre Zell- und Gewebekultur auf. Nebenbei machte er die am Institut brachliegende Elektronenmikroskopie wieder flott, kümmerte sich um das Fotolabor und um den Tierstall. Der Institutsdirektor zeigte sich in jeder Hinsicht aufgeschlossen und förderte ihn, wo immer es möglich war. Obwohl Armin sich nie aufdrängte, sich mitunter sogar zu drücken versuchte, wuchs die Zahl der Aufgaben, bei denen er mittel- oder unmittelbar Verantwortung zu übernehmen hatte. Das wunderte ihn, denn im Vergleich zu den meisten seiner Kolleginnen und Kollegen zog er es vor, seine Arbeit eher unauffällig und bedächtig zu verrichten. Bloß nicht im Mittelpunkt stehen! Er war zudem bestrebt, unangenehmes Multitasking zu vermeiden, wo es nur ging. Auch beim Publizieren der Forschungsergebnisse ließ er sich von niemandem drängen. Gründlichkeit und Präzision im Labor, Geduld und Ausdauer am Mikroskop, ein hoher Qualitätsanspruch bei der Bildauswahl, Sorgfalt bei der Formulierung der (auf Englisch) verfassten Texte: das war sein Anspruch an sich selbst. Dieser Anspruch ersparte ihm manch zeitraubende Runde des Nacharbeitens und des Korrigierens. Rasch hingeschluderte Arbeiten sind zwar schneller eingereicht, büßen aber den Zeitvorteil durch ewiges Nachbessern wieder ein.

Zu einem Glücksfall wurde für Armin ein Kollege aus der medizinischen Fakultät, der ihm manche Tür zum wissenschaftlichen Establishment öffnete, Kontakte knüpfte und somit manchem Projekt zur Realisierung verhalf. Dieser Mann war ein Phänomen. Er verfügte mit seiner Eloquenz, seiner Befähigung zum Netzwerken und seinem Organisationstalent über Eigenschaften, die Armin vollständig abgingen. Armins Erfolg war zumindest teilweise dieser fruchtbaren Kooperation geschuldet. Die Zusammenarbeit ermöglichte es ihm, sich ungestört auf das zu konzentrieren, was er am besten verstand: mit Zellen in der Kulturschale zu kommunizieren und ihre Bedürfnisse zu erkennen. Das Handwerkliche bereitete ihm wesentlich weniger Schwierigkeiten als die unzähligen Meetings, Workshops und Arbeitsbesprechungen. Vor den Mitarbeitern von seinen Ergebnissen zu berichten verursachte ihm nach wie vor Bauchschmerzen. Seine merkwürdige Inflexibilität in sozialen Situationen, die seine Kolleginnen und Kollegen anscheinend mühelos bewältigten, verunsicherte ihn zusätzlich. Bei raschen Wort- und Themenwechseln in den fachlichen Diskussionen fiel es ihm schwer, Schritt zu halten und den Anschluss nicht zu verlieren. In Besprechungen kam Armin deshalb meist nicht zu Wort. Er beschränkte sich darauf, zuzuhören und im Übrigen still im Hintergrund seine Arbeit zu tun. Die Präsentation im Rampenlicht, den Zuhörern unmittelbar ausgesetzt, war nicht seine Sache.

Die Kolleginnen und Kollegen pflegten eine Lockerheit und Geselligkeit, zu der er nicht fähig war. Immer wieder stellte sich bei Armin unterschwellig der Verdacht ein, anderen Menschen irgendwie nicht gewachsen oder gar unterlegen zu sein. Da er aber von allen Freunden und Kollegen akzeptiert wurde, sich Freundschaften entwickelten und Konflikte wie damals an der Schule ausblieben, machte er sich darüber keine weiteren Gedanken mehr. Schwierigkeiten, die sich aus gewissen Situationen des Arbeitsalltags ergaben, musste man irgendwie meistern. Das Leben war eben kein Bällchenbad.

Eine der größten Belastungen für Armin waren nach wie vor öffentliche Auftritte auf wissenschaftlichen Tagungen und Kongressen. Obwohl er nach den unangenehmen Erfahrungen in Athen stets nur Posterbeiträge[31] einreichte, um sich freies Sprechen zu ersparen, war es nur eine Frage der Zeit, bis man von ihm erwartete, erneut einen Vortrag zu halten. Ironie des Schicksals: Durch seine eigene Arbeit war es unausweichlich geworden, auf einem Kongress in Verona seine Forschungsergebnisse auf Englisch vorzutragen. Armin präparierte seine Karteikarten. Vielleicht würde es in Verona besser klappen als in Athen. Doch sobald er im Auditorium Platz genommen hatte, plagten ihn nervöse Störungen, die heimtückisch und überfallartig wie Koliken zuschlugen. Es schien, als würde er die peinigenden Magenkrämpfe niemals abschütteln können. Er war so mit sich selbst und den Versuchen beschäftigt, seinen Gastrointestinaltrakt[32] zur Ordnung zu rufen, dass die Vorträge der anderen Referenten inhaltlich lediglich in verstümmelter Form sein Ohr erreichten. Die Stimmen seiner Vorredner nahm er wahr, wie man die Rufe einzelner Arbeiter vor dem akustischen Hintergrund einer lärmerfüllten Werkhalle wahrnimmt. Sobald er sich auf die Referate konzentrierte, verstand er die Worte zwar akustisch, konnte sie jedoch inhaltlich nicht immer erfassen. Achtete er hingegen auf die Bedeutung der Worte, verlor er den Faden, da ihm der Vortragende „davonlief". Fiel sein Blick auf die Uhr, die das unabwendbare Herannahen seines Redebeitrages schonungslos anzeigte, wurde ihm blümerant[33].

Schließlich war der Augenblick gekommen, an dem er das Podium betreten musste. Armins Blicke warfen sofort Anker auf den Karteikärtchen, die er mit großen, farbig hervorgehobenen Stichworten präpariert hatte. Karte für Karte, Dia für Dia hangelte er sich durch sein Referat. Von einem rhetorisch bestechenden Vortrag konnte zwar keine Rede sein, doch gelang es ihm immerhin, sich ein wenig freizusprechen und an Sicherheit zu gewinnen – bis er es wagte, einen Blick in das Auditorium zu werfen. Diese Kühnheit hätte er sich besser nicht erlauben sollen. Die mit anonymen Gesichtern gepflasterten Sitzreihen brachten ihn augenblicklich aus dem Konzept. In dem Bemühen, die ins Stocken geratene Rede in Gang zu halten, verhaspelte er sich prompt. Kalter

Schweiß brach ihm aus und der Schrei des Pan hallte in seinem Schädel wider. Wie ein Stromausfall in einer Verkehrsleitzentrale legte der Blackout sein Sprachzentrum lahm. Seine Fluchtgedanken müssen mit Händen zu greifen gewesen sein. Mit aller Macht zwang er sich, auf seine Karteikarten zu sehen. Nach einer endlos erscheinenden Pause fand er das erlösende Stichwort wieder. Der Bann war gebrochen. Nun ging es ihm nur noch darum, den Vortrag einigermaßen anständig zu Ende zu bringen. Nachdem er auch die obligaten Fragen aus dem Auditorium überstanden hatte, beruhigten sich auch Armins überreizte Magennerven wieder. Um nicht angesprochen zu werden und wohl auch ein wenig aus Scham wegen des peinlichen Filmrisses, ließ er sich an seinem Poster vorerst nicht blicken. Er zog es vor, durch die Tagungshalle zu schlendern und die Arbeiten der anderen Kongressteilnehmer in Augenschein zu nehmen. So lernte Armin wenigstens eine Frau kennen, die ihn zum Essen begleitete. Trotz seines aufrichtigen Bekenntnisses, ein „total langweiliger Typ" zu sein, sollte sie sechs Jahre später den Bund der Ehe mit ihm schließen.

Wenige Monate nach Verona erfolgte der zweite Aufreger: überraschend erhielt Armin eine Einladung nach Schweden. Ein Wissenschaftler von der Helsingfors Universität in Uppsala, der einige Jahre am Tübinger MPI für Entwicklungsbiologie geforscht hatte, schlug ihm vor, in seinem Team mitzuarbeiten. Ob er nicht kommen und einen Vortrag halten wolle? Halb geschmeichelt, halb verschreckt sagte Armin zu. Er mochte die Skandinavier und ihr stilles, unaufgeregtes Naturell. Doch Ausgerechnet dieser Flug nach Stockholm sorgte für Wirbel ohnegleichen. Der Start in Stuttgart verzögerte sich wegen technischer Probleme um mehr als eine Stunde. Armin befand sich bereits während der langen Wartezeit am Rande des Nervenzusammenbruchs. Da der Anschlussflieger in Berlin bereits auf und davon war, wich der Pilot nach Düsseldorf aus, wo eine Ersatzmaschine nach Schweden vorbereitet wurde. Armins Zeitplan geriet dadurch vollständig aus den Fugen. Er traf so spät in Stockholm ein, dass die Mitarbeiter des Instituts in Uppsala sich bereits ins Wochenende verabschiedet hatten. Ungeachtet dessen opferte ihm sein Gastgeber, der ausgezeichnet Deutsch sprach, seinen gesamten Feierabend, um mit ihm bei einem Abendessen über seine zukünftige Arbeit zu sprechen. Armin hätte an einem Auslandsaufenthalt in Skandinavien durchaus Gefallen gefunden. Die Landschaft und die Menschen sprachen ihn an. Letzten Endes entschied er sich, doch in Tübingen zu bleiben. Die Arbeit dort lief gut. Weshalb sollte er sich auf eine neue, unbekannte Sache mit ungewissem Ausgang einlassen? Ein weiterer Grund für sein Ausharren war, dass er seine zukünftige Frau auf dem Veroneser Kongress kennengelernt hatte (die Frage, ob das trotz oder wegen seines Kosakencharmes geschah, ist bis heute nicht eindeutig geklärt). Von Tübingen aus war es einfacher sie gelegentlich in ihrer Heimat, dem neuerdings wieder frei zugänglichen Mitteldeutschland, zu besuchen. Allerdings vergab Armin so auch die zweite Gelegenheit, sich durch einen Auslandsaufenthalt wissenschaftlich weiter zu profilieren.

1995, mit 37 Jahren, erreichte Armin den Höhepunkt seiner wissenschaftlichen Laufbahn. Sein befristeter Arbeitsvertrag wurde vom Institutsdirektor in einen unbefristeten Max-Planck-Vertrag umgewandelt – ein Privileg, das in der Regel nur Professoren vorbehalten ist. „So einen wie dich können wir gut gebrauchen", begründete der Direktor seine Entscheidung. Mit dem unbefristeten Vertrag in der Tasche hatte Armin einen Status erreicht, mit dem er mehr als zufrieden hätte sein können. Die meisten seiner Kollegen mussten sich nach wie vor mit Zeitverträgen begnügen. Er, der stets anderen hinterhergelaufen war, hatte sie unvermittelt rechts überholen können. Während andere sich von Vertrag zu Vertrag, von Projekt zu Projekt hangeln mussten und ohne Planungssicherheit ständigen Wohnungswechseln ausgesetzt waren, brauchte er sich um all diese Dinge nun keine Sorgen mehr zu machen. Er konnte sich auf seine Arbeit konzentrieren und sicher sein, dass in fünf oder in zehn Jahren alles noch weitgehend so sein würde, wie er es bisher gewohnt war.

Leider zerplatzte dieser schöne Traum schon nach wenigen Monaten wie eine Seifenblase. Das Institut sollte in der Nachwendezeit aus dem kleinen, beschaulichen Tübingen nach Berlin umziehen. Berlin! Katastrophe! Ausgerechnet in diesem Moloch von Stadt wollte die Max-Planck-Gesellschaft ihr neues Institut für Infektionsbiologie ansiedeln. Die Aussicht, auf Deutschlands damals größter Baustelle leben und arbeiten zu müssen, löste entschieden Unwillen in Armin aus. Er, der imstande war, sich auf einem leeren Fußballplatz zu verirren, sollte aus einer leidlich überschaubaren Kleinstadt in eine Metropole mit ständig wechselnden Umleitungen ziehen? Um ihm die Sache schmackhaft zu machen, ermunterte ihn sein Chef, sich um die Leitung der zukünftigen elektronenmikroskopischen Serviceeinheit zu bewerben. Als Leiter dieser Serviceeinheit wäre er dem unmittelbaren Publikationsdruck entgangen und dennoch eine Stufe in der Max-Planck-Hierarchie nach oben gerückt. Berlin hin oder her: das war ein Köder, dem Armin nicht so leicht widerstehen konnte. Doch zu seiner Überraschung entschied sich der designierte geschäftsführende Direktor nach einem Vorstellungsgespräch in Berlin anders. Ein wenig enttäuscht war Armin wegen dieser Entscheidung schon. Er konnte nicht verstehen, weshalb der Berliner Direktor der Empfehlung seines Tübinger Kollegen nicht gefolgt war. Armin hatte ja seine Expertise bereits hinreichend durch Publikationen bewiesen. Armins Vorbehalte gegen das ungeliebte Berlin gewannen wieder die Oberhand. Obwohl er als Inhaber einer Planstelle in irgendeinem anderen Institut der Max-Planck-Gesellschaft hätte weiterarbeiten können, bewarb er sich extern auf eine Stelle in den neuen Bundesländern. Der Grund war, dass er sich seit geraumer Zeit Gedanken darüber machte, wie er seinen Lebensmittelpunkt in die Nähe seiner zukünftigen Frau verlagern könnte. Um logistisch noch mehr Freiheitsgrade zu gewinnen, hatte er sich sogar dazu durchgerungen, den Pkw-Führerschein zu erwerben. Sogar einen betagten VW Golf mit Automatikgetriebe hatte er einem japanischen Kollegen, der in seine Heimat zurückging, für ein paar hundert Deutsche Mark abgekauft.

Nach dem erfolgreichen Vorstellungsgespräch an einem Institut des Magdeburger Universitätsklinikums bat er seinen bisherigen Chef um einen Auflösungsvertrag – nur sieben Monate, nachdem er den unbefristeten Vertrag unterschrieben hatte. Leider versäumte Armin, sich ein Arbeitszeugnis ausstellen zu lassen. Dass ein qualifiziertes Arbeitszeugnis durchaus einmal wichtig werden könnte, war ihm damals leider nicht bewusst gewesen. Es war ihm nicht einmal bekannt, dass jeder Arbeitnehmer einen Anspruch darauf hat. Hätte er geahnt, in welch turbulentes Fahrwasser er zukünftig geraten würde, wäre er nicht so arglos und unbedarft zu Werke gegangen. So aber gab er seine feste Stelle mit derselben Gemütsbewegung auf, mit der man sich von seinem alten Auto trennt: im ersten Moment mochte man ein gewisses Bedauern verspüren, doch die sentimentale Anwandlung weicht rasch der Vorfreude auf das neue Gefährt. Armin ahnte nicht, dass er mit seiner leichtfertigen Unterschrift unter den Aufhebungsvertrag eine dramatische Wende in seinem Erwerbsleben eingeleitet hatte. Die Auswirkungen wurden jedoch nicht schlagartig spürbar. Zunächst schien sich alles noch auf einem guten Weg zu befinden. Und dieser Weg führte ihn in die neuen Bundesländer.

Habilitieren oder nicht habilitieren: das ist die Frage (1996-1998)

Magdeburg war ganz nach Armins Geschmack, auch wenn viele seiner Bekannten über die Stadt an der Elbe die Nase rümpften. Die überschaubare Größe, die Flusslage und die flache Landschaft vermittelten den Eindruck grenzenloser Weite. An keinem seiner bisherigen Wohnorte war die Zeitspanne von Sonnenauf- bis Sonnenuntergang länger gewesen als in der berglosen Börde. Keine Erhebung verkürzt den Lauf der Sonne von Horizont zu Horizont. Erhabenere Geländeformen als den Maulwurfshügel existieren in der Bördelandschaft nicht. Seine neuen Kollegen versicherten Armin augenzwinkernd, man könne hier bereits am Donnerstag sehen, wer am Wochenende zu Besuch käme.

Die wissenschaftliche Aufgabenstellung an seiner neuen Wirkungsstätte knüpfte zwanglos an Armins vorherige an. Das lag ihm, zumal er auch hier elektronenmikroskopisch arbeiten konnte. Auch hier verband ihn mit den neuen Mitarbeitern von Anfang an ein kollegiales, ja freundschaftliches Verhältnis. Das Team bestand aus jungen Leuten, die allesamt noch nicht lange dabei waren. In Erwartung eines längeren Aufenthaltes mietete Armin sich in einer Neubauwohnung am westlichen Stadtrand ein. Die Überführung seines Hausrats gestaltete sich indes etwas holprig: die Zugmaschine verendete auf der A7. Der Transporter musste nach Braunschweig abgeschleppt werden. Da der Schaden auf die Schnelle nicht zu beheben war, blieb nichts anderes übrig, als das ganze Gerassel in ein Ersatzfahrzeug umzuladen. Erst mit sehr viel Verspätung erreichten er und sein geduldiger Helfer das Ziel – wo ein erneuter Kraftakt zu bewältigen war, denn Armins Wohnung befand sich im Obergeschoss.

Nachdem die ersten Gehälter auf sein Konto eingezahlt worden waren, erfüllte Armin sich einen lange gehegten Traum und kaufte sich eine kaum gebrauchte Honda mit 1,1 Liter Hubraum, satten 100 Pferdestärken (73,5 KW) und einem atemberaubenden Drehmoment. Der „Bumms" im Drehzahlkeller war so gewaltig, dass es Armin beim Beschleunigen die Arme langzog.

Besuche bei und von seiner zukünftigen Frau ließen sich nun wesentlich leichter und vor allem regelmäßig realisieren. Zusammen erkundeten sie auf zahlreichen Wochenendausfahrten die reizvollsten Strecken seiner neuen Wahlheimat. Als Höhepunkt unternahmen sie beide eine wunderbare Tour durch Südfrankreich, den Pyrenäen und Nordspanien. Alles entwickelte sich so schön und harmonisch. Es schien, als habe er mit dem Jobwechsel die richtige Entscheidung getroffen.

Hatte Armin an seinem neuen Arbeitsplatz anfangs noch das Gefühl, von seinem neuen Chef mit offenen Armen empfangen worden zu sein, häuften sich bald Vorfälle, die ihm zu denken gaben. Offenbar hatte er diesmal einen Vorgesetzten der Kategorie „nicht ganz einfach bis schwierig" erwischt. Obwohl das kleine Institut kaum ein Jahr existierte, zeichnete sich die junge Belegschaft durch eine hohe Fluktuationsrate aus. Das war eine völlig neue Erfahrung, die Armin verunsicherte. Die Flucht einer tränenüberströmten Kollegin aus dem Büro des Institutsleiters und der allgemeine Unmut über dessen zuweilen rüdes Gebaren vermittelten Armin einen ersten Eindruck vom wahren Betriebsklima. Hinter der nach außen gefälligen Kulisse stimmte etwas ganz offensichtlich auf der persönlichen Ebene nicht. Statt nach den Gründen zu fragen, weshalb ein Mitarbeiter nach dem anderen „die Brocken hinwarf", wurden die personellen Lücken rasch geschlossen und weitergemacht wie bisher. Auf die Beziehung zwischen Institutsleitung und Mitarbeitern verschwendete man keinen Gedanken. Doch „Menschen kommen zu Unternehmen, aber sie verlassen Vorgesetzte" (Sprenger S. 122).

In den ersten anderthalb Jahren, in denen er Augen- und Ohrenzeuge der Probleme seiner Kolleginnen und Kollegen wurde, konnte sich Armin jedoch nicht ernstlich beklagen. In aller Ruhe widmete er sich seiner Arbeit. Die bestand darin, den Einfluss von Botenstoffen auf das Wundheilungsverhalten von Epithelzellen zu messen. Zu diesem Zweck knobelte er ein Verfahren aus, mit dessen Hilfe man kreisrunde Löcher einer definierten Fläche in einen Zellrasen stanzen konnte. Neben der praktischen Arbeit wurde Armin allerdings zunehmend mit Fragen zu seiner weiteren akademischen Laufbahn konfrontiert. Auf Tagungen war er hin und wieder ehemaligen Kolleginnen und Kollegen begegnet, die sich bereits mit dem Gedanken an eine Habilitation trugen oder diese bereits begonnen hatten. Das befremdete ihn. Inhaber des Professorentitels waren in Armins Vorstellung immer noch würdige, ältere Männer mit Bart oder streng blickende Damen reiferen Alters mit Hornbrille und Dutt. Sollte die Zeit tatsächlich schon gekommen sein, sich über den nächsten Karriereschritt Gedanken zu machen? Es half nichts: er musste sich mental mit diesem unbequemen Thema auseinandersetzen. Bei seinen Recherchen stieß Armin auf die damals gerade eingeführte Juniorprofessur. Aha, daher rührte also die Eile, die sein Studienjahrgang bei der Karriereplanung an den Tag legte! Da sein Arbeitsvertrag eine Habilitation als Zielqualifikation vorsah, reichte er mit dem Einverständnis seines Chefs sein Forschungsprojekt ein und bewarb sich um ein Habilitationsstipendium. In überraschend kurzer Zeit flatterte die Bewilligung ins Haus. Doch die Ernüchterung folgte auf dem Fuße: sein Gehalt hätte sich für die Dauer der Habilitation glatt halbiert (man beachte den verräterischen Gleichklang der Worte Habilitierung und Halbierung!).

Armin begann zu grübeln. Karriereplanung gut und schön, doch welchen Nutzen hatte der ganze Aufwand, wenn einem das Gehalt gekürzt wird? Um die Frage zu klären, listete er auf einem Blatt Papier die Vor- und Nachteile einer Habilitation auf. Einerseits erwartete ihn mit der Habilitierung eine nicht zu verachtende gesellschaftliche Reputation, womöglich auch eine sehr interessante Arbeit, wahrscheinlich sogar mit einer recht ordentlichen Bezahlung. Auf der anderen Seite war dieser Karriereschritt auch mit einigen Unwägbarkeiten und Unannehmlichkeiten verbunden. Das akademische Hamsterrad kam ja selbst nach der Habilitation nicht zum Stillstand. Man war als Habilitierter mitnichten schon Träger des angestrebten akademischen Grades, und selbst unter den Professoren gab es erhebliche Rang- und Gehaltsunterschiede. Die Konkurrenz um den Aufstieg in die akademische Oberliga war zudem groß. Um überhaupt eine Aufstiegschance zu bekommen, musste man zunächst einen „Ruf" erhalten (manche Anwärter sollen, einem bekannten Bonmot zufolge, jahrelang bei geöffnetem Fenster schlafen, um diesen ja nicht zu überhören). Nur wem es gelang, die professorale Weihe zu erlangen, hatte eine Chance auf Entfristung seines Arbeitsvertrages (einen Status, den Armin sich bereits erarbeitet, aber wieder aufgegeben hatte). Einen Ruf erhalten in der Regel nur diejenigen, die wirklich etwas zu bieten haben – oder diejenigen, die sich am besten verkaufen können. Obwohl Armin mit seiner Arbeit im In- und Ausland Interesse geweckt hatte, war er skeptisch, ob er in der Lage war, sich zukünftig geschickt genug selbst zu vermarkten. Nach der abgewiesenen Bewerbung um die Leitung der elektronenmikroskopischen Serviceeinheit in Berlin waren Zweifel angebracht. Zudem war er in Magdeburg wissenschaftlich nicht so erfolgreich gewesen wie in den Jahren zuvor. Noch immer war keine Publikation zustande gekommen. Ein weiterer Minuspunkt war, dass man als Professor oft auf Reisen war, viele Vorträge und Reden halten, sich mit lästigem Verwaltungskram beschäftigen und sich ständig mit einer ganzen Menge Menschen auseinandersetzen muss. Wieder beschlichen ihn Zweifel. Brachte er für Dinge, die andere selbstbewusst und ohne zu zögern in Angriff nehmen, die nötigen Voraussetzungen mit? Da er die Frage nicht mit einem klaren und eindeutigen „Ja" beantworten konnte, verzichtete er auf das Stipendium, auch wenn er mit dieser Entscheidung noch weiter hinter seinen Kolleginnen und Kollegen zurückblieb. Er wollte noch nicht Professor werden, er wollte einfach nur seine Arbeit machen, die ihm wirklich Freude bereitete. Das Thema Habilitation war für ihn vorerst erledigt. Stattdessen nahm er die

Einladungen von Fort- und Weiterbildungsinstituten an, Zellkulturkurse für medizinisch-technische Assistentinnen und Assistenten durchzuführen. Hier war seine Expertise gefragt, hier bewegte er sich auf vertrautem Terrain. In einem Seminarraum vor überschaubarem Publikum fühlte er sich eben wohler als im Scheinwerferlicht eines voll besetzten Hörsaales.

Apropos wohlfühlen: die gespannte Atmosphäre am Institut begann sich nun auch auf Armins Arbeit nachteilig auszuwirken. Hatte er in Tübingen pro Jahr regelmäßig und in aller Ruhe mindestens einen Fachartikel publiziert, kämpfte er in Magdeburg mit einer anhaltenden Flaute. Das Ausbleiben von publikationswürdigen Ergebnissen lieferte dem Chef natürlich einen Vorwand, Armins Produktivität und schließlich auch seine Kompetenz in Frage zu stellen. Langsam aber sicher geriet nun auch Armin ins Fadenkreuz der launischen Führungskraft. Zum ersten Mal machte Armin die Erfahrung, dass nicht nur eine interessante Aufgabe oder ein attraktives Gehalt für die Zufriedenheit am Arbeitsplatz von Bedeutung sind. Auch die „Chemie" im Team, insbesondere zwischen dem Chef und seinen Subalternen muss stimmen. Hier stimmte die Chemie offensichtlich nicht mehr. Immer wieder kam es zu heftigen exothermen[34] Reaktionen zwischen Armin und seinem Vorgesetzten. Bald war das Verhältnis so zerrüttet, dass nur noch die Trennung als Ausweg blieb. Armin wollte definitiv weg. Vier Kolleginnen und Kollegen hatten diesen Schritt bereits vor ihm getan und setzten ihre Karriere anderswo fort. Andere folgten Armins Beispiel. Die durch die gemeinsamen Erlebnisse und Erfahrungen einmütig miteinander verbundenen ex-Kolleginnen und ex-Kollegen gründeten den „Club der ehemaligen Mitarbeiter", einen nicht ganz ernst gemeinten Selbsthilfeverein für traumatisierte Doktoranden und Postdocs[35]. Armin erhielt den Mitgliedsausweis Nr. 3. Nach zweieinhalb Jahren Arbeit war das eine recht kümmerliche Ausbeute. Schlimmer noch: für Nichts hatte er die unbefristete Stelle am MPI in Tübingen aufgegeben. Nun musste er den Blick erneut nach vorne richten. Vorne, das war Mitteldeutschland.

Das „wrong-planet-syndrome" (1998-2005)

Nicht zuletzt durch Armins missliche „Griffe ins Klo" hatte seine Erwerbsbiografie eine Wendung genommen, die er nach seinen positiven Erfahrungen der letzten Jahre nicht für möglich gehalten hätte. Jetzt verlangte die Situation gebieterisch nach einer raschen und vor allem nach einer richtigen Entscheidung. Da seine Lebenspartnerin in einer mitteldeutschen Stadt wohnte und arbeitete, lag es nahe, dorthin zu ziehen und ganz neu anzufangen. Armin hatte den Medien entnommen, dass in den neuen Bundesländern heftig um die Ansiedlung von Biotechnologieunternehmen geworben wurde. Die nach der Wende mit viel Aufwand und noch mehr Geld errichteten Technologiezentren sollten sich schnellstmöglich mit profitablen Start-ups bevölkern. Frischer Wind aus dem Osten und Fördergelder aus dem Westen sollten der deutschen Lifescience-Szene neue Impulse verleihen. Armin erfreute sich damals einer regen Nachfrage als Gastdozent für Zellkulturkurse. So formte sich in seinem Kopf der verwegene Plan, den Biotech-Hype zu nutzen und sich mit einem Ausbildungslabor in einem mitteldeutschen Zentrum für Biotechnologie selbstständig zu machen. Das schien ihm eine interessante, wenn auch nicht ganz risikolose Alternative zum Angestelltenverhältnis zu sein. Die allgemeine Aufbruchsstimmung im Land war ihm behilflich, letzte Vorbehalte zu zerstreuen. Bedenkenträger hatten just einen schweren Stand, wurden im selbstgerechten Jargon der Erfolgreichen als Weicheier, Warmduscher, Sitzpinkler oder Schattenparker belächelt. Wer wollte schon so etwas Unerhörtes wie den in allen Medien bis zum Überdruss gepredigten „Paradigmenwechsel" verpassen? Wer sein Geld nicht unverzüglich in die neuen Technologiefonds steckte, galt als Loser. Goldgräberstimmung breitete sich aus. Nun wurde „wieder in die Hände gespuckt". Man investierte wieder. Wer nicht wagt, der gewinnt nicht nur nicht, dem ist nicht mehr zu helfen, war die landläufige Ansicht. Allerorts boten eilfertige Vermögens- und Unternehmensberater, die ihr seriöses Vorleben als Lehrer, Versicherungsmakler oder Prokuristen hinter sich lassen wollten, ihre gut bezahlten Dienste an.

Bei aller freudigen Erregung über sein Vorhaben hatte es Armin viele schlaflose Nächte gekostet, eine Einladung zu einem Vorstellungsgespräch am pathologischen Institut einer universitären Heilanstalt (im Weiteren stets das „Große Klinikum" genannt) abzusagen und den kühnen Schritt auf das ihm bislang unbekannte Terrain der Selbstständigkeit zu wagen. Wann, fragte er sich, wenn nicht jetzt? Gründliche Vorbereitung war nun zwingend angesagt. Armin war erst kürzlich in den Stand der Ehe getreten und Nachwuchs kündigte sich an. Da konnte er sich keine leichtfertigen Fehltritte mehr leisten. Die neue Existenz, die er sich und seiner Familie aufzubauen beabsichtigte, sollte auf einem bombenfesten Fundament errichtet werden.

Statt Stellensuche stand nun jede Menge an Gründungsvorbereitungen auf der Tagesordnung. Trotzdem war ein Gang zum Arbeitsamt unerlässlich. Armin wollte sich die Chance einer Gründungsförderung nicht entgehen lassen. Doch die Defizite dieser Institution in Sachen Existenzgründerberatung traten erschreckend offen zu Tage. Den zuständigen „Betreuer" konnte man nur als unbedarft und bis zur Hilflosigkeit überfordert bezeichnen. Die Beratungsleistung bestand im Wesentlichen darin, Kopien von Zeitungsartikeln über kürzlich erfolgte Existenzgründungen aus einer Schublade zu kramen. Wie fremd und ungewohnt das Thema Existenzgründung für den Berater war, konnte Armin an dessen Ermahnung erkennen, er, Armin, müsse dem Arbeitsamt „für die Stellenvermittlung aber jederzeit zur Verfügung stehen". Erst als er den Berater daran erinnerte, dass er keine Jobvermittlung, sondern eine Gründungsförderung wünsche, schien dem Mann zu dämmern, dass auch die Unterstützung von gründungswilligen Kunden zu seinen Aufgaben zählt.

Doch das Arbeitsamt stand nur am Anfang eines langwierigen, schwierigen, bizarren, enervierenden und teilweise demotivierenden Marsches durch die zuständigen Ämter, Stellen und Instanzen. Ständig mussten Vorkehrungen getroffen, Entscheidungen gefällt, Risiken abgewogen und die wirtschaftlichen Erfolgsaussichten möglichst realistisch eingeschätzt werden. Der mentale Spagat, der dazu nötig war, verursachte Armin Phantomschmerzen im Schritt: obwohl Wirtschaftlichkeitsberechnungen und Kosten-Nutzen-Analysen dem gesunden Menschenverstand nicht viel mehr wert sein können als Kaffeesatzleserei, gelten sie bei Bankern und Unternehmensberatern als „gesicherte Realität", auf die man seine Entscheidung gründet (Sprenger S. 171)!

Daneben mussten die unterschiedlichsten Dinge in Angriff genommen werden: Bankenakquise war zu betreiben, eine Standortwahl musste getroffen werden, eine Finanzbedarfsplanung war durchzuführen, ein Businessplan war zu erstellen und zukünftige Kunden waren zu akquirieren – und alles möglichst gleichzeitig! Statt in einem Labor in aller Ruhe Forschung zu betreiben, drückte Armin für drei Monate die Schulbank, um sich im Rahmen eines Existenzgründerseminars mit jenem Minenfeld vertraut zu machen, auf dem er sich als selbstständiger Unternehmer mit traumwandlerischer Sicherheit bewegen können musste. Der kleinste Fehltritt, die geringste Abweichung vom rechten Weg konnte unabsehbare Folgen für ihn und seine junge Familie nach sich ziehen. Selbst bei Klaus Tschira, dem Mitbegründer einer weltbekannten Firma für Systemanalyse und Programmentwicklung, holte er sich Rat.

Nun, da sich ein drittes Familienmitglied ankündigte, war es an der Zeit, sich von dem Motorrad zu trennen. Der Verkaufserlös diente gerade jetzt als willkommene Aufbesserung der Haushaltskasse. An große Touren war nun ohnehin nicht mehr zu denken. Es gab wichtigere Dinge. Zum Beispiel beobachtete Armin mit Unbehagen eine erneute Revolte seines vegetativen Nervensystems. Im Vergleich mit den Fachvorträgen, die Armins Stoffwechsel früher hart auf die Probe gestellt hatten, spielten die Besprechungen und Verhandlungen mit smarten Bankern, cleveren Unternehmensberatern, sturen Beamten, elitären Anwälten, kühlen Notaren, gewieften Immobilienmaklern, gewinnstrebigen Lieferanten und anspruchsvollen Kunden in einer ganz anderen Liga. Magen- und Darmbeschwerden wurden zu seinen unzertrennlichen Weggefährten, Stress und immer wieder aufkeimender Zweifel am Gelingen des Vorhabens zum Dauerzustand. Wenn Armin ein Amt oder eine Behörde betrat, suchte er zuerst verstohlen nach den Koordinaten gewisser Rückzugsmöglichkeiten für die Verrichtung ganz spezieller Geschäfte. Sitzungen dieser heimlichen Art waren stets ein wichtiges Detail bei seinen zahlreichen Behördengängen. Bald verfügte er über ein Netz von strategisch über das Stadtgebiet verteilten, öffentlich zugänglichen sanitären Lokalitäten. Es kam vor, dass er auf dem Weg zu einem Bankengespräch das Rathaus, das Arbeitsamt oder eine andere Behörde nur zu dem Zweck aufsuchte, um seine aufgebrachten Eingeweide zu besänftigen. Alarmierende Herzrhythmusstörungen ängstigten ihn, aber ein rasch durchgeführtes Belastungs-EKG förderte keine beunruhigenden Auffälligkeiten zutage. Ganz ohne chirurgische Eingriffe ging es dann aber doch nicht. Da er seit seiner Jugend eine vergrößerte Schilddrüse sein Eigen nannte, hörte er auf den Rat der Asklepiosjünger und ließ sich den überflüssigen Teil des Organs herausmontieren, ehe er sich ernsthaft den Gründungsvorbereitungen zuwandte.

Aus dem Krankenhaus zurück bemerkte Armin, wie sich sein üblicher Tagesablauf zu verändern begann. An anstrengenden Tagen verspürte er bereits am frühen Nachmittag eine solche Müdigkeit, dass er ein Nickerchen einlegen musste. Wie von Zauberhand und stets verlässlich erwachte er exakt nach zwanzig Minuten vollständig entmüdet. Körper und Geist benötigten offenbar das kurzfristige Wegduseln, um mit den kräftezehrenden Turbulenzen des Alltags klarzukommen. Bisher hatte er sich diese Auszeit meist verkniffen. In unserer Rund-um-die-Uhr-Leistungsgesellschaft wollte er sich nicht dem Vorwurf der Faulheit oder dem Verdacht, nicht belastbar zu sein, aussetzen. Dabei folgt das mittägliche Schlafbedürfnis dem natürlichen Biorhythmus und hatte von der Wissenschaft längst die Absolution erhalten (vgl. Jötten 2013). Als freiberuflicher Unternehmer konnte er sich den Luxus dieses Tabubruches zum Glück leisten.

Da in dieser an sich schon turbulenten Zeit sein erstes (und einziges) Kind zur Welt kam und mit gnadenloser Penetranz Tag und Nacht sein natürliches Recht auf Zuwendung und Versorgung einforderte, befürchtete Armin mehr als einmal, seinem Vorhaben nicht gewachsen zu sein. Ohne die Hilfe seiner Frau hätte er es wohl auch nicht geschafft. Sie glaubte an ihn und an seine Idee, und das gab ihm die Kraft, weiterzumachen.

Das ganze Unternehmen drohte jedoch zu scheitern, ehe es begonnen hatte: die Frage der Finanzierung erwies sich als standhaftes Hindernis, das nicht beiseite geräumt werden konnte. Obwohl Armin unter großen Bauchschmerzen sein von der Großmutter geerbtes Häuschen als Sicherheit zu verpfänden bereit war, komplimentierten ihn die Vertreter von acht Banken höflich aus ihren designermöblierten Besprechungszimmern. Es war nicht so, dass sie seiner Geschäftsidee kein Interesse entgegengebracht hätten. Sie hätten ihm ohne Frage das Geld gerne vorgestreckt. Immerhin zauberte der vorbehaltlose Glaube an die zu erwartenden Segnungen der Biotechnologie (und der daraus zu generierenden Gewinne) auch den Vorständen der Geldhäuser das Eurozeichen in die euphorisch geweiteten Pupillen. Der Grund für ihre Zurückhaltung war deshalb dieser: das Kreditvolumen, das Armin unter dem Einfluss seines Selbsterhaltungstriebes so klein wie möglich gerechnet hatte, war den Geldverleihern schlicht zu mickrig. Berauscht von den Gewinnerwartungen der zahlreichen Biotechnologie-Start-ups hatten sie einen ganz anderen Betrag erwartet als die niedrige, fünfstellige Summe, die ihnen Armin in naiver Offenheit auf die hochglänzenden Schreibtische legte. Zog man die Fördergelder der Sächsischen Aufbaubank und der Kreditanstalt für Wiederaufbau ab, blieben der Hausbank kaum noch Zinseinnahmen, für die ein Bankangestellter bereit ist, einen Kugelschreiber in die Hand zu nehmen. Nur auf sanften Druck des BVMW[36], in den Armin zuvor eingetreten war, fand sich die neunte Bank bereit, sein Projekt „wohlwollend zu prüfen und finanziell zu begleiten". Der Deal kam nicht deshalb zustande, weil die Banker und Armin ein kuscheliges Band der Sympathie vereinte. Vielmehr fürchtete das damals arg gerupfte Geldinstitut, von einem größeren Fisch geschluckt zu werden. Und da es selbst den hartgesottenen Bankern davor gruselte, in einem DAX-notierten Haifischmagen fermentiert zu werden, hofierten sie jeden Kunden, der einen Kreditvertrag zu unterschreiben gewillt war, wie einen orientalischen Ölprinzen.

Endlich! Im magischen Jahr 2000 gab es denn auch kein Zurück mehr. Nach mehr als anderthalb Jahren der Gründungsvorbereitungen prangten die Unterschriften und Siegel auf den Kredit-, Notar-, Miet- und Kaufverträgen. Die Räumlichkeiten in einem Technologiezentrum konnten bezogen werden. Verglichen mit den sich zäh hinziehenden, bürokratischen Formalitäten schritt die Einrichtung des Labors überraschend schnell voran. Zur Eröffnung mit obligatorischem Fingerfood und mitteldeutschem Qualitätsschaumwein fanden sich nicht nur etliche Gäste aus dem Business ein, es flatterten auch per Post zahlreiche Glückwünsche in den Geschäftsbriefkasten. Am meisten freute sich Armin über eine Karte von Klaus Tschira. Der Mann war durch seine Unternehmensgründung zum Milliardär geworden. Wenn das kein gutes Omen war!

Den Tag, an dem er seinem ersten Kunden die Rechnung mit der historischen Nummer 2000/001 ausstellte, strich Armin dick in seinem Terminkalender an. Der erste Schritt in die Stadiongroßen Fußstapfen des SAP-Gründers war getan. Von der naiven Vorstellung, sich von nun an in Ruhe der Vorbereitung seiner Laborkurse widmen zu können, musste sich Armin allerdings schon bald verabschieden. Die Kontakte und Beziehungen zu allen möglichen Einrichtungen, Institutionen und Personen verlangten nach Aufrechterhaltung und Pflege. Ständig landeten Einladungen zu Sitzungen, Tagungen, Vorträgen und anderen „Events" auf seinen Schreibtisch. Dermaßen bedrängt sah sich

Armin 2001 genötigt, zusammen mit zwanzig weiteren Unternehmern, Wissenschaftlern, Finanzdienstleistern und lokalen Größen der Kommunalpolitik als Gründungsmitglied einem Verein beizutreten, der sich die „Entwicklung der Region zu einem führenden Ausbildungs-, Forschungs- und Wirtschaftsstandort der modernen Biotechnologie" auf die Fahnen geschrieben hatte. Nun stand Armin erst recht im Rampenlicht. Er wurde gebeten, Fachartikel zu verfassen und erhielt eine Einladung, im Rahmen einer Fachmesse für Jobsuchende und Existenzgründer an einer Podiumsdiskussion teilzunehmen. Eine örtliche Tageszeitung ersuchte um ein Interview und brachte seine „Gründerstory" mit Foto. Er versprach sich im Gegenzug eine rasche und nachhaltige Nachfrage seiner Dienstleistungen. Armins Leben hatte durch die Selbstständigkeit eine Dynamik entwickelt, die ihn selbst erstaunte. Mit einem gewissen Stolz öffnete er jeden Morgen die elektronisch gesicherte Tür zu seinem „Reich". Andererseits erschreckte und belastete ihn das Drumherum, das sein Dasein als Einzelunternehmer störte. Zu einer Rampensau hatte er sich nie machen lassen wollen. Der ganze Trubel stand überhaupt nicht in Einklang mit seiner Vorstellung von selbstständiger Arbeit. Sein geplagtes Gastrointestinalsystem war nach wie vor weit davon entfernt, zu einem normalen Betrieb zurückzufinden. Plötzlich war das seltsame Gefühl wieder präsent, irgendwie fehl am Platze zu sein, nicht so recht hineinzupassen in die Schar der angeblich oder tatsächlich so erfolgreichen Geschäftsmenschen. Inmitten dieser smarten, unablässig Schallwellen produzierenden und Optimismus versprühenden (oder vortäuschenden?) Klientel fühlte er sich nie recht wohl. In ihrer aufdringlichen Gegenwart mit ihren rätselhaften Gebräuchen kam er sich vor wie zwischen den exotischen Bewohnern eines fremden Planeten. Leider war er auf die Kooperation bestimmter Damen und Herren angewiesen, musste ihre Gegenwart wohl oder übel hin und wieder ertragen. Besonders die Vertreter seiner Hausbank erwiesen sich als genauso hartnäckige wie anstrengende Dauergastgeber. Die Geldmenschen wurden zusehends verdrießlicher, da Armin keine Absicht erkennen ließ, mit seinem Einzelunternehmen „Wachstum zu kreieren“, sprich: zu expandieren. Expansion hätte aber bedeutet, Mitarbeiter einstellen zu müssen. Er brauchte jedoch jeden eingenommenen Euro, um seinen Verbindlichkeiten gegenüber seinen Geldgebern nachzukommen. Für die Familie blieb ohnehin wenig genug übrig und auf riskantes, finanzielles Multitasking wollte er sich auf gar keinen Fall einlassen. Er hatte kein Interesse daran, sich in Reviere treiben zu lassen, die er nicht überblicken und deren Platzhirsche er nicht einschätzen konnte. Er wollte lieber Einzelunternehmer bleiben, als um jeden Preis zu expandieren.

In jener ohnehin schwierigen Phase ereignete sich ein Zwischenfall, der Armin schlagartig an längst vergangen geglaubte Zeiten erinnerte. Einer der lokalen Platzhirsche, ein Alphatier ersten Ranges, faltete ihn demonstrativ vor etlichen Teilnehmern einer kleinen Konferenz lautstark zusammen. Armin war im wahrsten Sinne des Wortes „sprachlos“. Unfähig, auch nur ein Wort zu erwidern, überließ er dem übermächtigen Gegner das Feld ohne die geringste Gegenwehr. Mehr als drei Jahre lang hatte er für das Bildungsunternehmen dieses Mannes Azubis in die Kunst der Zellkultur und des sterilen Arbeitens eingeführt. Diese Beständigkeit hatte seinem Einzelunternehmen geschäftlichen Auftrieb verliehen und auch sein unternehmerisches Selbstvertrauen gestärkt. Und nun das! Die scheußliche Szene erinnerte fatal an die unschönen Vorkommnisse im Klassenzimmer dreißig Jahre zuvor. Schon damals hatte er die Ursache für die Entgleisung eines Lehrers, den er zuvor als durchaus jovial und umgänglich eingeschätzt hatte, nicht ergründen können. Was hatte diesen vor Selbstbewusstsein und Souveränität strotzenden Unternehmer nur so in Rage geraten lassen, dass er in der Öffentlichkeit derartig die Beherrschung verlor? Was an Armin hatte ihn zu diesem jähzornigen Ausbruch gereizt? Oder war das ansonsten zur Schau gestellte Lächeln nur eine Fassade, aus deren Deckung heraus jederzeit ein wütender, unfairer Angriff erfolgen konnte? Gehörten öffentliche Bloßstellungen in diesen Kreisen zu den geschäftlichen Gepflogenheiten?

Attribute wie Höflichkeit, Zurückhaltung und Wahrhaftigkeit schienen in der Geschäftswelt lediglich einen relativen Stellenwert zu besitzen. Hier waren anscheinend auch völlig andere Eigenschaften gefragt. „Was ist mit der Zusammenarbeit für eine gemeinsame Aufgabe? Was ist mit dem Voneinander-Lernen? Was ist mit Hilfsbereitschaft? Was ist mit Vertrauen?“, richtet denn auch ein bekannter Managementberater Fragen an die Adresse von Führungskräften (Sprenger 2015, S. 69).

Dieser Vorfall sollte nicht ohne Folgen für sein kleines Einzelunternehmen bleiben. Das Vertrauensverhältnis zum Hauptauftraggeber war nachhaltig gestört, die wichtigen Aufträge blieben aus. Wie sich herausstellte, hatte der Bildungsdienstleister ein eigenes Ausbildungslabor für Biologielaboranten eingerichtet. Damit war er nicht mehr auf Armin als Subunternehmer angewiesen. Möglicherweise benutzte er sogar die von Armin ausgearbeitete, unterrichtsbegleitende Druckschrift. Auf die Überlassung dieses Skriptes war der Bildungsdienstleister von Anfang an mehr oder weniger offen erpicht gewesen. Armin hatte die Herausgabe stets mit dem Hinweis auf das Urheberrecht abgelehnt. Da jedoch jeder Auszubildende ein vollständiges Skript erhielt, war nicht auszuschließen, dass sein früherer Auftraggeber auf diesem Wege in dessen Besitz gelangt war und es auch für seine Zwecke nutzte. Honni soit qui mal y pense.[37]

Doch sagt man nicht, ein Unglück komme selten allein? Fatalerweise war kurz vor diesem Eklat die Technologieblase, die an der Börse über Jahre wie mit einem Kompressor aufgepumpt worden war, mit lautem Getöse geplatzt. Das Geld der Firmen saß nicht mehr so locker (da es jetzt mehr oder weniger anderen gehörte). Fort- und Weiterbildungen für die Angestellten rutschten auf der Prioritätenliste der Kaufleute ganz nach unten oder fielen gleich dem Rotstift zum Opfer. Da sich nicht schnell genug neue Kunden in solcher Zahl akquirieren ließen, dass sich die Auftragslücke kostendeckend schließen ließ, musste wohl oder übel der Notausstieg einkalkuliert werden. Um der drohenden Geschäftsaufgabe zu entgehen, erwog er den Umzug seiner Geschäftsräume von dem rein technisch ausgerichteten Standort in ein neu eröffnetes, biotechnologisch orientiertes Innovationszentrum. Von dem Standortwechsel versprach er sich eine Belebung des Geschäfts durch „Synergieeffekte" (ein Wort, das er auf zahlreichen Meetings aufgeschnappt hatte). Sicherheitshalber recherchierte er jedoch die Möglichkeit, in einem außerhalb der Stadt gelegenen Forschungszentrum Arbeit zu bekommen. Seine Frau, die mit einem der dortigen Wissenschaftler bekannt war, hatte diesen Kontakt vermittelt. Tatsächlich bekam Armin noch während des ersten Gesprächs völlig überraschend in einem verschwiegenen Winkel des Kellergeschosses unter der Hand einen Job angeboten. Doch die Verwaltung störte sich an seiner noch bestehenden Selbstständigkeit. Man wollte ihn nur unter der Voraussetzung unter Vertrag nehmen, dass er zuvor seine Selbstständigkeit beende. Das wiederum wollte Armin nur mit einem Arbeitsvertrag in der Tasche tun. Und wie das so ist, wenn beide Seiten auf ihrem Standpunkt beharren, kam am Ende nichts dabei heraus. Armins dritte strategische Fehlentscheidung war besiegelt.

Da es mit dem Arbeitsplatz am Forschungszentrum nichts wurde, wagte Armin den riskanten Umzug in das Biotechnologiezentrum, obwohl dieser mit weiteren Kosten verbunden war. „Wir lassen Sie nicht im Regen stehen", hatte ihm der Geschäftsführer des Zentrums versichert. Da Armin es noch nie hatte ausstehen können, im Regen nass zu werden, fand er dieses Versprechen sehr sympathisch und unterschrieb den neuen Mietvertrag mit frischer Zuversicht. Um die Ausgaben so gering wie möglich zu halten, fuhr er den Kleintransporter selbst und schleppte sein gesamtes Equipment eigenhändig in die neuen Räumlichkeiten. Die Ausgaben für die Demontage und den Wiederaufbau seiner Labormöbel durch einen Laboreinrichter schlugen dennoch schmerzhaft zu Buche. Zwar gelang es ihm, einen Dienstleistungsvertrag mit einer neurologischen Klinik abzuschließen, doch wirklich gewinnträchtige Aufträge blieben weiterhin aus. Armin steckte in der Zwickmühle: er hätte für sein Unternehmen mehr die Werbetrommel rühren müssen, doch dafür fehlte das nötige Kapital. Messeauftritte und das Veranstalten von Seminaren, Kursen und Workshops für externe Anbieter reichten nicht aus, um genügend Neukunden zu akquirieren.

2005, ein Jahr nachdem er mit seinem Labor umgezogen war, zog Armin erneut, diesmal aber nicht um, sondern die Konsequenzen. Es waren sehr teure Konsequenzen. Der größte Teil der Verbindlichkeiten war noch nicht zurückgezahlt. Die Schulden würden ihn und seine Familie noch über viele Jahre hinaus spürbar belasten, denn der Notverkauf der Laboreinrichtung spielte nur einen Bruchteil der Anschaffungskosten ein. Da Zins und Tilgung aber irgendwie bedient werden mussten, trat Armin den Gang nach Canossa, sprich: zur Hausbank an. Prompt fand er das Burgtor verrammelt, die Zugbrücke hochgezogen vor. Der janusköpfige Banker mit den vermeintlich offenen Armen und dem verbindlichen Lächeln präsentierte nun sein anderes, sein hartes, abweisendes Gesicht. Auf die Frage nach den Möglichkeiten einer Umschuldung bekam Armin zu hören, „nur weil der Brotkorb jetzt höher" hinge, könnten die vertraglich vereinbarten Zahlungsverpflichtungen nicht einfach so geändert werden. Falls Armin den Kredit nicht mehr bedienen könne, müsse er eben Privatinsolvenz anmelden. Das saß! Armin schlich aus der Bank wie Donald Duck aus dem Geldspeicher seines knausrigen Onkels. Doch Onkel Dagobert hatte sich zu früh gefreut. Der Hai hat ihn doch noch gefressen und das Logo dieser Bank verschwand kurz darauf wie ein abgehalftertes Wahlplakat aus der öffentlichen Wahrnehmung. Armin gelang es mit Unterstützung einer Fachanwältin und seines Steuerberaters, bei einem anderen Kreditinstitut eine Umschuldung unter erträglichen Bedingungen zu erwirken. Glücklicherweise reichten die Mieteinnahmen, die sein geerbtes Häuschen abwarf, aus, um den Kredit zu bedienen. Rücklagen für Reparaturen oder die Instandhaltung des in die Jahre gekommenen Gebäudes waren nun jedoch nicht mehr möglich. Armins Familie begann von der Substanz zu zehren. Damit sich Hildegard Knefs alter Schlager „Von nun an ging´s bergab" nicht bewahrheitete, galt es, Kassandra ein entschlossenes „noch lange nicht!" entgegenzuschmettern. Einer von Armins „Vereinskameraden" hatte ja bereits eindrücklich demonstriert, dass ein unternehmerisches Scheitern nicht gleichbedeutend sein muss mit dem spurlosen Verschwinden von der illustren Bildfläche. Eben noch Bankrotteur, hatte der Mann mit tatkräftiger Unterstützung der Vereinsmitglieder geschmeidig in ein Angestelltenverhältnis wechseln können. Ein Verein macht offensichtlich vieles möglich, hält für seine Mitglieder Netz und doppelten Boden bereit. Weshalb sollte dem Gründungsmitglied Armin nicht auch ein eleganter Wechsel gelingen?

Der Neuanfang (2005-2008)

Urplötzlich sah die Zukunft gar nicht mehr so rosig aus, wie Armin sie sich anfangs ausgemalt hatte. Wo früher einkommens- und karrieretechnisch noch viel Luft nach oben war, bedrückte ein düsteres Gewölbe die ehemals lichten Räume. Ausgerechnet jetzt, da eine Familie zu ernähren und eine erhebliche Schuldenlast abzutragen war, sah sich Armin ernsthaft mit dem Gespenst der Arbeitslosigkeit konfrontiert. Als ob das nicht schon übel genug wäre, hatte anscheinend auch seine Gesundheit einen Knacks bekommen. Magen und Darm gebärdeten sich mitunter wie eine überladene Betonmischmaschine im Overdrive. Eine gründliche Untersuchung einschließlich einer grässlichen Magen- und Darmspiegelung förderte zum Glück keine organischen Ursachen zu Tage. Der Arzt attestierte ihm lediglich eine funktionale Dyspepsie[38], wie sie bei etwa sieben Prozent der Bevölkerung vorkomme. Die sei völlig harmlos, wenngleich sie die Lebensqualität einschränke. Mit dem chronischen Unwohlsein müsse er sich arrangieren, solange er lebe.

Doch das war leider nicht das einzige langfristige Arrangement, das Armin von seinen rebellischen Organen abverlangt wurde: die delikaten Störungen in den Tiefen des Kesselraumes wurden in der Chefetage von einem boshaften Klabautermann akustisch befeuert. Ein hartnäckiger Tinnitus hatte sich im Innenohr an Hammer, Amboss und Steigbügel[39] gekettet. Selbst eine mehrwöchige Behandlung mit Infusionen bewegte ihn nicht, das lärmende Pfeifen einzustellen. Armin war sich nicht sicher, was ihn mehr belastete: das hochfrequente Sirren an sich oder die Gefahr, dass das imaginäre, aber äußerst lästige Zikadenkonzert nie wieder verstummen würde. Selbst der streitbare Martin Luther hatte beklagt, dass niemand ihm glaube, „wie viel Qual das Klingeln und Sausen der Ohren verursacht". Auch Beethovens resignierendes Geständnis, er bringe sein Leben wegen der Tag und Nacht „sausenden und brausenden Ohren" elend zu, ermunterte Armin nicht gerade, dem Klabautermann ein dauerhaftes Bleiberecht zuzugestehen.

Nicht weniger unerquicklich, wenn auch nur sporadisch, äußerten sich die gelegentlichen, zum Glück schmerzfreien Heimsuchungen durch eine visuelle Migräne[40]. Während dieser „Anfälle" wandern schwarzweiße oder auch farbige Zickzacklinien vom zentralen in das periphere Gesichtsfeld, wobei sie die Wahrnehmung erheblich beeinträchtigen. Nach etwa zwanzig Minuten ist der Spuk meist vorüber.

Die ohnehin strapaziöse Welt war durch diese funktionalen und halluzinativen Kapriolen noch ein Stück beschwerlicher geworden. Für Wehleidigkeit und larmoyantes Selbstmitleid blieb indes keine Zeit. Armins vordringlichste Aufgabe bestand nun in der Suche nach einem Arbeitsplatz. Das Arbeitsamt war auch diesmal keine wirkliche Hilfe. Außer regelmäßigen Einladungen zu amateurhaft geführten Pflichtgesprächen „über seine berufliche Situation" kamen von dort keine verwertbaren Hinweise. Zwei Drittel der Beratungszeit gingen dadurch verloren, dass der Berater online nach einer offenen Stelle suchte, die er nicht fand, weil er die Suchkriterien falsch anwandte. Er verwechselte Gustav mit Gasthof. Armin musste ihn erst darauf hinweisen, dass der Begriff „Biologe" ein Gattungsbegriff ist wie „Musiker". Ein Zellbiologe ist eben weder Humangenetiker noch ein Spezialist für nachtaktive Halbaffen.

„Wenn ein Musiker zu ihnen kommt, der Laute und Gitarre studiert hat, dann können sie ihm doch auch nicht eine Stelle als Kirchenorganist oder als Alphornbläser anbieten".

Mit dieser zwingenden Argumentation konfrontiert sah der Mann schließlich ein, Armin könne wohl selbst am sichersten einschätzen, auf welchem Arbeitsgebiet er am besten aufgehoben sei. Mit dieser Erkenntnis gab er seine fruchtlosen Bemühungen auf.

Die dreißig Bewerbungen, die Armin in rascher Folge an Unternehmen und Forschungseinrichtungen verschickt hatte, waren nicht ganz ohne Resonanz geblieben. Immerhin bekam er fünf Einladungen zu Vorstellungsgesprächen. Die Gespräche verliefen jedoch völlig anders als jene, die in der Vergangenheit zu seiner Anstellung in Tübingen und Magdeburg geführt hatten. Einem Chefarzt am Großen Klinikum hatte Armin zu wenig Publikationen vorzuweisen. Der Geschäftsführer eines privaten medizinischen Labors stellte mit Hinweis auf Armins Alter (47 Jahre) dessen Belastbarkeit in Frage. Die anderen Interviewer beschränkten sich auf unverbindliche Phrasen. Selbst an einem Max-Planck-Institut war man nicht geneigt, ihm als einem „Ehemaligen“ einen Bonus zu gewähren. Anscheinend hatte sich Armin mit der leichtfertigen Auflösung des Max-Planck-Vertrages und dem erfolglosen Ausflug in die Selbstständigkeit einen Bärendienst erwiesen. Als Resultat dieser Fehlentscheidungen wies die bisher aufstrebende Kurve seines Erwerbslebens einen unschönen, verdächtig nach Unproduktivität und Versagen aussehenden Abwärtsknick auf. Keinem Personalchef der Welt würde diese höchst verräterische Kurvenkrümmung entgehen. Für die Damen und Herren Vereinsmitglieder, die ihn während seines Unternehmertums zu Podiumsdiskussionen und anderen „Events“ eingeladen und seine Geschäftsidee als wichtige Bereicherung der mitteldeutschen Biotech-Szene gepriesen hatten, war er nun nichts weiter als ein lästiger Bittsteller, den man möglichst noch im Vorzimmer abwimmelt. Man gewährte ihm fünf Minuten der kostbaren Unternehmer-Arbeitszeit, um ihn dann mit einem „ich werde sehen, was ich für Sie tun kann“ zu vertrösten. Das schien die übliche Floskel zu sein für: „tja, da ist nix mehr zu machen“.

In diesem schwierigen Stadium der Unsicherheit erhielt Armin von einem Arzt am Großen Klinikum den Tipp, dass für die im Aufbau befindliche Zell- und Gewebebank ein leitender Mitarbeiter gesucht werde.

„Mit Ihrer ausgewiesenen Expertise als Zellbiologe sind Sie doch ein idealer Kandidat für diesen Posten“, meinte der Tippgeber optimistisch. Ein Mitarbeiter der Gesellschaft für Gewebetransplantation, mit dem Armin sich unverzüglich in Verbindung setzte, sah das genauso und ermunterte ihn ebenfalls, sich umgehend um den Posten zu bewerben. Immerhin konnte Armin auf der Habenseite reichlich Erfahrung in der Isolation und Kryokonservierung[41] von menschlichen Zellen und Geweben vorweisen. Die Kooperation mit dem Transplant-Zentrum in Tübingen schien sich nun auszuzahlen. Wenn nun auch noch die Gesellschaft für Gewebetransplantation seine Bewerbung unterstützte, müsste es schon mit dem Teufel zugehen, nicht in die engere Wahl gezogen zu werden. Doch weit gefehlt. Die Klinik, unter deren Dach die Gewebebank firmieren sollte, wollte keinen Zellbiologen mit einschlägiger Berufserfahrung, sondern einen Mediziner. Obwohl die Gesellschaft für Gewebetransplantation, die ihn favorisierte, nun auch Armins unternehmerische Erfahrung in die Waagschale warf, blieb die Klinikleitung bei ihrer Entscheidung: es sollte kein Externer und schon gar nicht ein Nichtmediziner sein. Armin war aus dem Rennen. Doch auch elf Jahre nach ihrer Gründung als gemeinnützige GmbH scheint die Zell- und Gewebebank über das Stadium einer „Briefkastenfirma" nicht hinausgekommen zu sein: telefonisch ist niemand zu erreichen und E-Mails bleiben unbeantwortet. Allem Anschein nach wurde nie jemand eingestellt – außer dem Betrieb.

Um die Zeit nicht unproduktiv verstreichen zu lassen, überlegte Armin, ob er seine praktischen Erfahrungen in der Zellkultur in einem Leitfaden zusammenfassen und als Lehrbuch herausgeben sollte. Teilnehmer seiner Seminare hatten ihn immer wieder angeregt, das sehr ausführliche Script zu seinen Laborworkshops wenigstens als Broschüre zu veröffentlichen. Er hatte sich das bisher – auch mit Blick auf die illustre Konkurrenz – schlicht nicht (zu)getraut. Schließlich schob er seine Bedenken zur Seite. Ein renommierter wissenschaftlicher Verlag zeigte zu seinem Erstaunen sofort Interesse. Zur Minimierung des verlegerischen Risikos sollten allerdings zwei Fachleute ein Gutachten über dieses Projekt erstellen. Unverzüglich peinigten Armin wieder Selbstzweifel. Er rechnete fest mit einem vorauseilenden Verriss. Umso größer war seine Überraschung, als ihm der Verlag die Stellungnahmen der beiden anonymen Experten vorlegte. Da war vom „ausgewiesenen Sachverstand des Autors“ die Rede, vom „im deutschen Sprachraum sehr hoch anerkannten Fachmann für die Zellkultivierung, der eine exzellente internationale Reputation“ genieße. Armin glaubte zu halluzinieren. Er konnte kaum glauben, was er da las. Für den Verlag war die Sache nun klar. Der zuständige Redakteur lud Armin zu einem Gespräch ein und schon wenige Tage später lag der Autorenvertrag unterschriftsreif auf dem Tisch. Finanziell würde das Ganze kein großer Wurf werden, doch darauf kam es Armin gar nicht an. Er betrachtete das Projekt als Versuchsballon, als Sprungbrett in eine ordentlich bezahlte Arbeit. Wenn das Buch gut angenommen wurde, ergaben sich möglicherweise neue berufliche Perspektiven. Auch eine weitere publizistische Tätigkeit war nicht auszuschließen. Aber das war zu diesem Zeitpunkt noch Zukunftsmusik. Zuerst musste Armin liefern!

Es begann eine fruchtbare Zusammenarbeit mit den Verlagsleuten. Das Verhältnis war geschäftsmäßig, aber bei aller Professionalität auch angenehm entspannt und freundlich. Während der Arbeiten am Manuskript im „Homeoffice“ verspürte Armin wieder einen „flow“, eine sich selbst verstärkende Motivation, eine vollständige, durch nichts abgelenkte Konzentration auf seine Aufgabe. Dafür, dass ihm das Zeitgefühl nicht abhandenkam, sorgte der Redakteur mit subtilem Druck. Trotz der feststehenden Deadline des Verlages empfand Armin die Arbeit als positiven Stress. Er musste lediglich darauf achten, dass die notwendige Fachrecherche nicht in unproduktiven Perfektionismus ausuferte. Da Armin der Qualität von Text und Abbildungen stets eine hohe Bedeutung beimaß, waren nur wenige, vom Verlag gewünschte Änderungen notwendig. Selbst seinen Entwurf zur Gestaltung des Titelbildes übernahm die Redaktion bereitwillig. Der Abgabetermin konnte problemlos eingehalten werden.

Da er Dank des Arbeitslosengeldes keine akute Geldnot verspürte, waren Armins Bemühungen um einen Arbeitsplatz während des Schreibens verständlicherweise etwas in den Hintergrund gerückt. Um ihn zu entlasten, war seine Frau für ihn auf Jobsuche gegangen. Und sie hatte Erfolg: Tatsächlich konnte sie ihm über ihre Beziehungen zu ihren ehemaligen Arbeitskollegen einen Kontakt mit einem Professor an einer naturwissenschaftlichen Fakultät verschaffen. Nach dem Bewerbungsgespräch und einem Einführungsvortrag wurde 2006 für Armin aus sage und schreibe vier Teilverträgen ein Arbeitsvertrag für die Dauer von drei Jahren zusammengeschustert – immerhin mit der Option auf Verlängerung! Nun war Armin wieder in der universitären Forschung angekommen, wenn auch nicht aus eigener Kraft. Seine Erleichterung war mindestens genauso groß wie seine Motivation, sich gründlich in sein neues Themengebiet einzuarbeiten. Den Job wollte er auch über die drei Jahre hinaus behalten.

„Du musst dich unentbehrlich machen", hatte ihm seine Frau eingeschärft. In der Tat: diese Stelle durfte er ohne Not nicht mehr aufgeben. Er lernte die ihm bisher unbekannten Apparate zu bedienen, beteiligte sich an der Ausbildung von Studenten und übernahm die Betreuung einer Diplomarbeit. Auch die Organisation und Durchführung von Zellkulturkursen nahm er in eigener Regie wieder auf. Die Fakultät stellte ihm bereitwillig die nötigen Räumlichkeiten nebst Technik zur Verfügung. Da die externen Veranstalter für die Labornutzung Miete zahlen mussten, hatte sogar die Fakultätskasse ihren Benefit. Die Chancen, in der Forschung wieder Fuß zu fassen, standen also nicht schlecht, zumal nun auch sein Lehrbuch samt einer lobenden Rezension erschienen war. Die Institutsleitung vereinnahmte das Werk sofort für die interne Publikationsliste, obwohl er es zu einer Zeit verfasst hatte, als er noch gar kein Mitarbeiter war.

Beflügelt von der positiven Aufbruchsstimmung begann Armin in jenem Jahr, in dem sein Kind eingeschult wurde, ein neues, weit ehrgeizigeres Buchprojekt in Angriff zu nehmen: Eine penibel recherchierte Familiensaga über drei Generationen um seinen antiken Namensvetter Arminius. Die Arbeit an diesem historischen Roman bescherte Armin einen enormen „flow", der auch seiner wissenschaftlichen Arbeit zugutekam. Arbeit und Freizeit standen wieder in einem ausgewogenen Verhältnis.

Armins Zellkultur-Workshops erfreuten sich reger Nachfrage. Nachdem er 2006 und 2007 auch Kurse an einer Berufsakademie in der Region durchgeführt hatte, ermunterte ihn der dortige Studiengangleiter, sich auf eine freie Dozentenstelle an der BA zu bewerben. Der Professor schätzte Armins Arbeit und schien nicht abgeneigt, die Bewerbung als wohlwollender Mentor zu unterstützen, ehe er sich in den Ruhestand verabschiedete. Da Armin die Stelle unbedingt haben wollte und der Studiengangleiter meinte, es könne „gar nichts schiefgehen", ließ Armin sich von seinem ehemaligen Tübinger Kollegen – mittlerweile als habilitierter Chefarzt tätig – eine Beurteilung ausstellen. Tatsächlich war Armin dann auch unter den sechs Glücklichen, die eine Probevorlesung vor der Berufungskommission halten durften. Um ganz sicher zu gehen, hatte er sogar Geld in eine professionell gestaltete PowerPoint-Präsentation investiert. Doch das Berufungsverfahren zog sich länger hin als erwartet. Und leider arbeitete die Zeit gegen Armin. Mittlerweile war ein neuer Studiengangleiter in Amt und Würden gelangt, dessen personelle Vorstellungen sich jedoch nicht in Einklang mit denen seines Vorgängers befanden. Er setzte andere Prioritäten als Armins Mentor. Wie seinerzeit am Berliner MPI hatte Armin das Nachsehen. Statt seiner gelangte ein anderer auf den begehrten Posten.

Anfang 2008 war einer der vier kunstvoll miteinander verwobenen Teilarbeitsverträgen ausgelaufen. Formal bedeutete das für Armin einen Gewinn an Freizeit, denn seine Arbeitszeit verkürzte sich entsprechend. Die gewonnene Zeit konnte er in seinen historischen Roman investieren. Allerdings musste er auch entsprechend finanzielle Einbußen hinnehmen, die die Haushaltskasse belasteten. Daher beantragte er Teilarbeitslosengeld, das ihm auch bewilligt wurde. Die Verlängerung des Arbeitsvertrages hielt er für eine realistische Option. Seine Arbeit hatte bisher gute und vielversprechende Ergebnisse hervorgebracht. Die Bosse des kooperierenden Industrieunternehmens in Rheinland-Pfalz hatten weiteres Interesse an dem gemeinsamen Projekt zugesichert. Doch während das Verhältnis zwischen der Institutsleitung und Armin zunächst tadellos war, schlichen sich auf der Mitarbeiterebene merkwürdige Unstimmigkeiten ein. Es begann damit, dass er in den Laboraufzeichnungen, die er von einer Doktorandin übernommen hatte, auf fehlerhafte Daten gestoßen war. Darauf angesprochen reagierte der verantwortliche Kollege, der die Doktorandin betreut hatte, eigenartig schmallippig. Da er die Fehler offenbar nicht bemerkt und deshalb indirekt zu verantworten hatte, legte er Armin nahe, die Sache beim Institutsleiter „nicht an die große Glocke zu hängen“. Da Armin mehrmals Zeuge gelegentlicher Meinungsverschiedenheiten und Reibereien zwischen diesem Kollegen und dem Professor geworden war, tat er ihm den Gefallen und ließ die Sache auf sich beruhen. Dennoch verhielt sich der Kollege Armin gegenüber fortan auffallend reserviert. Armin wunderte sich darüber, maß dem aber keine weitere Bedeutung bei.

Während der Vorstellung seiner Zwischenergebnisse im Rahmen eines Mitarbeiterseminars bezichtigte ihn dann jener Kollege völlig überraschend und in völliger Verdrehung der Tatsachen, mit fehlerhaften Messwerten zu arbeiten. Er behauptete, Armins Ergebnisse mindestens des letzten Vierteljahres seien unbrauchbar, gar wertlos. Wieder traf Armin eine Verbalattacke vor Augen- und Ohrenzeugen so unvorbereitet und heftig, dass er zu keiner Entgegnung fähig war. Ihm war ob dieser Dreistigkeit im wahrsten Sinne des Wortes „die Spucke weggeblieben“. Die lauernden Blicke aus der Runde lösten lähmendes Entsetzen aus. Wie das Kaninchen vor der Schlange erwartete er den vernichtenden Schlag durch den Leiter des Projekts. Dieser forderte ihn erst gar nicht zu einer Stellungnahme auf, sondern beendete das Seminar mit allen Anzeichen der Verärgerung und ließ dann in einem Vieraugengespräch seinem Unmut freien Lauf. Von Schlamperei war die Rede und von einer Blamage gegenüber den Kooperationspartnern aus der Industrie. Armin war am Boden zerstört. Für ihn war sein Versagen eine bewiesene Tatsache, an der es rein gar nichts zu deuteln gab. Beschämt und frustriert schlich er in sein Büro zurück. Dort machte sich ein anderer Kollege, mit dem er das Arbeitszimmer teilte, aus freien Stücken die Mühe, sich Armins Daten nochmals anzusehen.

„Sie stimmen", sagte er. „Ich kann keinen Fehler finden. Der Kollege muss sich geirrt haben".

Armin fühlte sich wie Atlas, dem Herakles die Himmelslast von den Schultern genommen hatte. Doch der rettende Hinweis war zu spät gekommen. In der darauf folgenden Besprechung prallte Armins vorbereitete Gegendarstellung an einer Mauer der kollektiven Gleichgültigkeit und Ablehnung ab. Keine Richtigstellung, keine Zurücknahme, keine Entschuldigung von dem, der den ungeheuren Vorwurf in die Welt gesetzt hatte. Kein Wort des Bedauerns, keine Rehabilitation durch den Professor. Armin war als kläglicher Versager, gar als Fälscher abgestempelt. Selbst die Diplomanden und die technischen Assistentinnen ließen ihn das spüren. Eine TA hatte, ohne zuvor das Gespräch mit ihm gesucht zu haben, dem Professor ihre „Enttäuschung" über Armin zugetragen. Im Klartext bedeutete das, dass sie eine weitere Zusammenarbeit mit ihm ablehnte. Armin musste sich als Einzelkämpfer durchschlagen. Als sich im Anschluss an das entwürdigende Schauspiel die zuvor vielversprechenden Forschungsergebnisse nicht in dem erwarteten Maße fortsetzten, eröffnete ihm der Chef, unter diesen Umständen könne er einer Weiterbeschäftigung nicht zustimmen. Da Armin an eine Vertragsverlängerung fest geglaubt und keinen Grund gesehen hatte, sich aus der Anstellung heraus (außer an der Berufsakademie) woanders zu bewerben, musste er 2008 erneut den frustrierenden Gang zum Arbeitsamt antreten. Dieses hatte sein etwas angestaubtes Etikett abgestreift und sich den wohlklingenderen Namen „Agentur für Arbeit" verliehen. Ob vom Schmetterling mehr zu erwarten war als von der unscheinbaren Raupe, würde Armin bald erfahren.

Bewerben! Bewerben! Bewerben! (2008-2009)

Der Verlust seines so sicher geglaubten Arbeitsplatzes war ein harter Rückschlag. Damit hatte Armin nicht im Traum gerechnet. Zu seinem Verdruss teilte ihm die Agentur für Arbeit mit, dass er wegen der Inanspruchnahme des Teilarbeitslosengeldes nur noch drei Monate mit Arbeitslosengeld I rechnen könne. Folgerichtig wurde er 2009 auf das Arbeitslosengeld II, besser bekannt unter dem Namen Hartz IV, heruntergestuft. Schon die Antragstellung, das Ausfüllen von Dutzenden von Formblättern und Fragebögen sowie die Offenlegung der Einkommensverhältnisse aller Familienmitglieder führten ihm deutlich vor Augen, was er angerichtet hatte: Er hatte seine Familie zur so genannten „Bedarfsgemeinschaft" degradiert.

Die Einladungen des nun zuständigen Jobcenters zu Gesprächen über seine „berufliche Situation", denen er nun erst recht Folge zu leisten hatte, gestalteten sich sinn- und trostloser als je zuvor. Über dem Portal dieser Einrichtung fehlte nur noch der Spruch aus Dantes „Göttliche Komödie": „Ihr, die ihr hier eintretet, lasst alle Hoffnung fahren"[42] (S. 18). Wird in der Agentur für Arbeit zumindest noch Arbeitslosigkeit verwaltet, besteht die Aufgabe des Jobcenters hauptsächlich in der Verwaltung von Hoffnungslosigkeit. Schon der Name stellt eine dreiste Mogelpackung dar. Dem Kunden wird vorgegaukelt, man verfüge wie ein Möbel- oder ein Einkaufscenter über eine Riesenauswahl an aktuellen Angeboten. In Wahrheit hat diese Einrichtung mehr mit einer Resterampe gemein. Es werden Auslaufmodelle und veraltete Ladenhüter wie Fortbildungen und Umschulungen an die Frau und an den Mann gebracht, die keiner braucht, weil sie niemandem wirklich von Nutzen sind. Drei Monate Bewerbungstraining mit veralteten und völlig unbrauchbaren Mustervorlagen sind in etwa genauso sinnvoll wie ein künstlicher Blinddarm. Die Klientel ist aber mangels Alternativen gezwungen, auf das triste und in der Regel nutzlose Angebot zurückzugreifen. Boshaft könnte man auch sagen, das Jobcenter diene lediglich der sinnfreien Beschäftigung von überflüssigem Humankapital.

Armin war nun fünfzig Jahre alt und hätte den Zenit seiner beruflichen Laufbahn erreicht haben müssen. Stattdessen sah er sich gezwungen, sich zu bewerben wie ein Schulabgänger. Doch seine Chancen auf dem Arbeitsmarkt waren in etwa so aussichtsreich wie die eines Vertreters für handbetriebene Grammophone auf der Internationalen Funkausstellung. Zudem belastete ihn die Tatsache, dass der Begriff „Überqualifizierung" im offiziellen Sprachgebrauch des Jobcenters nicht vorkam. Hätte man Armin „lower status jobs"[43] angeboten, hätte er diese Arbeit mit Tränen der Dankbarkeit in den Augen annehmen müssen. Ansonsten hätte ihm wegen mangelnder Bereitschaft zur Mitarbeit die Kürzung der Leistungen gedroht. Zur amtlichen Brandmarkung als „Arbeitsunwilliger" mochte es dann nur noch ein kleiner Schritt sein.

Mit der Herunterstufung auf Hartz IV war für Armins Familie erneut ein schmerzhafter Einschnitt zu verkraften. Da nach den gesetzlich geregelten, aber kaum nachvollziehbaren Berechnungen das ALG I deutlich geringer ausfiel als sein letztes Einkommen und das ALG II wiederum geringer als das ALG I, schrumpfte das reale Einkommen mit jeder Einstufungsrunde unweigerlich. Es war abzusehen, dass sich der Lebensstandard seiner Familie, die niemals über ihre Verhältnisse gelebt hatte, den gesetzlich geregelten Bestimmungen würde anpassen müssen. Die Situation erfuhr zudem dadurch eine Zuspitzung, dass sich die Mieter seines Hauses, das seit Unterzeichnung der Kreditverträge faktisch Eigentum der Gläubigerbank geworden war, das Mietverhältnis gekündigt hatten. Durch den Verlust der ohnehin nicht üppigen Mieteinnahmen entfiel die einzige Möglichkeit, die drückende Schuldenlast abzutragen. Wartungs- und Reparaturarbeiten am Haus mussten ebenfalls ausgesetzt werden. Nur die Reduzierung von Zins und Tilgung bis auf das absolute Minimum konnte die drohende Privatinsolvenz gerade noch einmal abwenden. Die finanzielle Erleichterung war jedoch nur eine scheinbare, denn in Wirklichkeit verteuerte sich der Kredit durch die nun viel längere Laufzeit erheblich. Die Belastung bliebe bei dieser geringen Tilgungsrate über Jahrzehnte unauslöschlich eine verlässliche Größe auf Armins Kontoauszügen. Oder um es mit einem seiner Lieblingssprüchen aus seiner Jugend zu sagen: das geborgte Geld würde erst dann vollständig zurückgezahlt sein, „wenn Büffel geben Feuerwasser".

Überhaupt, das Haus! Als krisen- und inflationssichere Wertanlage allenthalben hoch geschätzt, erwies es sich im Jobcenter als großer Stolperstein. Denn um in den zweifelhaften Genuss von Hartz IV zu kommen, müssen zuvor sämtlicher Wertbesitz veräußert und alle Reserven – auch die eisernen – „aufgezehrt" sein. Die Luft muss sozusagen aus der Schwimmweste entwichen sein, ehe man in das Rettungsboot aufgenommen wird. Erst dann darf man in einem Zustand vollständiger Abhängigkeit die Dienstleistungen des Jobcenters in Anspruch nehmen. Wahrscheinlich war der Initiator und Namensgeber dieser absurden Praxis der Meinung, nur so ließe sich bei der desillusionierten Klientel Motivation erzeugen. Armin fühlte sich alles andere als motiviert, im Gegenteil. Wen wundert´s, wenn man sich unversehens im Prekariat angekommen sieht. Das regelmäßige Einkommen seiner Frau gab es nicht mehr. Sie hatte sich auf Grund einiger schwerwiegender, die Justiz beschäftigender Vorfälle an ihrem Arbeitsplatz am Großen Klinikum nicht mehr wohlgefühlt. Im Vertrauen auf Armins Kontinuität als wissenschaftlicher Mitarbeiter hatte sie sich nebenberuflich umschulen lassen und sich 2008, als Armin noch in Lohn und Brot war, als medizinische Dienstleisterin selbstständig gemacht. Auf Grund Armins negativer Erfahrungen mit Geldinstituten hatte sie auf einen Bankkredit wohlweislich verzichtet und ihre Geschäftsräume aus eigenen Ersparnissen finanziert. Dieses Geld fehlte nun zum Lebensunterhalt, denn im ersten Jahr ihrer Selbstständigkeit ließ sich natürlich kaum Gewinn erwirtschaften. Somit hatte Armin das zweifelhafte Vergnügen, seine neu gewonnene freie Zeit außer in den fensterlosen Korridoren der Agentur für Arbeit und des Jobcenters auch in den nicht weniger tristen Wartebereichen der Wohngeldstelle verbringen zu dürfen. Zunächst mit geringem Erfolg, denn da er zu diesem Zeitpunkt weder über ein eigenes Einkommen verfügte, noch Arbeitslosengeld bezog und das Jobcenter über seinen ALG II-Antrag noch nicht entschieden hatte, wollte man ihm auch kein Wohngeld bewilligen.

„Sie müssen verstehen", verteidigte sich die Sachbearbeiterin. „Uns fehlt schlicht eine Berechnungsgrundlage". Nein, die lebensferne Bürokratenlogik, für die Armins Probleme nicht existierten, musste er nicht verstehen. Unverrichteter Dinge kehrte er nach Hause zurück und wartete auf den hoffentlich positiven ALG II-Bescheid. Er hoffte, Hartz IV-Empfänger zu werden, um einen Antrag auf Wohngeld stellen zu können! Das ist in etwa so, als ob man sehnlichst ein Hochwasser herbeiwünscht, damit man in den Genuss der Fluthilfe kommt. Hätte seine Familie in dieser kritischen Phase nicht immer wieder von seiner Schwiegermutter Unterstützung erfahren, so hätte der staatlich angeordnete Umzug in eine Unterkunft des sozialen Wohnungsbaus durchaus zu einer konkreten Option werden können.

Endlich akzeptierte das Jobcenter Armins durch zahllose Belege und Eingaben untermauerten Widerspruch. Man sah ein, dass sein ererbtes Häuschen faktisch Eigentum der Bank war und nicht so ohne weiteres „aufgezehrt" werden konnte. Nun wurde dem Wohngeldantrag endlich stattgegeben. Für die Bedarfsgemeinschaft bedeutete das zunächst eine Verschnaufpause, doch es war mehr als ungewiss, wie es mittelfristig weitergehen sollte. Armin stand unter enormem Druck. Er produzierte Bewerbungen wie am Fließband. Mit allen Mitteln wollte er einer niedrigqualifizierten Zwangsbeschäftigung durch das Jobcenter zuvorkommen. Mehr als wohlformulierte Absagen und gute Wünsche für seinen „weiteren beruflichen Werdegang" kamen jedoch nicht dabei heraus. Der deutsche Arbeitsmarkt entpuppte sich plötzlich als uneinnehmbare Festung. Der Fall war glasklar: Wer würde an einem Ex-Selbständigen, arbeitslosen Akademiker im vorgerückten Alter, der seit mehr als zehn Jahren so gut wie nichts mehr publiziert hatte, noch ernsthaft Interesse haben?

Armins Anstrengungen, der Familie eine halbwegs stabile wirtschaftliche Basis zu verschaffen, führten dazu, dass er 2008 aufgrund gesundheitlicher Probleme ärztliche Behandlung in Anspruch nehmen musste. Was ihn weit mehr beunruhigte als die Diagnose „mittelgradige depressive Episode[44]", war der im Kleingedruckten angefügte „Verdacht auf soziale Phobie, Zwangssymptomatik und schizoide Persönlichkeit". Das war nun wahrlich eine Dimension, die seine schlimmsten Befürchtungen übertraf. Beflissen versuchte man, ihm eine stationäre Aufnahme zwecks Gruppentherapie und vertiefter Diagnostik der Zwangsstörungssymptome schmackhaft zu machen. Nach gründlicher Erörterung mit seiner Frau stimmte Armin der Behandlung mit Cipralex[45] zu, lehnte die Therapie jedoch nach einem abschreckend empfundenen „Schnuppertermin" als nicht zielführend ab.

Alle Diagnosen und Behandlungen änderten nichts an der Verpflichtung, so schnell wie möglich wieder eine ordentlich vergütete Arbeit zu finden. Bewerben! Bewerben! Bewerben! So lautete das gebetsmühlenartig vorgetragene Mantra[46], mit dem seine Betreuer im Jobcenter ihn immer wieder konditionierten. Reflexartig, wie der Pawlowsche Hund[47], setzte er sich dann an den Schreibtisch und suchte eine Antwort auf die drängende Frage, ob er den zahlreichen fachlichen und sozialen Befähigungen, auf die in nahezu allen Stellenanzeigen unisono Anspruch erhoben wurde, überhaupt gerecht werden konnte. Da wurden zusätzlich zu einer allumfassenden Ausbildung Kontakt-, Kommunikations- und Teamfähigkeit gefordert. Da wurden hohe soziale Kompetenz, Überzeugungskraft sowie ein ausgezeichnetes Ausdrucks- und Durchsetzungsvermögen verlangt. Obendrein wurden hohe Belastbarkeit, Flexibilität und Erfahrung in Mitarbeiterführung als selbstverständlich vorausgesetzt. Armin ignorierte das alles. Als „eierlegende Wollmilchsau" mochten andere dienen. Ausschlaggebend war für ihn einzig, ob er den Tätigkeitsbeschreibungen fachlich mindestens zu 60 Prozent entsprach.

Hatte er sich zuvor einzig und allein bei wissenschaftlich-medizinischen Einrichtungen oder Firmen beworben, bereicherten nun mehr und mehr Verlage, Museen und Bildungseinrichtungen die Zielgruppe. Aber auch von ihnen erhielt er stets nur mehr oder weniger höflich formulierte Phrasen des Bedauerns. Einige hüllten sich gleich gänzlich in Schweigen. Die Strategie der Bewerbung – ob auf Stellenausschreibungen oder initiativ – büßte mit fortschreitendem Alter des Bewerbers offenbar immer stärker an Wert ein. Sie war nur noch als Nachweis für seine „Eigeninitiative" zu gebrauchen, um den Anspruch seiner Bedarfsgemeinschaft auf das Arbeitslosengeld II nicht zu gefährden.

Die Ausübung seines erlernten Berufes war ihm offensichtlich nicht mehr vergönnt. Dieser Zug war anscheinend abgefahren. Ob noch ein anderer kommen würde, war fraglich. Was er in seiner kurzen, wissenschaftlichen Laufbahn geleistet hatte, wie man ihn als Mitarbeiter, wie man seine Arbeit geschätzt hatte, schien nun völlig ohne Bedeutung zu sein. Was einmal war, das sollte nicht mehr gelten. Die Angelsachsen hatten dafür eine sehr passende Umschreibung: „You´re not even a has been, you are a never was"[48]. Er musste neue Wege suchen den Arbeitsmarkt von sich und seiner Brauchbarkeit zu überzeugen. Im Internet stieß er auf den Aufruf einiger Bundesländer, per Seiten- oder Quereinstieg als Lehrer in den Schuldienst zu wechseln. Trotz des angeblich so großen Mangels an Lehrern und trotz schlechter Bewertungen deutscher Schüler durch die PISA-Studie[49] als Folge dieses Lehrermangels scheiterten seine Bewerbungen in Mitteldeutschland stets an seiner angeblich fehlenden pädagogischen Qualifikation. Voraussetzung für die Übernahme in den Schuldienst sei nun einmal ein Bachelor- und Masterstudiengang in Pädagogik. Doch selbst wenn einige seiner früher erbrachten Studienleistungen anerkannt werden könnten, müsste er mindestens mit einer zweijährigen Ausbildung rechnen, teilte man ihm auf der Studienberatungsstelle mit. Während dieser Zeit wäre er wiederum ohne Einkommen, da er altersbedingt keinen Anspruch mehr auf eine Ausbildungsförderung wie zu Zeiten seines Biologiestudiums haben würde. Die Zulassung zur Lehrerausbildung könne jedoch schon daran scheitern, dass er die Zulassungsbegrenzung bis fünfzig Jahre schon überschritten habe. Da fragt man sich dann schon, wie ernst das mit dem Seiten- und Quereinstieg gemeint ist.

Armin verlegte sich nun auf die nächstniedrige Strategie, auf das Klinkenputzen. Durch persönliches Auftreten – so die vage Hoffnung – war möglicherweise doch noch irgendwo ein Stich in diesem unwürdigen Spiel zu machen. Auf Anraten seiner Frau klapperte er erneut einige Einrichtungen des Großen Klinikums ab. Leider vergeblich. Nicht das, was er zu bieten hatte, gab den Ausschlag, sondern seine Defizite und Schwachpunkte: Er war zu alt (das sprach man zwar meist nicht offen aus, aber sein Geburtsdatum genügte, um die Sache zu entscheiden). Er hatte nicht genug Publikationen vorzuweisen (das kommt im akademischen Bereich einem Offenbarungseid gleich). Er war in seinem Beruf zu lange nicht mehr tätig gewesen (fehlende Berufspraxis führt in den sich rasch weiterentwickelnden Naturwissenschaften schnell dazu, abgehängt zu werden). Er war kein Mediziner (dieses Manko ist unter den Jüngern des Hippokrates oft das Hauptausschlusskriterium). Er bewarb sich nicht aus einem bestehenden Arbeitsverhältnis heraus (Arbeitslose sind ohnehin immer suspekt). Jedes dieser Kriterien kann für sich allein bereits einen Ablehnungsgrund darstellen. Zusammengenommen hatten (und haben) sie eine katastrophale Wirkung. Zu Armins Überraschung schien das alles einzig in jener Klinik, in der er seinerzeit den Tipp mit der Zell- und Gewebebank erhalten hatte, nicht von Bedeutung zu sein. Anscheinend hatte man sich dort noch an den Fehlschlag erinnert. Jedenfalls kam Armin, so schien es, für ein neues Projekt gerade zur rechten Zeit. Die Klinik hatte nämlich zusammen mit den Materialforschern eines außeruniversitären Forschungsinstitutes ein spezielles Medizinprodukt entwickelt. Dieses Produkt wollte man gerne serienmäßig herstellen und auf den Markt bringen. Um dieses Ziel zu verwirklichen, war eine so genannte Ausgründung beabsichtigt. Was fehlte, war eine Person, die die Unternehmensgründung federführend vorbereitete. Hier waren sowohl Armins naturwissenschaftliche Ausbildung als auch seine unternehmerischen Erfahrungen plötzlich sehr gefragt. Die Aufgabenstellung war ebenso vielfältig wie anspruchsvoll: Leitung eines dreiköpfigen Gründerteams (bestehend aus ihm selbst und zwei Diplomandinnen), Patent- und Zulassungsrecherche, Konkurrenz- und Marktanalyse, Finanz- und Personalbedarfsplanung, Entwerfen von Vertriebsstrategien, Suche und Koordinierung von Kooperationspartnern sowie Koordination von Forschung und Produktion. Eine Menge Arbeit also und verantwortungsvoll obendrein – zumal für einen Empfänger von ALG II.

Gut war, dass sein Team und er von Anfang an einen Mitarbeiter einer universitären Gründungsinitiative als Coach an ihrer Seite hatten. Die Initiative war eigens von der Hochschule ins Leben gerufen worden, um Unternehmensgründungen aus dem wissenschaftlichen Umfeld anzubahnen und zu unterstützen. Schlecht war, dass Armin und sein Team keinen Anspruch auf Vergütung hatten. Als freie Mitarbeiter sollten er und seine Mitarbeiterinnen das Gehalt durch Einwerben von Fördermitteln und Gründungszuschüssen erst beschaffen. Der Auftrag bedeutete monatelange anspruchs- und verantwortungsvolle Arbeit ohne Vergütung auf der einen, frustrierende, lähmende und letztlich sinnfreie Bewerbungsarbeit auf der anderen Seite, um den Anspruch auf ALG II nicht zu verlieren. Ausgesprochen schlecht war auch, dass das Forschungsinstitut, das als enger Kooperationspartner die Herstellung des Medizinproduktes zunächst übernehmen sollte, von Anfang an, aber zunächst verdeckt und deshalb unbemerkt darauf hinarbeitete, eigene Leute auf die angestrebten Stellen zu setzen. Obwohl Armin bereits Ende 2008 einen diesbezüglichen Verdacht gegenüber den verantwortlichen Ärzten geäußert hatte, verschloss man in der Klinik vertrauensselig die Augen. Erst als der angeblich kooperierende Materialforscher im August 2009 die Katze endlich aus dem Sack ließ und die zehnmonatige, unbezahlte Arbeit des Gründungsteams für sich allein in Anspruch nahm, bemerkten die Mediziner, dass die Ausbootung bereits in vollem Gange und nicht mehr rückgängig zu machen war. Immerhin waren sie zerknirscht genug, Armin zum Abschied ein symbolisches Honorar zukommen zu lassen. Diese ebenso nette wie hilflose Geste ließ ihn vermuten, dass sie sich von ihrem Kooperationspartner ebenfalls über den Tisch gezogen fühlten. Aus dem Projekt scheint allerdings – wie im Fall der Zell- und Gewebebank – nichts geworden zu sein. Armin, der es noch einige Zeit scharf im Auge behielt, konnte keine Anzeichen einer erfolgreichen Umsetzung ausmachen. Das bisher so glänzende Bild vom ehrenhaften Professorenstand hatte durch diesen Vorfall in Armins Augen jedoch einen hässlichen Kratzer erhalten.

Erneut musste er seinem Lebenslauf ein alles andere als erfolgreiches Kapitel anfügen. Um der Forderung des Jobcenters nach mindestens zwanzig Bewerbungsschreiben pro Monat nachzukommen, bewarb er sich unter anderem als Laborleiter, Lehrer, Museumspädagoge, Medical Writer[50], Wissenschaftsredakteur, Lektor, Außendienstmitarbeiter und Patentprüfer. Fünf Einladungen aus 38 Bewerbungen ließen zwar ein schwaches Licht im düsteren Tunnel der Arbeitslosigkeit aufglimmen, doch Armin hatte den Eindruck, sich eher von ihm zu entfernen als sich darauf zuzubewegen. Die Erwartungen, die sich mit jeder Einladung von neuem einstellten („diesmal muss es einfach klappen!"), wollten und wollten sich nicht erfüllen.

Die finanzielle Belastung hatte mittlerweile ein Ausmaß angenommen, das zu nächtlicher Stunde sorgenvolle Dauerrotationen um die Körperlängsachse hervorrief. An erholsamen Schlaf war nicht mehr zu denken. Das tägliche Jonglieren mit Geldbeträgen, um Löcher zu stopfen, ohne anderswo neue Löcher zu reißen, erzeugte des Nachts Alpträume. Armin und seine Frau konnten es kaum glauben, doch gemessen an den offiziellen Zahlen der Bundesregierung galten sie als „arm".

Um den schlimmsten Engpass kurzfristig zu überbrücken, trug Armin drei goldene Gedenkmünzen, die bei der Auflistung der Vermögenswerte übersehen worden sein mussten, in eine Pfandleihe, um sie zu versetzen. Die Medaillen hatte ihm seine Großmutter einst geschenkt. Nun waren sie eigentlich für die Weitergabe an sein Kind bestimmt gewesen. Noch bevor die Münzen wieder ausgelöst werden konnten, wechselten sie bei einem Einbruch in den Tresor des Pfandleihhauses diskret den Besitzer. Sie sind bis heute nicht wieder aufgetaucht. Wahrscheinlich war die Beute nach der widerrechtlichen Aneignung geradewegs über die Grenze ins nahe Ausland gebracht worden. Dort wird sie mit anderem güldenem Diebesgut in einem Schmelztiegel eine innige Melange eingegangen sein. Auch heute, neun Jahre nach der Erstattung der Strafanzeige steht eine Stellungnahme der Staatsanwaltschaft noch immer aus.

Doch die Büchse der Pandora lieferte munter Nachschub: die neuen Mieter, die erst wenige Monate zuvor in Armins verpfändetes Haus eingezogen waren, hatten sich als übelste Mietnomaden entpuppt. Statt regelmäßiger Einnahmen zur Bedienung des Bankkredits entstanden hohe Kosten für die dringend notwendige Komplettträumung und Säuberung der unbeschreiblich vermüllten und verwahrlosten Wohnung. Ohne erneute, großzügige und rasche Unterstützung durch seine Verwandten wäre diese zusätzliche Belastung nicht zu stemmen, ein Verkauf oder gar eine Zwangsversteigerung des Hauses nicht zu verhindern gewesen. Eine in der Hoffnung auf Schadensersatz gestellte Strafanzeige hat die zuständige Staatsanwaltschaft bis heute nicht einmal kommentiert. Vielleicht hatte Armin Justitias Mahlwerk mit zu großen und zu schnell hintereinander eingeworfenen Brocken blockiert.

In dieser schwierigen Zeit, in der sich – wie Günther Grass es in seiner Erzählung „Das Treffen in Telgte" (S. 85) formulierte – „die alltäglichen Schwierigkeiten zu einem Knoten verdickten[51]", machte sich Armins Frau erneut für ihn auf die Suche nach einem Arbeitsplatz. Da sie den offiziellen Stellenausschreibungen mittlerweile ebenfalls misstraute, sprach sie ehemalige Arbeitskollegen an, um eventuell wieder unter der Hand einen brauchbaren Hinweis auf eine Stelle am Großen Klinikum zu bekommen. Und sie erhielt tatsächlich einen Tipp, der Armin eine Anstellung an einer Klinik bescherte. Ein nicht ganz unbedeutendes Detail an diesem Deal war die Tatsache, dass er als ALG II-Empfänger der Alterskategorie „50 plus" seinem neuen Arbeitgeber einen fünfzigprozentigen „Eingliederungszuschuss" für drei Jahre in Aussicht stellen konnte. Selbst bei einer jährlichen Degression von zehn Prozent mochte der Arbeitgeber dann doch nicht nein sagen. Sogar eine Vertragsverlängerung oder gar eine Festanstellung lagen angeblich im Bereich des Möglichen. Armin atmete auf und unterzeichnete den Arbeitsvertrag. Nun verspürte er wieder so etwas wie Entspanntheit. Die Nächte spendeten wieder erholsamen Schlaf. Endlich befand sich wieder eine Handbreit Wasser unter dem arg zerschrammten Kiel. Doch dieses Mal war die trügerische Sicherheit, in die er sich gerettet zu haben schien, von noch kürzerer Dauer. Bereits zwei Monate nach seiner Einstellung zitierte ihn sein neuer Chef zu sich. Im Tonfall eines von einem windigen Anlageberater geprellten Anlegers eröffnete dieser ihm, dass der von der ARGE zu leistende Lohnkostenzuschuss immer noch nicht auf das Klinikkonto eingezahlt worden sei. Dies habe zur Konsequenz, dass sich die vertraglich zugesicherte Beschäftigungszeit entsprechend verkürze. Erschrocken und alarmiert wandte sich Armin an die zuständige Personalstelle. Die teilte ihm mit, dass überhaupt kein Anspruch auf Auszahlung des Förderbetrages bestehe, da Armins früherer und sein jetziger Arbeitgeber (die Universität als Dachorganisation) als juristische Personen identisch seien. Das schließe eine Förderung leider aus. Eine Möglichkeit, den Eingliederungszuschuss doch noch zu erhalten bestünde darin, den Arbeitsvertrag mit der Universität aufzulösen und mit dem Großen Klinikum direkt abzuschließen, sofern das gewünscht werde. Im Übrigen bliebe aber sein Arbeitsvertrag davon unberührt, da letztlich die ARGE und der Arbeitgeber den Fördervertrag geschlossen hätten, „ohne den Umstand der Gleichheit der Arbeitgeber zu erkennen". Er, Armin, habe das nicht zu verantworten. Eine Verkürzung der Beschäftigungszeit sei deshalb nicht gerechtfertigt. Das Klinikum müsse das Geld eben „irgendwie auftreiben".

Während Armin vertrauensvoll auf die Aufhebung und Neuschließung des Vertrages hoffte und neuen Mut schöpfte, begann sich unversehens das Verhältnis zu seiner Arbeitskollegin spürbar zu verschlechtern. Der Auftakt zu dieser Eintrübung des Arbeitsklimas bildete eine fachliche Meinungsverschiedenheit. Die Ärztin – einundzwanzig Jahre jünger als Armin, aber formal weisungsberechtigt – beabsichtigte, lebende Zellen in einer Nährlösung in Kultur zu nehmen. Als Armin sie auf die mit bloßem Auge sichtbaren Fadenpilze in der Nährflüssigkeit aufmerksam machte, reagierte sie patzig. Das seien keine Fadenpilze, sondern Eiskristalle. Die Temperatur des Kühlschranks, in dem die Nährlösungen aufbewahrt würden, sei auf einen besonders niedrigen Wert eingestellt. Armins Einwand, in einer salz- und zuckerhaltigen Nährlösung könne sich niemals Wassereis bilden, ganz gleich, ob in dem Kühlschrank fünf oder 0,5° C Lufttemperatur herrschen, schmetterte die resolute Jungmedizinerin mit der Bemerkung ab, sie habe Penicillin und Streptomycin in die Lösung gegeben. Folglich hätten sich gar keine Fadenpilze entwickeln können. Obwohl er bei einer Medizinerin hinreichend mikrobiologisches Grundwissen voraussetzte, wagte Armin den vorsichtigen Hinweis, dass es Schimmelpilzen und Hefen für gewöhnlich gleichgültig ist, ob sich Antibiotika im Medium befinden. Diese speziell gegen Bakterien gerichteten Substanzen (Antibiotika) würden gegen Pilze in aller Regel nicht viel ausrichten. Das habe er in seiner mehr als zwanzigjährigen Tätigkeit als Zellbiologe zur Genüge beobachten können. Wahrscheinlich sei das Medium überaltert oder schlampig angesetzt.

Dass ein laxer Umgang mit Antibiotika vornehmlich in medizinischen Labors keine Seltenheit ist, wusste Armin, behielt es aber für sich. Auch verkniff er es sich, der beratungsresistenten Kollegin das entsprechende Kapitel seines Lehrbuches[52] zur gefälligen Kenntnisnahme zu empfehlen. Er hielt es für klüger, die streitlustige Ärztin nicht unnötig mit vermeintlicher Besserwisserei zu reizen. Er bestand aber darauf, den Sachverhalt in Anwesenheit des Chefs zu klären. Das hätte er lieber nicht verlangen sollen. Seine unerhörte Insubordination ließ die Büchse der Pandora erneut aufschnappen und wie ein aktiver Aschevulkan weiteren, unheilvollen Inhalt in die vergiftete Atmosphäre schleudern. Nun wiederholte sich das unschöne Intrigenspiel, das Armin bereits ein Jahr zuvor an der Universität kennengelernt hatte, in noch üblerer Weise. Wiederholt kritisierte und maßregelte die Jungmedizinerin ihn harsch vor Augen- und Ohrenzeugen. Ihre unverblümten Angriffe steigerten sich bis hin zu massiver Abwertung Armins auf einer persönlichen Ebene. Am Ende stand die faktische Einstellung der Zusammenarbeit. Obwohl er den gemeinsamen Vorgesetzten über den einseitigen Abbruch der Kooperation sowie über deren mutmaßliche Gründe informierte, änderte sich nichts an dem belasteten Verhältnis. Stattdessen wurde Armin von seinem Chef im Beisein der Kollegin die Beendigung des Arbeitsverhältnisses angedroht. Auf die nach Armins begründeter Ansicht nach inakzeptablen Äußerungen der Kollegin sowie auf seine mehrmals geäußerten fachlichen Bedenken war man mit keinem Wort eingegangen. Keine drei Monate nach seiner Einstellung, sieben Tage vor Weihnachten teilte man ihm lapidar die Beendigung des Arbeitsverhältnisses mit. Begründung: Armins fehlende Qualifizierung, die „den Beteiligten vor Arbeitsantritt bewusst gewesen“ sei. In der Einstellungsbegründung hatte es allerdings noch geheißen, er sei „als Experte auf dem Gebiet der Zellbiologie besonders für die Stelle geeignet und für die Durchführung des geplanten Projektes unverzichtbar“. Gestern noch der unentbehrliche Spezialist, heute der unqualifizierte Nichtskönner. Der Fachmann staunt und der Laie reibt sich verwundert die Augen.

Armins Frau, die sich sehr für diese Stelle eingesetzt hatte, haderte mit ihm. Sie meinte, er hätte besser daran getan, den Mund zu halten. Doch wäre es wirklich vorteilhafter gewesen, die Fadenpilze stillschweigend zu ignorieren? Bei dem unvermeidlich eintretenden Misserfolg des Experiments hätte man ihm zu Recht vorwerfen können: „Sie als Zellkulturexperte hätten das doch wissen müssen! Was glauben Sie, weshalb wir Sie eingestellt haben?“

Wie man es auch dreht und wendet: man hatte Armin loswerden wollen. Der Beweggrund für seine Entlassung war vermutlich lediglich dem ausgebliebenen Lohnkostenzuschuss, also dem schnöden Mammon, geschuldet. Als Begründung schob man sein angeblich mangelhaftes Fachwissen vor. Unter diesen Umständen war es zwecklos, auf ein Arbeitszeugnis zu bestehen. Es wäre nichts als eine glatte, womöglich mit versteckten Gemeinheiten gespickte Lüge dabei herausgekommen.

Vom Betriebsrat war keine Hilfe zu erwarten, auch dem Personalrat waren „leider die Hände gebunden". Eine Mitarbeiterin der Geschäftsführung gab ihm gar den Rat, er solle es „sportlich nehmen". Mit Verlaub: Hier waltet ein gewaltiger Irrtum ob! Es ging nicht um ein nicht geahndetes Foulspiel oder um eine allenfalls ärgerliche Fehlentscheidung eines Schiedsrichters. Das kuriose Tor von Wembley hat die Welt nicht zum Einsturz gebracht. Aber durch Armins Entlassung fiel seine Familie in eine existenzielle Notlage zurück. Ganz abgesehen vom perfiden Stil der Aktion wurden hier ganz grundlegende, arbeitsrechtliche Fragen berührt. Eine auf Arbeitsrecht spezialisierte Anwältin, die Armin mit einer gehörigen Portion Wut und Enttäuschung im Bauch aufsuchte, dämpfte seine Hoffnungen auf eine erfolgreiche Klage vor dem Arbeitsgericht. Sie könne zwar gelingen, da das Verhalten der Ärztin klar als Mobbing[53] ausgelegt werden könne, doch den Nachweis zu führen wäre sehr schwierig und ein Gerichtsverfahren eventuell langwierig. Ein Prozessgegner dieses Kalibers pflege durch sämtliche Instanzen zu gehen. Eine Niederlage käme ihn ohne Rechtsschutzversicherung zweifellos teuer zu stehen. Die Juristin empfahl, vor einer Klage wenigstens Prozesskostenbeihilfe zu beantragen. Armin war jedoch schon durch das Fiasko mit der Lohnkostenbeihilfe mehr als bedient. Er lehnte dankend aber reichlich frustriert ab.

Ernüchtert und verdrossen begnügte er sich damit, eine ausführliche und wohlformulierte Gegendarstellung zu Papier zu bringen und seiner Personalakte anfügen zu lassen. Ob sie je jemand zur Kenntnis genommen hat, darf mit Fug und Recht bezweifelt werden. Das Exemplar, das er dem Klinikdirektor geschickt hatte, hatte jedenfalls keine Reaktion hervorgerufen.

Armins Bild vom hehren deutschen Professor hatte neben ein paar unschönen Schrammen nun auch einige äußerst hässliche Risse und Beulen erhalten. Auf Grund seiner einschlägigen Erfahrungen mit einzelnen Vertretern dieses Berufsstandes war er beinahe froh darüber, auf die Habilitation verzichtet zu haben. Was hätte er in dieser vermeintlich elitären Clique, die ihm so fremd war, zu suchen? Intrigantes Karrieredenken und Korpsgeist scheinen eine viel größere Bedeutung zu haben als berufsrelevantes Fachwissen und die Bereitschaft zu echter interdisziplinärer Zusammenarbeit. Das war kein Feld, auf dem Armin gedeihen konnte.

Das Fazit war bitter: Neben einer gescheiterten Selbstständigkeit bereicherte nun auch ein wehrlos hinzunehmender Hinauswurf während der Probezeit seine Vita. Armin versank in tiefes Grübeln. Selbstzweifel setzten ihm zu. Hatte die von ihm gewählte Weichenstellung ihn beruflich in die falsche Fahrtrichtung geführt? Erst jetzt kam ihm die Erkenntnis, dass ein bewusst eingeschlagener Weg nicht zwangsläufig zum angepeilten Ziel führen muss. Wenn dem so war, musste er schnellstens dafür Sorge tragen, dass er sich nicht unwiderruflich auf dem Abstellgleis wiederfand. Doch wie soll das funktionieren, wenn man sich miserabel, ausgelaugt, müde und antriebslos fühlt? Armin verspürte nun am eigenen Leib, dass sich Frustration, ausgelöst durch Mangel an motivationsgeleitetem Verhalten, schädlich auf das psychische und physische Wohlbefinden auswirkt. Seine nachmittäglichen Ruhephasen nahmen nun nicht mehr zwanzig Minuten, sondern eine halbe Stunde in Anspruch. Wie im Jahr zuvor musste er sich in neurologische Behandlung begeben. Erneut wurde eine mittelschwere depressive Episode festgestellt. Diesmal wurde er jedoch für längere Zeit krankgeschrieben und erhielt Mirtazapin[54] zur Linderung seiner „Beschwerden". Erneut legte man ihm eine stationäre Psychotherapie nahe, die er jedoch wiederum zurückwies. Stattdessen besuchte er eine Selbsthilfegruppe.

Dort erfuhr er, dass in Deutschland rund vier Millionen Menschen an einer behandlungsbedürftigen Depression leiden. Jeder fünfte Deutsche erkranke einmal im Leben daran. Eine depressive Episode sei nicht einfach nur eine Phase der Melancholie, während der man ein wenig Trübsal bläst und dann zur Tagesordnung übergeht, als ob nichts gewesen wäre. Depressive Menschen sind nicht pessimistischer als andere. Ihnen fehlt – episodisch oder dauerhaft – das Talent zur Selbstidealisierung. Das menschliche Gehirn bedient sich nämlich der Schönfärberei, um seinem Besitzer eine fabelhafte Welt vorzugaukeln. Mit anderen Worten: die Menschen machen sich unbewusst, aber ständig etwas vor, neigen ständig zur Selbstüberschätzung. Bei depressiven Menschen funktioniert dieser freundliche Selbstbetrug jedoch nicht. Sie schätzen sich und die Welt „exakt so [ein], wie sie sind" (Ankowitsch 2011, S. 76). Sie verfügen gewissermaßen über eine Wahrnehmung, die die Welt in schonungsloser Weise offenlegt. Kein Wunder, dass der österreichische Facharzt für Psychiatrie und Neurologie, Erwin Ringel, bei der Depression vom „präsuizidalen Syndrom" spricht. Die Selbsttötung des prominenten Profitorhüters Robert Enke aus einer Depression heraus lag gerade mal ein Jahr zurück und war noch in frischer Erinnerung. Doch Armin wollte nicht daran erinnert werden. Der Verdacht, dass auch seine Wahrnehmung an seinen Problemen nicht ganz unschuldig sein könnte, belastete ihn. Bald sollte sich herausstellen, dass dieser Verdacht nicht unbegründet war.

Das Asperger-Syndrom oder: die Geburt 2.0 (2010)

In dieser für die Familie schweren Zeit kam zum ersten Mal ein Begriff ins Spiel, der Armins sonderbare Wechselfälle des Lebens schlagartig in einem völlig anderen Licht erscheinen ließ. Seine Frau, die abends nach ihrem Arbeitstag, wenn er schon längst ermattet seinem gesteigerten Ruhebedürfnis nachgab, im Internet nach Lösungen für die existenziellen Probleme suchte, weckte ihn eines nachts und drängte ihn, sich unbedingt etwas sehr Interessantes anzusehen. Seine Begeisterung hielt sich in Grenzen, doch er tat ihr den Gefallen, denn niemals hätte sie ihn ohne wichtigen Grund aus dem Schlaf gerissen. Armin schlappte zum Bildschirm und begann schlaftrunken zu lesen. Bereits nach den ersten Zeilen war seine Müdigkeit wie weggeblasen. Mit wachsender Spannung las er sich in einem hochinteressanten Artikel eines gewissen Tony Attwood[55] fest, hangelte sich von Link zu Link. Ein einziges Wort warf ein grelles Schlaglicht auf Armins bisheriges Leben: Autismus! Ein Wort wie ein Seziermesser. Es sollte den Schleier zerschneiden und den Kern seines Wesens freilegen, der so lange darunter verborgen gewesen war.

Mit gemischten Gefühlen las er weiter. Einer Spezies von Menschen anzugehören, die nach landläufiger Meinung kaum oder gar nicht sprechen, als schwer behindert gelten und ihr Dasein in Heimen fristen, war im ersten Moment schwer zu verarbeiten. Erschrecken und innere Gegenwehr sind da ganz natürliche Reflexe. Doch die gemeinsamen Schnittmengen waren so überraschend plausibel, die Indizien so erdrückend, dass die Akzeptanz nach und nach die Oberhand über die Skepsis gewann. An Schlaf war in jener Nacht nicht mehr zu denken. Das Thema Autismus überlagerte plötzlich alles, nicht nur die Müdigkeit. Es beherrschte ihn. Natürlich hatte auch Armin den Spielfilm „Rain Man“[56] gesehen und sich seine Gedanken über den von Dustin Hoffman verkörperten Autisten gemacht. Doch nie hätte er einen Bezug zu sich selbst hergestellt. Zu gewaltig waren die Unterschiede zwischen ihm und diesem auf den ersten Blick so rätselhaften Mann im Film. Nun erfuhr Armin, dass die Autismusforschung ein autistisches Spektrum postuliert, das ganz unterschiedliche Formen autistischen Seins einschließt. Möglicherweise war dieses Spektrum der Schlüssel zu einem völlig neuen Verständnis seiner selbst.

Am nächsten Tag setzte Armin seine Nachforschungen über den Formenkreis des Autismus fort. Er fand ein äußerst aufschlussreiches TV-Interview mit der Autistin Nicole Schuster (https://www.youtube.com/watch?v=LEp2E_4Tj6Y). Mehrmals spielte er es ab. Kein noch so unbedeutend erscheinendes Detail sollte ihm entgehen! Die Parallelen zu dieser ihm bisher unbekannten Studentin waren frappierend. Seine Frau schlug vor, eine Diagnose in Erwägung zu ziehen. Sie überredete Armin sofort einen Psychiater oder Psychotherapeuten zu konsultieren. Der Verdacht müsse zur Gewissheit oder aber ausgeräumt werden. Der Gedanke, sich einem „Seelenklempner“ anzuvertrauen, behagte Armin zwar nicht, doch nach kurzem Zögern willigte er schließlich ein. Ihn plagten Depressionen von innen und Arbeitslosigkeit von außen. Was sollte ihn da noch schrecken?

Der Psychiater, ein Mann in nonkonformistischer Kleidung und wirrem Haar, lauschte in zwei Sitzungen Armins Lebensgeschichte. Als er genug gelauscht hatte, zog er ein sichtlich angejahrtes Fachbuch mit zerfledderten Seiten zu Rate. Er vertiefte sich eine Zeit lang in das Werk, dann gestand er mit einem resignierenden Schulterzucken ein, dass ihm auf diesem Gebiet die gebotene Erfahrung fehle. Das mit dem Autismus könne sein – oder auch nicht, orakelte er. Zum Schluss entließ er seinen ratlosen Klienten mit der von taoistischer Philosophie durchtränkten Erkenntnis: „Es ist, wie es ist“. Diese großartige Eingebung kostete Armin den in der Gebührenordnung festgelegten Obolus für drei Sitzungen.

Armin und seine Frau suchten weiter nach einer geeigneten Anlaufstelle, um den Verdacht bestätigen oder ausschließen zu lassen. Ein Krankenhaus, das über eine Autismusambulanz verfügte, teilte auf Anfrage mit, dass es leider nicht möglich sei, Erwachsene zu diagnostizieren. Für einen gesicherten Befund seien Auskünfte der Eltern über die frühe Kindheit unerlässlich. Da Armins Eltern nicht mehr lebten, schien dieser Weg, etwas so Wichtiges und Entscheidendes über sich herauszufinden, für immer verbaut zu sein. Armin brachte jedoch in Erfahrung, dass die Autismusambulanz der Berliner Charité durch eine differenziertere Diagnostik neuerdings in der Lage ist, auch ältere Erwachsene zu diagnostizieren. Trotz der umständlichen und zeitraubenden Fahrten nach Berlin vereinbarte Armin die nötigen Termine. Gespannt machte er sich auf den Weg in die ihm verhasste Großstadt.

In der Berliner Autismusambulanz für Erwachsene erwarteten Armin eine ganze Reihe diagnostischer und neuropsychologischer Untersuchungen. Bei dieser speziellen „Musterung" suchte man zunächst nach jenen Merkmalen seiner Persönlichkeit, die dem so genannten Autismus-Spektrum zugerechnet werden[57]. Ein klinisches, auf den Kriterien des ICD-10 und DSM-IV[58] basierendes Interview sollte Aufschluss darüber geben, ob er die Voraussetzungen für die Diagnose „Asperger-Syndrom" erfüllt. Mit anderen Worten: man wollte herausfinden, ob Armins soziale Interaktion und sein Kommunikationsvermögen autismustypische Beeinträchtigungen aufweist, ob Besonderheiten in der Entwicklung seiner sprachlichen und geistigen Fähigkeiten vorliegen, ob er über stereotype Verhaltensweisen verfügt und sich durch besondere Interessen auszeichnet (s. Kap. *Einführung*). Im Anschluss an das Interview waren praktische Aufgaben zu lösen, die der Abklärung von Auffälligkeiten in seinem Umgang und seiner Verständigung mit anderen Menschen dienen. Zuletzt wurde die Frage behandelt, inwieweit dies alles Einfluss auf seine soziale und berufliche Situation nimmt. Die Resultate wurden mittels einer diagnostischen Beobachtungsskala für autistische „Störungen" (ADOS)[59] bewertet. Besonders aufschlussreich fand Armin die neuropsychologischen Tests, mit deren Hilfe das „intellektuelle Funktionsniveau“, die Aufmerksamkeit, die mentale Flexibilität sowie die Fähigkeit, mimisch ausgedrückte Emotionen zu erkennen, ermittelt werden kann. Er musste sich aber auch eine allgemeine, psychopathologische Untersuchung gefallen lassen, die der Aufdeckung weiterer, eventuell vorliegender „psychischer Erkrankungen“ dient. Die Diagnose, in die noch ein telefonisches Interview mit seiner Schwester einbezogen werden würde, sollte ihm Mitte Oktober zugestellt werden.

Trotz dieser neuen und unerwarteten Wendung musste das aus Armins Sicht wenig aussichtsreiche Bewerben wiederaufgenommen werden. Doch er steckte in einem Dilemma: Sein Kopf, der ihm den Stift führte, steckte in einer Wolke aus düsterem Pessimismus. Wie sollte er den Bewerbungen angesichts solcher Brüche im Lebenslauf, unter dem Einfluss einer Depression und nach gefühlten eintausend Absagen einen positiven, dynamischen, von unbedingtem Erfolgswillen strotzenden Duktus verleihen? So viel Talent zur Schönfärberei besaß Armin nicht. Immerhin konnte nun ein zweites Arbeitszeugnis ins Feld führen, das ihm sein ehemaliger Chef am Max-Planck-Institut auf Wunsch nachträglich ausgestellt hatte. Auf die 26 Bewerbungen, die er nach dem Gießkannenprinzip auf mehrere Branchen verteilte, erhielt er lediglich eine einzige Einladung. Der Geschäftsführer eines Blutspendedienstes, bei dem er sich initiativ beworben hatte, räumte ein, prinzipiell gäbe es immer eine Menge an unerledigtem „Schreibkram“: Anträge, Publikationen, Berichte, Vorträge und was sonst noch so anfalle. Sein Personal habe einfach nicht die Zeit, sich in der Weise darum zu kümmern, wie es nötig wäre. Er könne sich durchaus vorstellen, jemanden auf Honorarbasis als Medical Writer zu beschäftigen. Bei der Imagination ist es dann wohl auch geblieben, denn Armin hörte nichts mehr davon. Initiativbewerbungen schienen kein probates Mittel zu sein, um ihm aus der Klemme zu helfen. Statt Optimismus und Zuversicht setzten sich quälende Selbstzweifel, lähmende Demotivation, drückende Mut- und Perspektivlosigkeit wie Geier auf den kurzen, dürren

Ast, der ihm zum Sitzen übrig geblieben war. Die Depression hatte Armin fest im Griff.

Auf Anraten seiner Neurologin, die sich wie ihr Kollege von der psychologischen Profession mit dem Thema Autismus schwertat, begab er sich in ambulante psychotherapeutische Behandlung. Diesmal jedoch bei einem Fachmann, der nicht erst veraltete Lehrbücher bemühen musste. Stattdessen ließ er sich von Armin dessen alte Tagebücher, technische Zeichnungen und anderes Material aus der Schul- und Jugendzeit vorlegen. Armins Sammelwut war es zu verdanken, dass diese frühen Zeugnisse seines Schaffens die Zeiten überdauert und trotz zahlreicher Umzüge und Entrümpelungsaktionen erhalten geblieben sind. Der psychologische Psychotherapeut war angesichts des reichen, authentischen Materials entzückt. Nach eingehender Analyse formulierte er den „dringenden Verdacht für eine Störung aus dem autistischen Spektrum“.

Zu Armins Überraschung war nun auch die Autismusambulanz in seiner Stadt bereit, ihm kurzfristig Termine für eine Untersuchung anzubieten. Sie war erst kurz zuvor unter das Dach der Universität geschlüpft und hatte dadurch Zugang zu den wissenschaftlichen Erkenntnissen der Autismusforschung erhalten. Er nahm sie bereitwillig in Anspruch. Eine zweite Meinung konnte ja nicht schaden, zumal nun auch seine behandelnde Neurologin nicht mehr ausschließen mochte, dass sich hinter seinen gesundheitlichen Problemen mehr verberge als nur eine profane „Kränkung über den Arbeitsplatzverlust“. In der Tat ließ das Ergebnis einer von ihr angeregten, psychologischen Hirnleistungsdiagnostik einen positiven Autismusbefund erwarten. Die Einschläge kamen immer näher! Am 19.10.2010 wurde aus dem lange gehegten Verdacht endlich Gewissheit: die Autismusambulanz der Charité verlieh Armin das Prädikat „Asperger-Syndrom im Erwachsenenalter gemäß DSM-IV und ICD-10 (F84.5)“.

Für Armin ist der 19. Oktober seitdem so etwas wie ein zweiter Geburtstag. An diesem Datum zerlegte sich sein Leben in zwei Hälften: eines mit und eines ohne Wissen über seine Besonderheit.

Für viele merkwürdige Situationen in seinem Leben war nachträglich eine Erklärung gefunden worden. Ursache und Wirkung waren klar erkennbar. Die Diagnose hatte den Nebel weggefegt wie ein reinigendes Gewitter den Smog über Stuttgart. Nun hatte alles einen Namen, eine Bedeutung, einen „Sinn" bekommen:

Sein mitunter unorthodoxes Lernverhalten, seine eigenartigen Denkstrategien und seine kompromisslose Fokussierung auf Spezialinteressen, die ihn um ein Haar das Abitur gekostet hätten. Seine Detailversessenheit, durch die er mehr als einmal den Überblick und das eigentliche Ziel aus den Augen verloren hatte. Seine Selbstgenügsamkeit und Selbstbezogenheit, durch die er sich nicht selten den Vorwurf des Egoismus eingehandelt hatte. Seine meist auf äußerster Sparflamme gehaltene Kontaktpflege zu Freunden, Verwandten und Kollegen. Seine Hemmungen in Besprechungen und bei zwanglosem Geplauder. Sein spärliches Aussenden von Erlauber-Signalen, die andere Menschen ermuntern, ihn anzusprechen. Seine Abneigung gegen Diskotheken, Partys, Feiern und andere strapaziöse Menschenansammlungen. Seine typischen Stressreaktionen (Kap. *Das „wrong-planet-syndrome"* und Kap. *Der Neuanfang*) und seine Übellaunigkeit, wenn selbst banale Ereignisse nicht so eintreffen, wie sie geplant waren oder erwartet wurden. Die Krisensituationen auf Grund von unbeabsichtigt fehlinterpretierten sozialen und kommunikativen Signalen. Seine katatone[60] Blockade bei emotionalen „Frontalangriffen" und Mobbing. Sein Hang zu idiosynkratischen „Neologismen[61] und Echolalie[62]" (Kap. *Kindheit in der Nussschale*), der sich bisweilen noch heute in unbeobachteten Momenten lustvoll Bahn bricht. Seine Vorliebe für Wörterbücher und Lexika, die Armin insbesondere mit den autistischen Autoren Gee Vero und Axel Brauns zu teilen scheint (Vero 2014, S. 88; Brauns 2004, S. 249 f.). Sein Interesse für das Billardspiel, das laut Fachliteratur einigen Autisten auf Grund des geforderten Verständnisses für Geometrie besonders leicht fällt. Sein eingeschränktes Orientierungsvermögen und nicht zuletzt sein mitunter als umständlich, pedantisch oder altmodisch wahrgenommener Sprech- und Schreibstil.

Die Entdeckung seines Autismus hatte Armin die Augen geöffnet und ihm eine klare, wenn auch sehr späte Selbsterkenntnis ermöglicht. Auch die mutmaßlich autistischen Merkmale seines Vaters blieben ihm nicht länger verborgen. Durch die Diagnose war ihm aber auch bewusst geworden, dass nun er, Armin, der schwarze Stift war, den man von den anderen aussonderte (s. Kap. *Kindheit in der Nussschale*).

Das Leben mit Asperger entband jedoch nicht von der Pflicht, im Interesse der Familie weiter für die Sicherung eines geregelten Einkommens zu kämpfen. Zumindest während seiner Arbeitsunfähigkeit war der Lebensunterhalt durch den Bezug von Krankengeld gesichert. Doch was würde danach kommen? Wie sollte es weitergehen, wenn er wieder gesundgeschrieben wurde? Einerseits sehnte er diesen Tag herbei, andererseits fürchtete er ihn aber auch. War es überhaupt noch möglich, auf dem bisher eingeschlagenen Weg wieder in Lohn und Brot zu kommen? Schließlich belastete nun auch noch eine durch eine Depression bedingte Phase der Langzeitarbeitslosigkeit seinen ohnehin diskontinuierlichen Lebenslauf. Objektiv betrachtet war nicht zu erwarten, dass sich die Diagnose „Autismus“ als besondere Empfehlung bei der Jobsuche erweisen würde. Das genaue Gegenteil war zu befürchten. In einem Gutachten des Medizinischen Dienstes der Krankenversicherung war Armin denn auch prompt eine „erhebliche Gefährdung der Erwerbstätigkeit“ attestiert worden. Bei der Erwachsenenberatung von Autismus Deutschland wusste man zwar um die Schwierigkeiten und um die „bedrückenden Sorgen“ bei der Suche nach einem „passgenauen Arbeitsplatz mit geeigneten Rahmenbedingungen“. Die gutgemeinte, aber hilflos wirkende Empfehlung, einen Schwerbehindertenausweis zu beantragen und die Unterstützung des Integrationsfachdienstes[63] oder der Rehabilitationsabteilung der Agentur für Arbeit in Anspruch zu nehmen, war jedoch kaum dazu angetan, Armin aus dem Tal der Selbstzweifel herauszuführen. Zuversicht und Optimismus? Fehlanzeige! „Du musst selbst sehen, wie du das Beste daraus machst“, lautete die simple Botschaft.

Bevor er sich irgendwelchen Rehabilitations- und Integrationseinrichtungen anvertraute, beschloss Armin, den Fall seines immer noch nicht verschmerzten Hinauswurfes neu aufzurollen. Autismus Deutschland hatte ihm einen Rechtsanwalt für Schwerbehindertenrecht empfohlen. Für Armin ein Hinweis, dass manche Rechte, auf die man (nicht nur) als Mensch mit Handicap Anspruch hat, zwar in Gestalt von Paragrafen geduldiges Papier zieren, ohne juristischen Beistand aber kaum durchsetzbar sind. Der Fachadvokat nahm sich der Sache immerhin an, fand aber nicht die kleinste Fuge im glattpolierten juristischen Mauerwerk, an der man den Hebel hätte ansetzen können. Dennoch sah die Gebührenordnung auch für erfolgloses Anwalten einen Betrag von 270 Euro vor, der dem ohnehin knappen Familienbudget zusätzlich Mittel entzog.

Um der unersprießlichen Lage etwas Positives abzugewinnen, begann Armin an Volkshochschulen (VHS) interessierten Zeitgenossen das Thema Autismus näherzubringen. Meistens waren das Leute, denen das Schicksal einen autistischen Verwandten oder Bekannten beschert hatte. Da diese Thematik den Veranstaltern offensichtlich Jahr für Jahr neue Kursteilnehmer beschert, wird Armins Seminar regelmäßig in das VHS-Programm aufgenommen. Sogar auf einer Sitzung des Fachausschusses für Personalentwicklung der Industrie- und Handelskammer (IHK) sollte er referieren. In unzähligen Stellenanzeigen wird neben fachlicher Eignung auch der gängige „Fähigkeitskitsch" (Sprenger 2015, S. 243) wie Kontakt- und Teamfähigkeit, hohe soziale Kompetenz, Überzeugungskraft, ausgezeichnetes Kommunikations- und Durchsetzungsvermögen, Belastbarkeit und Erfahrung in Mitarbeiterführung vorausgesetzt. Also nutzte Armin die Gelegenheit, um mit den Stärken von Autisten wie Gewissenhaftigkeit, Sorgfalt und Geduld, Begeisterungsfähigkeit und hohes Durchhaltevermögen bei interessanten Aufgaben, Genauigkeit sowie Interesse für Details und Zusammenhänge eine alternative Gegenposition zu schaffen. Als „Sahnehäubchen" seiner Argumentation betonte er die autismusspezifischen Charaktereigenschaften wie Ehrlichkeit und Wahrheitsliebe. Die Resonanz der anwesenden Unternehmer beschränkte sich auf teilnahmslose Mienen. Fragen wurden keine gestellt. Da dämmerte es Armin, dass Wahrhaftigkeit in der Arbeitswelt nicht unbedingt hoch geschätzt wird.

Auch wenn er bei diesem einmaligen Gastspiel an der IHK keinen rauschenden Applaus geerntet (und auch nicht erwartet) hatte, war Armin jeder noch so kleine Beitrag zur Aufklärung gesellschaftlich relevanter Gruppen über Autismus wichtig und willkommen. Organisationen und Vereine wie Autworker eG[64] oder Aspies e. V.[65] bestärkten ihn in seiner Absicht. Unmittelbar nach der Entdeckung seines Autismus hatte er sich der Autismus-Forschungskooperation (AFK) in Berlin angeschlossen. Die meisten AFK-Teilnehmer gaben als Grund ihrer Mitarbeit an, „das Leben von Autisten verbessern" zu wollen (vgl. Speer 2012). Es tat Armin gut, sich hin und wieder an ihren Projekten zu beteiligen. Er spürte, hier wurde er als Mensch an- und ernstgenommen. In kleinen Artikeln auf einer Internetplattform für Autoren machte er die Studienergebnisse der AFK einer größeren Öffentlichkeit zugänglich. Doch so wichtig diese kleinen Beschäftigungen für ihn auch waren: sie brachten durch die Werbeeinnahmen höchstens ein bescheidenes Taschengeld ein, mit dem er seinem Kind eine kleine Freude machen konnte. Selbst ein an härteste Entbehrungen gewöhnter Klausner hätte damit schwerlich sein Leben fristen können. Armin musste endlich Wege finden, wie er den Lebensunterhalt für sich und seine Familie auf Dauer sichern konnte. Während seine ehemaligen Kommilitoninnen und Kommilitonen auf gut dotierten Lehrstühlen Platz nahmen, stellte Armin beim Rentenversicherungsträger Bund einen Antrag auf „Teilhabe am Arbeitsleben[66]". Rehabilitation statt Habilitation. So rasch konnte eine kleine Vorsilbe einen akademischen Lebensentwurf in einen kafkaesken Alptraum verwandeln. Es ist in diesem unserem Lande offenbar gar nicht so schwer, vom Leistungsträger zum Sozialfall zu werden. Ob der umgekehrte Weg genauso problemlos möglich sein würde?

Bitte kleinere Brötchen backen! (2011)

Am 17.01.2011 bestätigte die Autismusambulanz in seiner Wahlheimat den Befund der Charité. Damit war Armins Asperger-Syndrom zweimal unabhängig voneinander „entdeckt" worden (Armin folgte dem Beispiel Tony Attwoods und zog das Wort *Entdeckung* dem pathologisierenden Begriff *Diagnose* vor). Zwei Mitarbeiterinnen der Autismusambulanz führten mit Armins Frau und ihm ausführliche Beratungsgespräche über die Möglichkeiten der Entlastung und der Unterstützung. Da die autistischen Syndrome im Schwerbehindertenrecht als psychische beziehungsweise seelische Behinderungen eingestuft werden, war Armin im Rahmen des sozialen Nachteilsausgleichs sogar berechtigt, einen Schwerbehindertenausweis zu beantragen. Das Dokument segnete ihn rückwirkend bis 1997 mit einem „Grad der Behinderung von 50". Ob und welche Konsequenzen dieser neue Status auf die Arbeitssuche haben würde, war eine überaus spannende Frage. Bei seinen Recherchen stieß Armin zunächst auf überraschend ermutigende Hinweise.

Bereits 2009 war die Behindertenrechtskonvention[67] der Vereinten Nationen (UN-BRK) in Kraft getreten. Darin wird das Prinzip der Wertschätzung der Diversität festgeschrieben, will sagen: die menschliche Vielfalt als normale, reguläre Gegebenheit betrachtet. Einer der Grundsätze der UN-BRK fordert nicht mehr und nicht weniger „die Achtung vor der Unterschiedlichkeit von Menschen mit Behinderungen und die Akzeptanz dieser Menschen als Teil der menschlichen Vielfalt" ein. Menschen mit Handicap soll zudem das Recht der Nichtdiskriminierung und der Chancengleichheit zugestanden werden (Inklusion). Armin hatte diese Grundsätze in einer zivilisierten Gesellschaft zwar für eine Selbstverständlichkeit gehalten, begrüßte aber deren ausdrückliche Festschreibung in einer Konvention der Vereinten Nationen. Das Banner der BRK hing somit für alle sichtbar am höchstmöglichen Flaggenmast. Doch wurde dieses heikle Thema auch gebührend zur Kenntnis genommen? Welchen Wert besitzt die BRK für diejenigen, für die sie geschrieben worden war? Wie verbindlich waren die darin formulierten Grundsätze? Armin wusste von anderen internationalen Normen und Empfehlungen (beispielsweise die Ächtung von Landminen und Streubomben), die nicht das Papier wert sind, auf das sie gedruckt wurden, solange sie nicht in nationales Recht umgesetzt werden. Und selbst was in die nationalen Gesetzbücher Eingang findet, muss nicht selten von denjenigen, die dieses Recht in Anspruch nehmen wollen, erst hart erkämpft und hartnäckig vor Gericht erstritten werden. Recht ist eben eine Auslegungssache – und mithin vom Zufall oder vom Glück abhängig. Weshalb sonst trägt Justitia eine Augenbinde?

Zwar konnte Armin in Deutschland kaum Anzeichen von Umsetzung der Inklusion behinderter Menschen feststellen, doch er vertraute auf das moralische Gewicht der UN-BRK. Vielleicht durfte er ja dank der BRK darauf hoffen, dass sich seine schwer zu definierende Besonderheit bei der Arbeitssuche nicht allzu hinderlich auswirken werde.

Immerhin: seinem Antrag auf Teilhabe am Arbeitsleben war überraschend schnell stattgegeben worden. Bereits im Sommer 2011 konnte er an einem Beruflichen Trainingszentrum (BTZ) eine zwölfmonatige „Maßnahme zur beruflichen Wiedereingliederung" beginnen. Die Teilnahme sicherte ihm ein vom Kostenträger finanziertes, monatliches Übergangsgeld in nicht ganz der Höhe seines letzten Gehalts als wissenschaftlicher Mitarbeiter. Er war zuversichtlich, noch vor Ablauf der Maßnahme einen adäquaten Arbeitsplatz zu finden. Die Chancen schienen nicht gar so schlecht, denn ein potenzieller Arbeitgeber hatte nicht nur Aussicht auf einen hochmotivierten, sehr gut ausgebildeten Mitarbeiter, sondern auch auf einen nicht unerheblichen Lohnkostenzuschuss. Mit entsprechendem Optimismus ging Armin die

Sache an, zumal die äußeren Bedingungen nicht besser hätten sein können: eigener Schreibtisch, eigenes Telefon, eigener PC mit Internetanschluss, kostenlose Benutzung einer hochwertigen Scanner-Drucker-Kopiereinheit für die Anfertigung von Bewerbungsunterlagen. Mit anderen Worten: er verfügte gleichsam über ein eigenes Büro. Und wichtiger noch: man ließ ihm seine Ruhe! Das Motto „alles kann – nichts muss" wurde hier tatsächlich gelebt. Zudem profitierte Armin von anderen Vorteilen wie der Erstattung von Reisekosten bei Fahrten zu Vorstellungsgesprächen, einer vergünstigten warmen Mahlzeit von ordentlicher Qualität pro Tag sowie psychologischer und betriebswirtschaftlicher Hilfestellung (um das nach Hilfebedürftigkeit klingende Wort „Betreuung" zu vermeiden). Natürlich hatte all das auch einen Preis. Man erwartete von Armin, dass er am obligatorischen Bewerbungstraining partizipierte, dass er sich an den psychosozialen Gruppengesprächen beteiligte und dass er an Arbeitsgruppenbesprechungen aktiv mitwirkte. Auch fanden regelmäßig Einzel- und Verlaufsgespräche mit den Coaches statt. Um sich körperlich fit und die Fahrtkosten so gering wie möglich zu halten, strampelte Armin die täglichen 16 Kilometer Arbeitsweg auf seinem klapprigen Fahrrad ab.

Um eine optimale Nutzung der ihm zur Verfügung stehenden Ressourcen und Zeit zu gewährleisten, erstellte er zunächst ein auf den aktuellen Anforderungen basierendes, radikal erneuertes und gestrafftes Bewerberprofil. Neu erfinden konnte er sich nicht, doch wollte er sich wenigstens formal korrekt präsentieren. Für die Stellensuche ließ er ein Geschwader aus acht Jobsuchmaschinen im Internet ausschwärmen. Muße für die Recherche hatte er ja nun reichlich. Bei der Auswahl der Stellengesuche berücksichtigte er wieder verstärkt den Bedarf an naturwissenschaftlichen Mitarbeitern. Sein Wunsch nach einem Wiedereinstig in seinen alten Beruf fand jedoch nicht den uneingeschränkten Beifall seiner Coaches. Sie hätten es lieber gesehen, wenn er „kleinere Brötchen" gebacken[68] und sich gemäß dem Teilmotto „alles kann" auf die von ihnen favorisierten Praktikantenstellen beworben hätte.

Als beispielhaftes Unternehmen für Praktikanten machten sie ihm einen regionalen Erzeugerbetrieb von Molkereiprodukten schmackhaft. Armin, obwohl überzeugter Verbraucher von Milcherzeugnissen aller Art, lehnte dieses Ansinnen als befremdlich und wenig zielführend ab. Er spürte instinktiv: wenn er sich jetzt auf eine Praktikantenstelle einließe, würde er sich beruflich endgültig aus der Wissenschaft ausklinken. Das wäre in etwa so, als stiege jemand aus einem ICE aus, um mit einer Draisine weiterzufahren.

Deshalb bestand er auf den zweiten Teil des ausgegebenen Leitspruches, der da lautete: „nichts muss“. Er hegte zudem Zweifel, ob in einem Personalbüro der „Wunsch“ eines promovierten, fünfundfünfzigjährigen Naturwissenschaftlers nach einem Praktikumsplatz überhaupt ernst genommen werden würde. Sicher entzündeten sich die Diskussionen mit seinen Coaches auch daran, dass er, der an zwei Universitäten Studenten der Medizin und der Lebensmittelchemie betreut und zuletzt Biologielaboranten ausgebildet hatte, sich im mikrobiologischen Labor eines Lebensmitteltriebs als Praktikant schlicht albern vorgekommen wäre. Das Falten von Kartons oder ein Lehrgang als Gabelstaplerfahrer standen ohnehin nicht auf seiner Prioritätenliste. In seiner Skepsis bestärkt wurde er durch einige Teilnehmer in den psychosozialen Gruppen, die von teils wenig förderlichen, teils erniedrigenden Arbeitsbedingungen für Praktikanten berichteten. Selbst die Coaches mussten einräumen, dass es immer wieder zu unschönen Mitnahmeeffekten durch dreiste Arbeitgeber käme: die Praktikanten würden, nachdem man ihre Arbeitskraft vollumfänglich in Anspruch genommen hatte, einfach mit einer fadenscheinigen Begründung wieder zurückgeschickt. Das seien aber zum Glück Einzelfälle.

Armin fand, dass viele von den Praktikanten verlangten Tätigkeiten in keiner Weise geeignet sind, nennenswert zur beruflichen Weiterbildung beizutragen.

Das Prinzip „durch Praktikum zur Teilhabe am Arbeitsleben“ mochte aus der Sicht des Kostenträgers und des BTZ seine Berechtigung haben. Aus Armins Sicht ließ es an der notwendigen Flexibilität zu wünschen übrig. Es war Armin unbegreiflich, dass ein aufwändig und (auch für den Steuerzahler) kostspielig ausgebildeter Mensch, der in zwei der renommiertesten deutschen Forschungseinrichtungen als Wissenschaftler gearbeitet hatte, sich nicht mehr auf eine halbwegs anspruchsvolle Stelle bewerben sollte, nur weil er „die Diagnose" hatte und als „behindert" galt. Widersprach das nicht eindeutig der Behindertenrechtskonvention der Vereinten Nationen und dem Prinzip der Inklusion? „Mit Bildung zum Erfolg" – dieser Werbeslogan einer deutschen Fernschule ziert viele Wartehäuschen des öffentlichen Nahverkehrs und prangt auf zahlreichen Reklametafeln. Man ist geneigt, den Reklamespruch im Geiste mit folgender Einschränkung zu ergänzen: „… falls du keine Schwerbehinderung hast".

Seine Schwiegermutter, sonst eine lebenspraktische Frau, gab ihm den gutgemeinten Rat, sich „an den Escher[69]" zu wenden. Der würde helfen. Das mochte in anderen Fällen so sein, doch Armin widerstrebte es, sich im Fernsehen zu prostituieren. Wehmütig dachte er an seine Zeit am Krebsforschungszentrum und am Max-Planck-Institut zurück. Dort war er doch erfolgreich gewesen, hatte gezeigt, was in ihm steckt! Warum, um alles in der Welt, sollte er sich nun mit „kleineren Brötchen" zufrieden geben? Schließlich kam er nicht nur, um zu bitten. Er hatte auch etwas zu bieten.

Vor dem Hintergrund seiner neu entdeckten Besonderheit versuchte Armin, die Gründe zu analysieren, die zu seinem beruflichen und gesellschaftlichen Sinkflug beigetragen haben mochten. Möglicherweise war sein einstiger beruflicher Erfolg darauf zurückzuführen, dass die Arbeitsgruppen international und multikulturell zusammengesetzt waren. Wenn Kolleginnen und Kollegen aus aller Herren Länder, aus den unterschiedlichsten Ethnien, Kulturen und Religionen auf hohem Niveau zusammenarbeiten, darf der einzelne offenbar mit Toleranz, Verständnis und Rücksichtnahme gegenüber seinen individuellen Eigenarten rechnen. Anscheinend waren Armins autistische Merkmale, die noch in der

Schulzeit die Ursache für heftige Irritationen und Reaktionen gewesen waren, am Arbeitsplatz zwar als persönliche „Macken" oder wunderliche Gewohnheiten wahrgenommen, aber klaglos akzeptiert worden. Man hatte ja auch toleriert, dass der muslimische Doktorand sich eben mehrmals täglich zum Beten zurückzog. Man hatte nichts dagegen gehabt, dass die Kollegen aus Japan bei einem Mittagsschläfchen ihre geistige Spannkraft regenerierten. Man hatte Verständnis dafür gezeigt, dass der chinesische Mitarbeiter mit Vorliebe nachts arbeitete, um den Tag mit seiner Familie verbringen zu können. Armin hatte sich mit Menschen aus den Niederlanden, aus Schottland, Frankreich, Australien und aus der Schweiz wohlgefühlt. In den rein deutschen Arbeitsgruppen waren Armins autistische Eigenheiten wohl deutlicher wahrgenommen und als unangebrachte Kaprizen missbilligt oder abgelehnt worden. Im schlimmsten Fall droht dem Störer des Betriebsfriedens dann die formaljuristisch korrekte Entfernung vom Arbeitsplatz. Oder er wird kollegial weggemobbt. Diese beiden Erfahrungen hatte Armin sowohl an einer naturwissenschaftlichen als auch an einer medizinischen Fakultät machen dürfen. Mittlerweile hatte er herausgefunden, dass nicht wenige Autisten auf Grund von Unwissenheit und/oder Intoleranz ihrer Mitmenschen dieses oder ein ähnliches Schicksal erleiden. Da Menschen im Autismus-Spektrum ungeachtet ihrer Fähigkeiten, Ihres Wissens oder ihrer Ausbildung überdurchschnittlich von Arbeitslosigkeit betroffen sind, beschloss Armin, ein Zeichen zu setzen und gegen seine drohende Ausmusterung aus dem gesellschaftlichen Leben anzukämpfen. Er setzte sich zum Ziel, zur Aufklärung über das Phänomen Autismus beizutragen und sich – auch im Interesse anderer behinderter Menschen – für gelebte Inklusion einzusetzen.

Der im September 2011 veröffentlichte und von der damaligen Familienministerin Dr. Ursula von der Leyen (CDU) vorgestellte Aktionsplan der Bundesregierung zur Umsetzung der UN-BRK erschien gerade zur richtigen Zeit. Armin fühlte sich durch den Aktionsplan in seinem Vorhaben bestärkt. So viel offizielle Unterstützung hatte er nicht für möglich gehalten. Und doch stieß er bei der Lektüre des Textes auf Formulierungen, die ihn seine Zuversicht zurückerlangen ließen:

„Mit dem *Nationalen Aktionsplan zur Umsetzung der UN-Behindertenrechtskonvention* stößt die Bundesregierung einen Prozess an, der in den kommenden zehn Jahren nicht nur das Leben von Menschen mit Behinderungen maßgeblich beeinflussen wird, sondern das aller Menschen in Deutschland. Denn die Idee der Inklusion, zentraler Leitgedanke der UN-Behindertenrechtskonvention, wird unsere Alltagskultur verändern. D e u t s c h l a n d w i l l i n k l u s i v w e r d e n" (Hervorhebung durch den Autor; http://www.bmas.de/DE/Service/Medien/Publikationen/a740-aktionsplan-bundesregierung.html).

Unerhört! Das war eine Aussage, wie sie klarer und eindeutiger nicht sein konnte. Wenn tatsächlich ganz Deutschland willens ist, inklusiv zu werden, dachte Armin, dann sollte jeder einzelne Betroffene alles dafür tun, damit diesem Willen auch Taten folgen. Und zwar eher heute als morgen! Immerhin strebt der Aktionsplan nicht mehr und nicht weniger an als die Beendigung des „Wechselspiel[s] von Exklusion (= ausgrenzen) und Integration (= wieder hereinholen)". Die Autoren betonten, der nationale Aktionsplan sei ein Instrument der Bundesregierung, um „die Umsetzung der UN-Behindertenrechtskonvention in den nächsten zehn Jahren systematisch voran[zu]treiben". Die Bundesregierung gehe „mit richtungsweisenden Maßnahmen und Impulsen voran".

Armin war begeistert. Jetzt, da der primäre Schwung noch nicht erlahmt sein konnte, der Enthusiasmus noch frisch sein musste, schien ihm die Gelegenheit günstig, den Rockzipfel der voranschreitenden Bundesregierung zu ergreifen, um sich von ihrem Elan mitreißen zu lassen. In ihrem Kielwasser würde es leichter sein, wieder zu einem Leistungsträger aufzusteigen.

Doch die Verfasser des Aktionsplanes gaben sich damit noch nicht zufrieden. Selbstbewusst legten sie nach: „Eine inklusive Arbeitswelt zu entwickeln, ist Kernanliegen der Bundesregierung. Arbeit zu haben, bedeutet persönliche Unabhängigkeit und Selbstbestätigung. Sie ist fundamental für die Selbstverwirklichung der meisten Menschen in unserer Arbeitsgesellschaft. Mit 100 Millionen Euro für das Programm ‚Initiative Inklusion' wird die Bundesregierung für mehr Beschäftigung von Menschen mit Behinderungen sorgen".

Armins Zuversicht schwoll an wie ein wohltemperierter Hefeteig. Mit der Rückendeckung so mächtiger Argumente dürfte es ihm nicht schwerfallen, potentielle Arbeitgeber in eigener Sache zu überzeugen. Neugierig verfolgte er den Text weiter:

„Behinderung ist nicht heilbar. Sie ist integraler Bestandteil der Persönlichkeit behinderter Menschen und verdient Respekt. Behindernde Strukturen und behinderndes Verhalten aber sind heilbar. Die Therapie lautet: Inklusion. … Die Bundesregierung hat sich das Ziel gesetzt, Diskriminierungen von Menschen mit Behinderungen in allen Lebensbereichen zu unterbinden und wirksam zu bekämpfen".

Na also! Es tat sich endlich etwas in unserem Land. Die Zukunft erschien gar nicht mehr so düster wie noch einige Wochen zuvor. Armin würde die streitbare Bundesregierung nach besten Kräften unterstützen und kämpferisch für Inklusion eintreten. Jeder Verfechter sozialer Gerechtigkeit würde dem Staat willkommen sein! Von nun an würde es nicht mehr so leicht sein, Menschen wie ihn abzuweisen. Er erkor den Song „I will survive" von Gloria Gaynor zu seinem persönlichen Schlachtruf. Armin war sich sicher: das nächste Jahr würde die Wende zum Besseren bringen. Eines jedoch hatte er außer Acht gelassen: die Eigenart von Menschen im Autismus-Spektrum, Gelesenes oder Gehörtes wörtlich und vertrauensvoll für bare Münze zu nehmen. Da sie nicht zur bewussten Lüge fähig sind, gehen sie davon aus, dass alle anderen Menschen ebenfalls die Wahrheit sagen. Für die vom Volk gewählten Regierungsmitglieder sollte das in ganz besonderer Weise zutreffen – glaubte Armin. Doch Glaube allein reicht nicht aus, um Berge zu versetzen. Die Berge müssen auch versetzt werden wollen.

Der Kampf gegen Windmühlen (2012)

Armins Frau, die seine Ambitionen stets nach Kräften förderte und unterstützte, war auch jetzt wieder aktiv geworden. Sie bestärkte Armin darin, sich erneut am Großen Klinikum auf eine freie Stelle zu bewerben. Da die fachlichen Anforderungen seiner beruflichen Erfahrung wie auch seiner Ausbildung recht gut entsprachen, schrieb er eine Bewerbung. Er verzichtete allerdings darauf, die Art seines Handicaps offenzulegen. Prompt bekam er eine Einladung zum Vorstellungsgespräch. Ein ehemaliger Kollege seiner Frau, nun mit der professoralen Würde bekleidet, sowie ihr ehemaliger Chef führten das Interview. Obwohl die Stelle nicht schlecht zu seinem beruflichen Profil gepasst hätte, bekam er einen ablehnenden, mit den üblichen Textbausteinen verbrämten Bescheid. Armins Frau, die sich nicht mehr mit solchen Floskeln abspeisen ließ, wollte es diesmal aber genau wissen. Sie entlockte ihrem Ex-Kollegen in einem vertraulichen Telefonat zunächst nur, dass Armins fachliche Eignung keinesfalls in Zweifel gezogen würde. Auf ihr hartnäckiges Insistieren, weshalb Armin dann nicht in die engere Wahl gezogen werde, rückte der Mann mit der eigentlichen Erklärung heraus: Man schätze Armin für den Job als „zu hölzern" ein. Die Art, wie Armin angeblich auf andere Menschen wirkt, schien also mehr Gewicht zu haben als die fachliche Eignung. Die Chance, die beanstandete Äußerlichkeit mit Armins neu entdeckter Besonderheit zu erklären, war aber vertan. Letzten Endes würde es wahrscheinlich keine Rolle gespielt haben, ob das Holz autistischer oder neurotypischer Natur war. Wer einen geschmeidigen Aal sucht, wird einen knochigen Stör nicht akzeptieren.

Eine weitere Gelegenheit auf eine anspruchsvolle Stelle schien sich im Jahr 2012 zu bieten. Auf einem Unternehmertag mit

Expertenforum über Autismus hatte Armin den Gründer von *Auticon*[70] kennengelernt. Die IT-Firma hatte die mentale Eignung mancher Autisten für die Prüfung von Computersoftware erkannt. Deshalb suchte sie nun konsequent und gezielt nach Kandidaten mit diesem speziellen Talent. Armin erhielt eine Einladung, zusammen mit einigen anderen Bewerbern an einem eintägigen Eignungstest teilzunehmen. Obwohl er sich auf dem Gebiet der Informations- und Datenverarbeitung selbst für nicht besonders kompetent hielt (in seinen „Diagnosen" waren ihm eher überdurchschnittliche Stärken im Sprachverständnis attestiert worden), nahm er an dem Test teil, den zwei Mitarbeiterinnen der Berliner Autismusambulanz begleiteten. „Man kann ja nie wissen", dachte er sich. Doch offenbar reichten seine IT-kompatiblen Fähigkeiten als wort- und textorientierter Denker nicht aus, um sich auf eine Stelle als Softwaretester Hoffnungen machen zu können. Schade, da hatte er nun schon das „passende" Syndrom, aber leider nicht die passende Denksprache[71]. Verwunderlich war das nicht, denn Autismus bedeutet ja mitnichten, dass sich alle Betroffenen in ihren Stärken und Defiziten gleichen wie ein Ei dem anderen. Die Stärken und Schwächen, die Menschen im Autismus-Spektrum auszeichnen, sind so vielgestaltig und verschiedenartig wie diese Menschen selbst. Doch der Stereotyp von der autistischen Einheitsschablone saß offenbar unverrückbar in den Köpfen der meisten neurotypischen Mitmenschen fest. Aus diesem Grund wollte Armin durch Vorträge und Aufsätze dazu beitragen, mit dem in der Gesellschaft verbreiteten, simplifizierenden Kanner-Asperger-Dualismus und dem „Rain Man"-Klischee aufzuräumen. In seinem speziellen Falle hätte er sich aber doch insgeheim ein wenig von den erstaunlichen Fähigkeiten des Rain Man gewünscht.

Als Entschädigung für diesen Misserfolg schien die ungewöhnlich positive Resonanz auf seine zahlreichen Bewerbungsschreiben das Verlangen seiner Coaches am BTZ nach „kleineren Brötchen" Lügen zu strafen: die 103 Anschreiben, die er von August 2011 bis Juli 2012 verschickt hatte, bescherten ihm einen vollen Terminkalender. Immerhin fünfzehn Einladungen aus allen Regionen Deutschlands flatterten auf seinen Schreibtisch. Universitäre und außeruniversitäre Forschungseinrichtungen sowie ein pharmazeutisches Unternehmen gewährten ihm Audienzen! Selbst dem Bundeskriminalamt durfte er nach pingeligen Sicherheits-Checks seine Aufwartung machen. Nach Ansicht von Jobtrainern stellt eine fünfzehnprozentige Erfolgsquote eine hervorragende, ja eine überdurchschnittliche Ausbeute dar. Das konnte kein Zufall sein! Armin war felsenfest davon überzeugt, dass zumindest eines der Gespräche zum erhofften Erfolg führen würde. Doch es kam anders. Absage folgte auf Absage. Dabei spielte es keine Rolle, ob er sein Handicap zuvor neutral thematisiert hatte oder nicht. Das Resultat war stets gleich enttäuschend. Mehrere tausend strapaziöse Kilometer mit dem Auto und mit der Bahn, unter anderem nach Saarbrücken, Braunschweig, Hannover, Wiesbaden, Köln, Pirmasens, Münster, Borstel, Kleve, Heidelberg und in die mitteldeutsche Region waren – teils unter widrigsten, winterlichen Witterungsverhältnissen zurückgelegt – für die Katz. Sogar eine Unterbrechung des Familienurlaubs hatte Armin zugunsten eines Vorstellungsgesprächs in Kauf genommen, nur um unverrichteter Dinge und wütend wieder an seinen Urlaubsort zurückzukehren: der Interviewer hatte den Termin schlicht verbummelt. Man beraumte zwar einen Nachholtermin an, doch die obligatorische Absage folgte auf dem Fuße. Die doppelten Fahrtkosten waren selbstverständlich nicht erstattet worden. Wieder begann eine Runde des Zweifelns, des Hinterfragens und des nächtlichen Grübelns. Was hatte er trotz des Bewerbungstrainings, trotz der sorgfältigen, ja akribischen Vorbereitung falsch gemacht? Was hatte er nicht, was andere haben? Sogar ein fiktives Vorstellungsgespräch hatten seine Coaches am BTZ mit einer Videokamera aufgezeichnet. Das mitgeschnittene Interview war hinsichtlich Gesprächsstrategie, Mimik und Gestik gründlich analysiert worden. Was also hatte den Ausschlag für die Kette von Absagen gegeben? War es ein allgemeiner Abwehrreflex gegen behinderte Menschen? War es die Sorge um den Betriebsfrieden, den „so einer" wie er stören könnte? War es seine Vita mit ihren auffälligen Kehrtwendungen und Brüchen? War es sein fortgeschrittenes Alter? Waren die angeblich offenen Stellen, wie oft gemunkelt wird, zum Zeitpunkt der Ausschreibung bereits besetzt gewesen? Oder war es vielleicht doch so, dass Bewerber mit Handicap nur *pro forma* zum Vorstellungsgespräch eingeladen werden, um einer gesetzlichen Bestimmung Genüge zu tun? Einerlei, welchen Schluss man daraus zog: es war und blieb eine ernüchternde, ja eine niederschmetternde Bilanz. Ob sie besser ausgefallen wäre, wenn die psychologische Betreuerin des BTZ an den Interviews teilgenommen hätte, lässt sich im Nachhinein natürlich nicht beurteilen. Diese Option hätte bestanden, doch Armin hatte bewusst darauf verzichtet. Er wollte nicht den Eindruck eines seelischen Krüppels erwecken, der nicht für sich allein sprechen kann.

Das zuvor aufgekeimte Pflänzchen Hoffnung wäre eingegangen, wenn sich nicht doch noch eine Chance ergeben hätte, zum Ende der Maßnahme eine Teilzeitstelle als Honorardozent an einer Sozialpflegeschule im Umland seines Wohnortes anzutreten. Anscheinend waren für den Hygiene- und Chemieunterricht an dieser Schule für Erwachsene keine besonderen pädagogischen Nachweise vonnöten. Der Schulleitung genügten Armins Ausbildung, seine Zeugnisse, seine berufliche Erfahrung, die Lehrgenehmigung der zuständigen Bildungsagentur sowie ein polizeiliches Führungszeugnis. Da er nach Ansicht der Schuldirektorin für eine spätere Festanstellung bereits „einen Fuß in der Tür" hatte, sagte er sofort zu. Den Fuß würde er nun nicht mehr leichtfertig aus der Tür nehmen. Zwar war wegen des einen Tages in der Woche, an dem er zu unterrichten hatte, nach Abzug der nicht erstattungsfähigen Fahrtkosten nur ein bescheidenes Honorar zu erwarten, es half jedoch wenigstens seiner Frau beim Wirtschaften. Ironie des Schicksals: Nun war Armin, der einst schlechte Erfahrungen mit Lehrern gemacht hatte, selbst einer geworden.

Ein vollwertiger Arbeitsplatz wäre ihm und seiner Frau natürlich lieber gewesen, doch wenn seine Rehabilitationsmaßnahme nicht völlig ergebnislos zu Ende gehen sollte, musste er dieses bescheidene Resultat akzeptieren. Kleine Brötchen sind erst mal besser als gar keine und sein Fuß stand ja schwer wie Blei in der Tür. Auch wenn der zwölfmonatige Bewerbungsmarathon am BTZ zu keinem besseren Ergebnis geführt hatte, ein kleiner Trost war geblieben: Armin hatte sich durch die Maßnahme wieder für ein paar Monate einen Anspruch auf ALG I erworben. Seinem unbedingten Wunsch nach sozialversicherungspflichtiger Lohnarbeit standen jedoch nach wie vor seine schwindenden Chancen auf dem Arbeitsmarkt entgegen. Welche Auswege aus dem anscheinend unauflösbaren Dilemma konnte es noch geben? Die Selbstständigkeit war keine ernsthafte Option mehr, auch wenn man in der Agentur für Arbeit oder im Jobcenter die „Kunden" gerne damit ködert, um die Arbeitslosenstatistik im Allgemeinen und die Leistungsbilanz der Betreuer im Besonderen aufzupolieren. Diese Variante der Arbeitsbeschaffung hatte ihn und seiner Familie bereits zu große Opfer gekostet. Doch da lag ja noch das Konzept eines Autismus-Informationsdienstes (AID) in der Schublade. Armin hatte es am BTZ so ganz nebenbei nach dem Vorbild des Heidelberger Krebs-Informationsdienstes (KID) ausgearbeitet. Wo immer er die Idee einer wissenschaftlich validierten Auskunftei zum Thema Autismus auch präsentierte, stets war ihm lebhafte Zustimmung gewiss. Der Moderator einer Autismus-Internetplattform meinte gar, ein AID könne „das große Problem vieler Eltern ohne Orientierung lösen". Er empfahl Armin sofort einen Wissenschaftler an einer Fachhochschule im Münsterland zu kontaktieren, um ihn für dieses Projekt zu gewinnen.

Bedarf an wissenschaftlich validierten Informationen über Autismus war zweifellos vorhanden. Im Internet wimmelt es nur so von halbgaren oder falschen Einträgen, meist aus zweifelhaften Quellen. Nicht selten gaben sie nur die persönliche Meinung der jeweiligen Autoren wider. Doch wie ließ sich die Idee am besten realisieren, wie ein funktionierender AID ins Leben rufen? Eines war klar: ohne eine Trägerinstitution, die über die geeignete Infrastruktur und über das nötige Kapital verfügt, war an eine professionelle Umsetzung nicht zu denken. Schließlich sollte ja eine bezahlte

Stelle für Armin dabei herausspringen. Er dachte unter anderem an die Unterstützung durch Stiftungen. Sie verfügen sowohl über das nötige Geld als auch über politischen Einfluss in Kreisen, die ihm nicht ohne weiteres zugänglich sind. Sein Konzept sah zudem vor, langfristige Bundesmittel zu akquirieren. Darüber hinaus beabsichtigte er, geeignete Unternehmen durch Vorbilder wie *Auticon*, *Specialisterne*[72] und *Asperger AG*[73] vom Potenzial autistischer Mitarbeiter (nicht nur im IT-Bereich) zu überzeugen. Die Aussicht, mit Hilfe autistischer Fähigkeiten Gewinne zu erzielen, würde die Bereitschaft steigern, Geld- oder Sachmittel in das Projekt zu investieren. Er glaubte, eine inklusive Gesellschaft könne gar nicht anders, als sein Projekt zu unterstützen.

Doch zuvor galt es, Verbündete zu finden. Ohne die Befürwortung und ohne die Mitwirkung ausgewiesener Fachleute würden kaum Geldgeber oder Förderer zu gewinnen sein. Ohne wissenschaftlichen Rückhalt hätte Armin als „Fachfremder" auf verlorenem Posten gestanden. Private Einzelkämpfer ohne Einfluss und Lobby sind in der Regel macht- und chancenlos. Das hatte er aus der Beobachtung des industriell-wissenschaftlichen Komplexes gelernt. Ideen von Außenseitern werden allzu oft nur deshalb abgelehnt oder ignoriert, weil den Etablierten die Erleuchtung nicht selbst zuteil geworden war. Es war sogar schon vorgekommen, dass man die Urheber schlicht überging, sich deren geistiges Eigentum flugs zu eigen machte und sie dann ungeniert um den ihnen zustehenden Anteil des Gewinns oder der Ehre prellte. Armin ahnte, dass „das Business" wesentlich perfider sein konnte, als er geglaubt hatte. Der Begriff „Marktmacht" bekam einen bedrohlichen Unterton, der ihm ganz und gar nicht behagte. Aus diesem Grund verschickte er seine Projektskizzen an ausgewählte wissenschaftliche Institute unter einem gewissen Vorbehalt. Das Risiko, zum zweiten Mal schamlos ausgebootet zu werden, ließ sich eben nie gänzlich vermeiden (vgl. Kap. *Bewerben! Bewerben! Bewerben!*).

Was soll man sagen? Alle angeschriebenen Institutionen antworteten auf seine Offerte. Das Marburger Universitätsklinikum hielt einen zentralen AID zwar für nützlich und sinnvoll, bedauerte aber, weder über die Gelder noch über die Möglichkeit zu verfügen, für Armin „innerhalb des Stellenkontingents ein geeignetes Arbeitsverhältnis zu initiieren". Man bedauere, ihn diesbezüglich nicht unterstützen zu können. An der Freien Universität Berlin hielt man das Konzept ebenfalls „grundsätzlich für sehr gut", empfahl ihm jedoch, woanders dafür zu werben. Ein Verzeichnis aller Autismusforscher Deutschlands war praktischerweise gleich angefügt. Zwei weitere, von Armin kontaktierte Institute, signalisierten hingegen ernsthaftes Interesse: der Fachbereich Sozialwesen der Fachhochschule Münster und das Institut für Rehabilitationspädagogik der Universität Halle/Wittenberg. Na also, ging doch!

Die Münsteraner bestätigten, dass es in der Bundesrepublik „an fundierten und wissenschaftlich abgesicherten Informationen zu den Autismus-Spektrum-Störungen" mangele, „selbst im therapeutischen Bereich". Man könne sich eine fachliche Mitwirkung an seinem Vorhaben sehr gut vorstellen. In Halle an der Saale fand man seine Ideen ebenfalls nicht nur „sehr interessant", man war auch „an einer Zusammenarbeit interessiert". Ähnlich äußerte sich der Bundesverband Autismus Deutschland e. V.[74] in Hamburg. Als Standorte waren sowohl die Universität Halle/Wittenberg als auch die FH Münster geeignet. An beiden Einrichtungen hätte man Armin einen Arbeitsplatz inklusive Hardware zur Verfügung stellen können. Die FH Münster beschäftigte nach eigenen Angaben sogar bereits einen durch Lohnkostenförderung finanzierten Mitarbeiter. Man hatte also bereits Erfahrung mit diesem Förderinstrument. Beide Institute verheimlichten jedoch nicht, dass ihnen die Eigenmittel fehlten, um ein so ambitioniertes Projekt vollumfänglich und ohne öffentliche Fördergelder auf Dauer zu realisieren. Das hatte Armin auch nicht erwartet. Deshalb sann er auf Abhilfe.

Auf der Suche nach einer Lösung dieses schwierigen Problems hatte Armin im Arbeitgeber-Service für schwerbehinderte Akademiker der ZAV[75] einen stets geduldigen Ansprechpartner und unermüdlichen Helfer gefunden. Die Institution war ihm von einem Autisten, mit dem er auf einer Internetplattform für Unternehmer und Selbstständige in Kontakt stand, empfohlen worden. Das Werken im Netz schien also durchaus von Nutzen zu sein. In der ZAV hörte man sich Armins Vorschläge geduldig an, sondierte und prüfte mehrere finanzielle Fördermöglichkeiten auf ihre Machbarkeit. Anschließend ließ der Service seine weitreichenden Kontakte spielen. Mit der Zeit entwickelte sich zwischen Armin und seinen diversen Ansprechpartnern ein geschäftiger, elektronisch abgewickelter Schriftverkehr, in dessen Verlauf verschiedene Geschäftsmodelle in Erwägung gezogen wurden.

Trotz dieser sehr zeitaufwändigen Recherchen und Korrespondenzen durfte Armin die zum nutzlosen Ritual verkommene Stellensuche auf gar keinen Fall vernachlässigen. Die Agentur für Arbeit akzeptiert nur das unverdrossene Produzieren ganzer Stapel von Bewerbungsschreiben. Nur sie werden als messbare Leistung anerkannt. Alles andere war dagegen nichts weiter als ein „netter Versuch". Dennoch unterzog sich Armin der Mühe, die Stellenausschreibungen nach strikt strategischen Gesichtspunkten auszuwählen. Da hatte zum Beispiel die Universität seiner Stadt im Rahmen eines Pilotprojektes ein „postgraduales Qualifikationsprogramm für Akademiker zum Quereinstieg in den Lehrerberuf" aufgelegt. Der katastrophale Lehrermangel an den öffentlichen Schulen des Landes schien in der Agentur für Bildung endlich genügend Leidensdruck entfaltet zu haben, um zu handeln. Das ambitionierte Ziel des Projektes war, „Personen mit einem fachwissenschaftlichen Universitätsabschluss für eine Umorientierung auf den Lehrerberuf zu gewinnen und mit dem für eine erfolgreiche Lehrtätigkeit erforderlichen erziehungswissenschaftlichen, psychologischen und didaktischen Wissen und Können zu versehen". Armin wurde hellhörig. Wenn sich die Initiatoren – vom Lehrernotstand getrieben – die Mühe machten, derartige Sätze zu konstruieren, dann musste auch Substanz dahinterstecken. Kurz und gut: er startete einen zweiten Versuch, in den Genuss dieser Lehramtsausbildung zu kommen. Leider konnte seine Bewerbung für das angelaufene Programm wegen der bereits überschrittenen Deadline nicht mehr berücksichtigt werden. Das war bedauerlich, aber leider nicht zu ändern. Die Initiatoren trösteten ihn aber mit dem Rat, sich für die zweite Runde zu bewerben, die wegen des enormen Bewerberandranges sicherlich ausgeschrieben werden müsse. Die Plätze seien heißbegehrt. Allein im ersten Durchgang hätten sich 250 Interessenten um die 39 angebotenen Plätze beworben. Allerdings ist es nicht mehr zu der zweiten Runde gekommen. Ende 2014 ist das Projekt sang- und klanglos, wohl auch wegen mangelnder finanzieller Unterstützung durch die Landesregierung, eingestampft worden.

Armin setzte nun seinen Schwerbehindertenstatus ganz bewusst als Mittel zum Zweck ein. Es musste ja einen Grund haben, weshalb Menschen mit Handicap in allen Stellenausschreibungen ausdrücklich zur Bewerbung aufgefordert werden. Hatten sich die Arbeitgeber allmählich mit dem Inklusionsgedanken angefreundet? Von nun an nannte Armin in seinen Bewerbungen die Art seiner „Behinderung" zwar beim Namen, versäumte jedoch nie, gleichzeitig auf seine Stärken hinzuweisen. Gewissenhaftigkeit, Sorgfalt und Geduld, hohes Durchhaltevermögen bei interessanten Aufgaben, Genauigkeit, Interesse für Details und Zusammenhänge sowie ein sehr gutes schriftliches Ausdrucksvermögen sind schließlich Eigenschaften, die im Allgemeinen wertgeschätzt werden. Es kamen gleichwohl nur Absagen. Die generell verbreitete Defizitorientierung erwies sich wieder einmal als größter Hemmschuh. Die Softwarefirma SAP sollte ein Jahr, nachdem sie ihm einen ablehnenden Bescheid geschickt hatte, weltweit nach hochfunktionellen Autisten für den IT-Bereich suchen. Welch Ironie! Da der Weg über reguläre Bewerbungen zur Sackgasse geworden war, beschloss Armin, dort nach Unterstützung für sein Anliegen zu suchen, wo man vorgab, sich um die Belange von Menschen mit Behinderung zu kümmern. Der lange Marsch durch die Instanzen hatte begonnen.

Von Pontius zu Pilatus (2013)

Der anhaltende Misserfolg stürzte Armin Anfang 2013 erneut in eine Depression. Wieder musste er sich in ärztliche Behandlung begeben, um seiner Familie durch seine schlechte Laune nicht noch mehr auf die Nerven zu gehen. Dieses Mal wurde er in der Autismusambulanz therapiert. Davon versprach er sich Vorteile, denn schließlich war er dort kein Unbekannter und musste dem Arzt nicht erst erklären, was Autismus ist[76]. Behandelt wurde er jedoch von einem jungen Mediziner, der Armin und seine Vorgeschichte noch nicht kannte. Er verordnete ihm Mirtazapin.

Mit der gemütsaufhellenden Droge versorgt, fuhr Armin mit seiner Frau an einem schönen Frühlingstag Anfang März mit dem Zug nach Hamburg. Ein lange zuvor vereinbarter Termin bei Autismus Deutschland e. V. stand auf dem Programm. Zusammen mit einem Vertreter vom Arbeitgeber-Service für schwerbehinderte Akademiker sollte ausgelotet werden, ob und wie sich der Verein in das Projekt AID einbringen konnte. Im Laufe des Gesprächs wurde leider deutlich, dass Autismus Deutschland aus rechtlichen und organisatorischen Gründen als Partner nicht in Frage kam. Außer formalen Gründen schienen auch gewisse gegenseitige Vorbehalte zwischen der Vereinsführung und den von Armin angesprochenen Wissenschaftlern eine Rolle zu spielen. Während des abschließenden Geplauders fragte man Armin, weshalb er sich den ganzen Stress eigentlich antue. Statt sich zu plagen solle er doch lieber Erwerbsunfähigkeitsrente beantragen. Dann hätte er seine Ruhe und könne endlich sein vor sechs Jahren begonnenes Buch zu Ende schreiben. Ob er darüber schon nachgedacht habe? Verblüfft über diesen unerwarteten Vorschlag versprach Armin, diese Option zu prüfen.

Kaum wieder zuhause, vereinbarte er einen Termin beim Rentenversicherungsträger. Dessen Analyse ergab jedoch, dass der Schritt in die EU-Verrentung mit erheblichen finanziellen Einbußen einhergehen würde. Durch seine lückenhaft eingezahlten Beiträge in die Rentenkasse durfte Armin ohnehin nur mit einer eher mageren Rente zwischen 300 und 400 Euro rechnen. Diese würde bei vorzeitiger Inanspruchnahme durch einen saftigen Abschlag noch weiter geschmälert werden. Was ihm nach Abzug der Fixkosten wie Miete, Steuer und Versicherungen noch im Portemonnaie bliebe, mochte er sich lieber nicht ausrechnen. Die Analyse hörte sich zu sehr nach Altersarmut mit Ansage an. Wenn dieses Horrorszenario nicht Wirklichkeit werden sollte, durfte kein Weg mehr an einem versicherungspflichtigen Arbeitsverhältnis vorbeiführen. Der Rentenversicherungsträger war deshalb geneigt, ihm eine zweite Maßnahme zur Teilhabe am Arbeitsleben zu gewähren, falls, ja falls Armin sich bereit erkläre, Abstriche an seinen „überzogenen Vorstellungen von einem Arbeitsplatz" vorzunehmen. Da die sehr unregelmäßig eingehenden und in der Höhe unterschiedlichen Dozentenhonorare der Sozialpflegeschule die Ausgaben bei weitem nicht kompensierten, beschloss er, sich erneut auf eine solche Maßnahme einzulassen, auch wenn das bedeutete, sich erneut auf einen mühseligen Bewerbungsmarathon zu begeben. Seinen kurzfristigen Anspruch auf ALG I hätte er zur Jahresmitte ohnehin verloren. Der Rentenberater empfahl ihm deshalb, einen Antrag auf Arbeitslosengeld II zu stellen, um die Zeit bis zum Beginn der neuen Maßnahme im Herbst mit der staatlichen Segnung namens „Hartz IV" zu überbrücken. Der Haken an der Sache war nur, dass ALG I, ALG II und auch das Überbrückungsgeld stets auf der Grundlage der jeweils zuletzt gewährten Leistung berechnet, die Segnungen mithin ständig kleiner werden. Somit war das Einkommen seiner Familie, will sagen: seiner „Bedarfsgemeinschaft" einem negativem Wachstum unterworfen. Armin musste es mit der neuen Maßnahme endlich gelingen, aus dem Teufelskreis auszubrechen und die finanzielle Talfahrt mit einer ordentlich bezahlten Arbeit zu stoppen.

Die Kundenberaterin der Agentur, die über die Art seines Handicaps Bescheid wusste, gab Armin den gut gemeinten Rat, sein Einladungsschreiben einige Minuten vor Einlass an der Pforte des Jobcenters vorzuzeigen. Er dürfe sich dann unverzüglich in die für ihn zuständige Reha-Abteilung begeben. Dort könne er in Ruhe warten, bis er aufgerufen würde. Es gab jedoch keinen Pförtner, sondern lediglich eine Art Diskotheken-Zerberos[77], der Armins Ansinnen brüsk zurückwies. Stattdessen forderte er Armin und seine Frau, die ihn begleitete, ungalant auf, wie alle anderen „Hartzer" vor dem Gebäude zu warten. Der Termin sei mit Sicherheit um 8 Uhr und keine Minute früher! Armins geduldig vorgebrachter Hinweis, dass dies mit der Agentur für Arbeit so abgesprochen worden sei, überhörte er. Als Armin den Mann bat, seinen Namen zu nennen, erschien aus dem Hintergrund ein weiterer Wachmann. Als er auch diesen bat, ihm seinen Namen oder den seines Vorgesetzten zu nennen, trat ein dritter Aufseher hinzu. Alle drei weigerten sich, die gewünschte Auskunft zu erteilen. Stattdessen umzingelten die bulligen Türsteher den aufdringlichen Gast in einer Körperhaltung, deren geballte Kraft nichts Gutes ahnen ließ. Nach Armins Rechtsauffassung hätte das Wachpersonal seiner Bitte nach Namensnennung oder nach Nennung des Vorgesetzten nachkommen müssen, zumal ihm die drei Muskelmänner unverblümt freigestellt hatten, sich zu beschweren. Als Armins Frau bemerkte, dass die Situation bedrohlich zu werden begann (sie sagte ihm anschließend, er habe gezittert), zog sie Armin aus der Gefahrenzone nach draußen. Die Namen würde man auch so herausfinden, versuchte sie ihn zu beruhigen. Sie suchte zwar noch einmal das Gespräch mit den Türstehern, jedoch ohne Erfolg. Die ließen sich nicht umstimmen. Der Begriff „Ermessensspielraum" kam in ihrem Wortschatz nicht vor. Da ihn Auseinandersetzungen wie diese emotional sehr unter Druck setzen, fühlte sich Armin anschließend nicht mehr in der Lage, sich auf ein sachliches Gespräch über seine berufliche Zukunft einzulassen. Seine Frau rief deshalb umgehend über die Servicenummer eine Mitarbeiterin des Jobcenters an und gab den Grund der Nichteinhaltung des Termins bekannt. Armin übersandte später seiner Kundenbetreuerin in der Agentur eine genaue Schilderung des Vorfalles. Er und seine Frau waren sich einig, keinen weiteren Antrag auf ALG II mehr zu stellen. Irgendwie würden sie bis zum Beginn der Maßnahme über die Runden kommen.

Kurz nach diesem unschönen Vorfall bat Armin um einen Termin in der Autismusambulanz. Infolge der Einnahme von Mirtazapin hatten sich um seine Taille herum mehrere Kilo unwillkommener Körpermasse angesammelt. Der behandelnde Arzt riet ihm, die Pfunde zu akzeptieren. Nebenwirkungen könnten auch Anzeichen dafür sein, dass das Medikament anschlägt. Im Übrigen solle er sich endlich mit seiner sozialen Situation abfinden, anstatt permanent dagegen anzukämpfen. Daraufhin brach Armin die Therapie ab. Einen positiven Effekt durch die Einnahme von Antidepressiva hatte er ohnehin nie so richtig feststellen können – mit oder ohne Nebenwirkungen. Mit dem Symptom wären ja die Ursachen mitnichten aus der Welt gewesen. Und von Jungmedizinern ohne nennenswerte Lebenserfahrung wollte er sich nicht die unausweichliche Schicksalshaftigkeit seiner Lebenslage einreden lassen. Armins Hausärztin, die dem Standpunkt ihres jungen Kollegen entschieden widersprach, schrieb Armin für sieben Wochen krank. Das war ehrlicher, als mit pharmazeutisch aufgehelltem Gemüt nach dem taoistischen Prinzip „nicht handeln, nicht einmischen, sondern geschehen lassen“ zu willfahren.

Gewarnt durch seine bisherigen Fehlversuche verfolgte Armin nun eine andere Strategie. Wenn er schon nicht aus eigener Kraft einen Job finden konnte, dann vielleicht mit Unterstützung des Schwerbehindertenvertreters der Universität. Wozu hatte er schließlich den Schwerbehindertenausweis in der Tasche? Gewiss nicht nur, um 50 Cent an der Kinokasse einzusparen. Der Schwerbehindertenvertreter schien von Armins „interessantem“ Lebenslauf und dem Projektentwurf für einen Autismus-Informationsdienst beeindruckt zu sein. Mehr noch: es stellte sich heraus, dass er den Arbeitgeber-Service für schwerbehinderte Akademiker bereits kannte, weil dieser schon zuvor wegen eines anderen Projekts mit dem Prorektor in Kontakt gestanden habe. Man kenne sich. Gerne würde er, der Schwerbehindertenvertreter, den Prorektor Ende Mai im Rahmen der nächsten Inklusionssitzung der Hochschulleitung über Armins „interessantes Projekt“ informieren. Inklusionssitzung! Bei diesem Wort wurde Armin hellhörig. Das klang schon mal ganz gut. Die langersehnte Chance schien zum Greifen nah.

Doch zunächst herrschte Funkstille. Als sich Armin im Juli nach dem Ergebnis des Gesprächs im Rahmen der Inklusionssitzung erkundigte, teilte ihm der Schwerbehindertenvertreter lediglich mit, dass er krankheitsbedingt nicht hatte daran teilnehmen können. Er habe aber eine Kollegin beauftragt, ihn auf die Tagesordnung der nächsten Sitzung zu setzen. Er würde sich sehr freuen, wenn Armin die Gelegenheit erhielte, seine Projektidee in der Arbeitsgemeinschaft Inklusion dem Prorektor für Universitätsplanung persönlich vorzutragen. Die Sitzung fände voraussichtlich im September statt. Armin hätte sich selbstverständlich am meisten gefreut, wenn es dazu gekommen wäre. Doch es oktoberte bereits deutlich, ohne dass man ihn in dieser Angelegenheit kontaktierte. Der Faden wurde einfach nicht mehr aufgenommen. Mit der ernsthaft gewollten Inklusionsbereitschaft konnte es also selbst in universitären Gremien, die sich mit Inklusion befassen, nicht weit her sein. Die Erkenntnis, dass man ihm immer wieder die Unwahrheit sagte (oder er die Dinge falsch verstand), setzte Armin schwer zu.

Enttäuscht wegen der vielen Monate, die nutzlos ins Land gegangen waren, informierte er den Schwerbehindertenvertreter über seine im September beginnende Reha-Maßnahme. Vorsichtig erkundigte er sich, ob es wenigstens möglich sei, sein Projekt mit einem vom Rentenversicherungsträger finanzierten Praktikum an einem Institut der Hochschule, am Großen Klinikum oder an der Universitätsbibliothek, zu verknüpfen. Wenn die UN-Behindertenrechtskonvention von 2009 schon nichts ausrichten könne, dann vielleicht eine in Aussicht gestellte Lohnkostenförderung. Das habe ja schon einmal funktioniert. Als Antwort erhielt er die

Anschriften einer ganzen Reihe von Schwerbehindertenbüros, bei denen er sich erkundigen solle, denn – das hatte Armin so nicht erwartet – da sich jede der genannten universitären Einrichtungen eigenständig verwaltet, leistet sich jede ihr eigenes Schwerbehindertenbüro. Darauf muss man erst mal kommen!

Zunächst wandte sich Armin an den „Beauftragten für Schwerbehindertenangelegenheiten des Arbeitgebers Universität". Eine namhafte Hochschule sollte eine überaus kompetente Dienststelle für die Anliegen schwerbehinderter Menschen besitzen, dachte Armin. Doch obwohl sich der mit dieser wichtigen Aufgabe betraute Mann durch Verständnis für Armins Lage auszeichnete, endete das Gespräch ernüchternd. Mehr als ihn über den gegenwärtig verhängten Einstellungsstopp und über den chronischen Kapitalmangel an der Universität aufzuklären, vermochte er nicht. Dafür gab er Armin den Rat, sich an den Integrationsfachdienst zu wenden. Ob der etwas tun könne, wisse er aber nicht.

Den nächsten Termin vereinbarte Armin mit einer Mitarbeiterin der Universitätsbibliothek, ihres Zeichens „Mitglied in der Hauptschwerbehindertenvertretung beim Ministerium für Wissenschaft und Kunst". Armin zweifelte nicht, dass er es diesmal mit einer mit echter Kompetenz ausgestatteten Entscheiderin zu tun hatte. In Wahrheit verbarg sich hinter dem Titel wieder nur ein Papiertiger, ein zahnloser obendrein. Die freundliche Dame gab sich dennoch alle Mühe, Armin die wenigen, kärglich bezahlten Beschäftigungsmöglichkeiten in der Kopierabteilung oder in der Registratur der Bibliothek aufzuzählen. Immerhin erfüllte diese Beschäftigung mühelos die amtliche Vorgabe nach „kleinen Brötchen". Da aber eine Festeinstellung nahezu ausgeschlossen sei, gab die ministeriale Hauptschwerbehindertenvertreterin Armin den Rat, sich beim Personaldezernenten um ein Praktikum zu bewerben. Außerdem gäbe es noch die Möglichkeit, sich – wer hätte das gedacht? – an den Integrationsfachdienst zu wenden. Ob das etwas bringe, könne sie aber nicht versprechen.

Der nächste auf Armins Liste war eben jener Sachbearbeiter am Dezernat Personal. Artig hatte er ihm seinen Lebenslauf sowie eine Anfrage nach einem Praktikumsplatz übermittelt. In seinem Antwortschreiben wies der Sachbearbeiter darauf hin, dass grundsätzlich die Möglichkeit bestehe, „die [Universität] im Rahmen eines unentgeltlichen Praktikums kennenzulernen". Dass Armin die Universität kennenzulernen bereits mehr als einmal die Ehre gehabt hatte, war seiner Aufmerksamkeit beim Lesen des Lebenslaufs wohl entgangen. Oder er maß diesem Umstand schlicht keine Bedeutung bei. Stattdessen fühlte er sich bemüßigt, Armin unmissverständlich darauf hinzuweisen, „dass ein Praktikum keinen Anspruch auf ein Beschäftigungsverhältnis" begründe. Damit Armin es auch ja nicht missverstehe, fügte er in seinem kruden Kanzleideutsch hinzu, dass „der Übernahme in ein Beschäftigungsverhältnis mit Abschluss eines Praktikumsvertrages widersprochen werde". Im Übrigen könnten „Initiativbewerbungen leider nicht berücksichtigt werden". Nachdrücklicher kann man jemandem, die Form halbwegs wahrend, kaum zu verstehen geben, dass sein Ersuchen nach Beschäftigung unerwünscht ist. Überhaupt hatte Armin den Eindruck, dass die so genannten Schwerbehindertenvertreter eher die Interessen ihres Arbeitgebers vertreten als den ihrer Klientel. Schwerbehinderte, denen nach dem Gesetz ein Nachteilausgleich zusteht, werden – dieser Eindruck drängt sich einem auf – nur in glücklichen Ausnahmefällen eingestellt, gewissermaßen wenn es gerade opportun oder wenn es sich wirklich nicht vermeiden lässt. Anders formuliert: gerade diejenigen, die auf solidarische Unterstützung der Gesellschaft angewiesen sind, werden früh aus dem Erwerbsleben gedrängt oder erhalten vorsorglich erst gar nicht die Chance, daran teilzuhaben. Von seiner ZAV-Kontaktfrau hatte Armin erfahren, dass die Ausgleichskassen in den Integrationsämtern stets gut gefüllt sind. Die meisten Unternehmen kaufen sich von der gesetzlichen Verpflichtung, fünf Prozent behinderte Angestellte zu beschäftigen, einfach frei. Armin begann zu ahnen, dass das Prinzip Inklusion noch Lichtjahre von seiner Verwirklichung entfernt ist. Statt es anzunehmen und umzusetzen wird es ignoriert, totgeschwiegen, als multikulti-Teufelszeug bekämpft oder als unwillkommener Kostenverursacher madig gemacht.

Armin ersparte sich den Gang zu jener dritten Schwerbehindertenvertretung, die für die Autismusambulanz als Funktionsbereich des Großen Klinikums zuständig ist. In der Ambulanz hatte er ohnehin einen hinreichenden Bekanntheitsgrad erlangt und musste sich nicht erst umständlich erklären. Er schlug der Leitung deshalb auf dem kleinen Dienstweg vor, ihn im Rahmen eines Praktikums zum Schulbegleiter für autistische Kinder ausbilden zu lassen. Ein Praktikum sei machbar, hieß es in der vorsichtig formulierten Antwort, doch bei „Stellen ohne Qualitäts-, Leistungs- und Rentabilitätsnachweis" sähe es gar nicht gut aus. Es würden „keine Stellen geschaffen oder genehmigt, die für das Große Klinikum fraglich refinanziert und ein finanzielles Risiko beinhalten". Man könne allenfalls nach „Arbeitsgebieten suchen, die personell nicht abgedeckt" seien und die zu Armins Fähigkeiten passten. Möglicherweise würde sich so eine Art „fingierte" Stellenbeschreibung konstruieren lassen. Keine Frage, man gab sich redlich Mühe, aber der Würgegriff der restriktiven Personalpolitik des Großen Klinikums ließ kaum Spielräume für kreative Lösungen.

Nachdem sich Autismus Deutschland e. V. von dem Projekt Autismus-Informationsdienst zurückziehen musste, stand die Universität Halle/Wittenberg auf Armins Agenda an erster Stelle, gefolgt von der FH Münster. Überraschend hatte auch „seine" Autismusambulanz Interesse an einer Projektvorstellung signalisiert und ihn zu einem Vortrag eingeladen. Nahezu die gesamte Belegschaft der Ambulanz nahm daran teil. Da jedoch niemand von der Klinikleitung anwesend war, blieb neben der Versicherung, dass das Projekt „interessant" sei, nicht viel mehr als der schonend formulierte Hinweis, er möge sich bitte keine allzu großen Hoffnungen machen.

Während Armin für sein Projekt warb, waren zwei seiner drei Gesprächspartner ebenfalls nicht untätig geblieben (Münster war inzwischen aus dem Rennen). Wie sich herausstellte, war eine Förderung durch die Deutsche Forschungsgemeinschaft (DFG) nicht möglich, da es sich bei seinem Vorhaben um eine reine Dienstleistung handele, die DFG jedoch nur Forschungsvorhaben fördere. „Aktion Mensch", Deutschlands größte Förderorganisation, kam als Geldgeber ebenfalls nicht in Frage, da sie keine universitären Einrichtungen unterstützt. Fördermittel von „Aktion Mensch" wären nur möglich gewesen, wenn Autismus Deutschland der Hauptträger des Projektes gewesen wäre. Als alternatives Förderinstrument bot sich das Bundesministerium für Arbeit und Soziales (BMAS) an, das bereits das „Netzwerk Epilepsie und Arbeit" mit Bundesmitteln unterstützt hatte. Diese Option hätte eine großzügigere finanzielle Ausstattung des Projekts erlaubt und zumindest eine bescheidene Wachstumsperspektive eröffnet. Die Recherche nach aktuellen Daten, die regelmäßigen Updates, die Versorgung der Fragesteller mit validen Informationen sowie der Kontakt zu ausgewiesenen Autismusexperten würde auf längere Sicht sicher mehr als nur einen Mitarbeiter erfordern. Beherzt wurde ein Antragsentwurf formuliert, der immerhin eine halbe Million Euro für einen Zeitraum von drei Jahren und die Finanzierung von dreieinhalb Stellen vorsah. Armin konnte sich nicht vorstellen, dass sich ein chronisch an Geldmangel leidendes Institut eine solche Gelegenheit entgehen lassen würde. Ganz zu schweigen vom Prestigegewinn, der mit dem Projekt verbunden sein würde. Mit dem Antrag beim BMAS hätten sich seine Probleme jedoch mitnichten in Luft aufgelöst, denn eine Antragstellung war meistens eine quälend langwierige, ergebnisoffene Angelegenheit, die Jahre in Anspruch nehmen konnte. Doch wie die Gelder kurzfristig bis zur Bewilligung der Fördermittel beschaffen? Die Idee, Stiftungsgelder einzuwerben, wurde wieder aufgegriffen. Zudem sollte der Versuch unternommen werden, das Internationale Bildungs- und Sozialwerk e. V. in Iserlohn zu gewinnen. Armins Recherche ergab leider, dass ein non-profit-Projekt die Förderbedingungen vieler Stiftungen nicht erfüllen würde. Und hast du´s nicht gesehen: Ausgerechnet die Montag-Stiftung, die Armin vom Institut in Halle empfohlen worden war, ging auf seine Anfrage mit keinem Wort ein. Als Privatperson ohne offiziellen Status nahm ihn offensichtlich niemand so richtig ernst.

Der leidige Kampf um Fördermittel und anderweitige Unterstützung beanspruchte mittlerweile den größten Teil von Armins Zeit. Gemeinsame Unternehmungen mit seinem Kind oder mit seiner Frau litten zusehends darunter. Nebenher waren Initiativbewerbungen an regionale Forschungseinrichtungen zu verschicken – die ihm überraschend drei Einladungen zu Interviews bescherten. Es wurden die sonderbarsten Vorstellungsgespräche seiner an skurrilen Ereignissen reichen Laufbahn. Ein nahezu groteskes Gespräch entwickelte sich im Forschungszentrum für Regenerative Therapien: obwohl er sich ausdrücklich nicht auf eine ausgeschriebene Stelle, sondern initiativ um eine seinen Fähigkeiten und seinem Handicap entsprechende, im wissenschaftlichen Dienstleistungsbereich angesiedelte Tätigkeit beworben hatte, dankte man ihm im Einladungsschreiben für seine „application for the position of a Junior Group Leader"! Verbunden mit dem Dank war die Bitte, er möge einen Kurzvortrag über sein „current and future research work" halten. Offensichtlich hatten die Interviewer weder sein Anschreiben verstanden noch seinen Lebenslauf gelesen – oder umgekehrt. Sonst hätte ihnen nicht entgehen dürfen, dass er seit nunmehr fünf Jahren nicht mehr wissenschaftlich tätig gewesen ist und das auch zukünftig nicht beabsichtigte, schon gar nicht als Group Leader. Da schienen aus Bequemlichkeit vorgefertigte Textbausteine benutzt worden zu sein. Dem beim Vorstellungstermin anwesenden Schwerbehindertenbeauftragten war denn auch ob dieser Hemdsärmeligkeit der Kragen geplatzt. Sichtlich genervt hatte er von den Interviewern wissen wollen, wie genau sie die Bewerbungsschreiben, die auf ihrem Schreibtisch landen, überhaupt durchlesen. Peinlich berührt verabschiedete man Armin mit der Zusage, sich nach einer adäquaten Beschäftigung für ihn umschauen zu wollen. Unverbindlich, versteht sich. Wie nicht anders zu erwarten, schloss diese Farce wenig später mit einer elastisch formulierten Absage. Ähnliches hatte sich zuvor bei einem Vorstellungsgespräch an jenem Institut abgespielt, an dem Armin bereits von 2006 bis 2008 als wissenschaftlicher Mitarbeiter tätig gewesen war. Diese zwei

Fälle bestärkten Armin in seinem Verdacht, dass man Bewerber mit Handicap zwar pro forma einlädt, von vornherein aber nicht die Absicht hat, sie ernsthaft in Erwägung zu ziehen. Der Vollständigkeit halber sei erwähnt, dass auch seine anderen Bewerbungen zu nichts geführt hatten. Ein nachhaltiges Erfolgserlebnis, ein Platz auf dem Siegertreppchen war auch nach vier Jahren Suche weit und breit nicht in Sicht.

Zwischenzeitlich erreichte ihn die Aufforderung des Rentenversicherungsträgers, sich bei der 7(S) Bildung & Integration GmbH vorzustellen. Er sollte dort im Zuge einer zweiten Maßnahme zur Teilhabe am Arbeitsleben für ein halbes Jahr im Rahmen eines Computerkurses für Langzeitarbeitslose eine weitere Bewerbungsoffensive starten. Dieses Mal jedoch mit der strikten Auflage, gezielt nach Praktikumsplätzen in regionalen Unternehmen der Lebensmittelbranche Ausschau zu halten. Die Leitung der Einrichtung stellte Armin „bestenfalls eine Beschäftigung auf Facharbeiterniveau“ in Aussicht. Die Forderung nach dem „Backen kleinerer Brötchen“ schien an ihm zu haften wie klebriger Teig. Offenbar verlieren Ausbildung und bisherige Lebensleistung rapide an Bedeutung, wenn man auf der gesellschaftlichen und sozialen Rampe weit genug nach unten gerutscht ist. Zu Armins Unmut verlangte man von ihm, seine jeweils freitags wahrgenommene Lehrtätigkeit an der Sozialpflegeschule aufzugeben. Begründung: Eine „Vollzeitmaßnahme mit festen Anwesenheitsstrukturen [sei] von allen Teilnehmern gleichermaßen wahrzunehmen“, und zwar montags bis freitags ganztägig. Basta!

Typisch: „Kaum hat mal einer ein Bissel was, gleich gibt es welche, die ärgert das“ (Wilhelm Busch aus „Fipps, der Affe“). Behutsam und vorsichtig, um den amtlichen Unwillen nicht noch mehr aus der Reserve zu locken, führte Armin eine Reihe von guten Gründen an, weshalb ihn eine Maßnahme zur Teilhabe am Arbeitsleben nicht zwingen dürfe, die soeben aus eigener Kraft geschaffte, bescheidene Teilhabe am Arbeitsleben wieder aufs Spiel zu setzen:

1. sei das Unterrichten im Moment das einzig Konkrete, was er seit langem an vergüteter Arbeit in der Hand habe
2. habe er viele Stunden in die unbezahlte Unterrichtsvor- und -nachbereitung investiert
3. habe die Schulleiterin seine spätere Einstellung als feste Lehrkraft nicht ausgeschlossen
4. sei es mehr als ungewiss, ob er nach ergebnisloser Beendigung der Maßnahme an der Schule noch willkommen sei, zumal er drei Klassen kurzfristig im Stich lassen und seine bereits zugesagte Mitwirkung bei der mündlichen Prüfung zurückziehen müsse.

Der Rentenversicherungsträger ließ sich von derart schlappen Argumenten nicht beeindrucken. Schließlich sei das erklärte Ziel der Maßnahme die Suche nach einer „leidensgerechten Arbeit", belehrte man Armin. Leidensgerecht bedeute, dass „Tätigkeiten mit besonderen Anforderungen an geistige Belastbarkeit" für Armin nicht in Frage kämen. Der sozialmedizinische Dienst habe ihm in seiner Leistungsbeurteilung ein für pädagogische Tätigkeiten „negatives Leistungsbild" attestiert. Man könne „bei dieser Suche [nach einer leidensgerechten Tätigkeit; Ergänzung des Verfassers] nur unterstützend tätig werden, wenn die tägliche Anwesenheit auch beim Arbeitgeber möglich" ist.

Negatives Leistungsbild! Diese Formulierung war für Armin einmal mehr der Beweis, „dass die Betroffenen fast ausschließlich in sozialen und karitativen Kontexten in Erscheinung treten" und „so in erster Linie … soziale Probleme [repräsentieren]".[78] Teilhabe am Arbeitsleben ja, aber nur entsprechend einer Leistungsfähigkeit, die irgendein Amtsarzt aus einer veralteten Tabelle abschreibt. In dieser Diktion trat die defizitorientierte Betrachtungsweise mit all ihrer widersinnigen und widersprüchlichen Logik offen zutage.

Der Arbeitgeber-Service für schwerbehinderte Akademiker machte denn auch keinen Hehl aus seiner Empörung über dieses pathologisierende Werturteil. Er riet ihm eindringlich ab, sich darauf einzulassen. Armin verlängere durch die Maßnahme lediglich seinen Leistungsbezug. Die Schulungsmaßnahme sei so allgemein gehalten und decke wahrscheinlich überwiegend Inhalte ab, die er ohnehin schon beherrsche. Man halte die freiberufliche Lehrtätigkeit mit eventueller Option auf Übernahme für wesentlich sinnvoller. Doch Armin entschied sich schweren Herzens gegen diesen Rat und gegen seine eigene Überzeugung, zumal sich der wichtigste der vier von ihm ins Feld geführten Gründe mittlerweile erledigt hatte. Seine Hoffnung, an der Sozialpflegeschule eine Festanstellung zu bekommen, hatte sich zerschlagen. Die Schulleiterin, die ihm diese in Aussicht gestellt hatte, war in Pension gegangen und ihre Nachfolgerin war an die Absichtserklärungen der Vorgängerin nicht gebunden. Armin konnte den Fuß aus der Tür nehmen. Dahinter war nichts mehr. Hatte er diese Situation nicht schon einmal irgendwo so ähnlich erlebt …? (vgl. Kap. *Der Neuanfang*)

Nach diesem Déjà-vu-Erlebnis unternahm er den Versuch, sich an der Sozialpflegeschule seines Wohnorts und an einem Institut für Berufliche Bildung als Lehrkraft zu verdingen. Er hatte schließlich eine einjährige Erfahrung als Dozent in zwei Fächern vorzuweisen. Zunächst schien es so, als ob sich Armin die Chance böte, ab dem Beginn des nächsten Schuljahres in bestimmten Kursen als Lehrer einsteigen zu können. Doch wie so oft hatte sich auch diese Aussicht letztlich als trügerisch erwiesen. Seine Frau vermutete, die überwiegend von Frauen aus verschiedenen Generationen und mit unterschiedlichen persönlichen Erfahrungen geführten Einrichtungen hätten wahrscheinlich ein Problem, mit einem männlichen Kollegen zusammenzuarbeiten. Sie musste es wissen. Schließlich hatte sie die Verhältnisse in einem dieser Bildungsinstitute im Zuge ihrer nebenberuflichen Ausbildung lange genug kennenlernen dürfen. Zickenkriege waren da an der Tagesordnung.

Armin unterzeichnete den Vertrag mit 7(S) mit gemischten Gefühlen. Auf einen weiteren peinlichen Abschnitt in seinem Lebenslauf kam es nun gewiss nicht mehr an. Das regelmäßige Übergangsgeld für ein halbes Jahr wog letzten Endes doch schwerer als ein unsicheres, unregelmäßiges und in der Höhe stark schwankendes Dozentenhonorar. Die Familie benötigte Essen und Kleidung, die Rechnungen und die Miete wollten beglichen, der Kredit bedient werden. Das waren die unumstößlichen Fakten, die Armin die zweite Maßnahme zur Teilhabe am Arbeitsleben akzeptieren ließen.

Doch kurz vor Beginn der Maßnahme wurde die örtliche 7(S)-Filiale überraschend und ohne Nennung von Gründen geschlossen. Die Maßnahme indes war dadurch nicht hinfällig geworden. Das Angebot des Rentenversicherungsträgers blieb von der Schließung unberührt. Armin musste sich lediglich einen anderen Bildungsträger suchen. Daran herrschte fürwahr kein Mangel. Die hohen Arbeitslosenzahlen der letzten Jahre im Allgemeinen und der arbeitslosen Menschen mit Behinderung im Besonderen hatten eine prosperierende Industrie an Bildungsdienstleistern hervorgebracht. Die von den Arbeitsagenturen, von den Jobcentern oder von anderen Rehabilitationsträgern ausgelöste Maßnahmen- und Umschulungsflut spülte den Bildungsdienstleistern eine Menge Geld in die Kassen. Das Geschäftsmodell war zu einem lukrativen Kassenschlager geworden. Was sie im Angebot haben, sind allerdings wirklich nur „kleine Brötchen", die meist auch noch altbacken sind. Offensichtlich sind weder die kommerziellen Jobvermittler noch die Bildungsdienstleister auf Menschen wie Armin richtig vorbereitet. Selbst ein ausführliches Gespräch, in dem Armin seine besondere Situation darlegte, hinderte einen Mitarbeiter der Eckert-Schule nicht, ihm eine Maßnahme anzubieten, die selbst jemanden mit Mittelschulabschluss unterfordert hätte. Armins Ausbildung und seine berufliche Erfahrung als Naturwissenschaftler zählten nicht mehr, sie wurden einfach nicht mehr zur Kenntnis genommen. Wahrscheinlich hätten auch nachgewiesene Forschungsaufenthalte in Ungarn, in Schweden und in den USA (vgl. Kap. *Habilitieren oder nicht habilitieren: das ist die Frage*) nichts daran geändert. Das starre System lässt keine Ausnahmen zu. Was zählt, ist die Aussicht auf einen für den Bildungsträger lukrativen Vertragsabschluss. An die

Passgenauigkeit des Bildungsangebotes verschwendet man kaum einen Gedanken: et hätt noch immer jot jejange (§ 3 Kölsches Grundgesetz). Ebenso gleichgültig scheint es zu sein, ob der Teilnehmer mit seinem späteren Arbeitsplatz glücklich sein wird – falls er denn je einen bekommen sollte. Ist der Klient nicht vermittelbar – auch gut! In diesem Falle bleibt er der Dienstleistungsindustrie als Kunde erhalten. Sind alle Optionen der Förderung durch die Kostenträger ausgeschöpft, stehen ihm mit Hartz IV „immer noch alle Möglichkeiten offen" – so die ebenso weit verbreitete wie irrige Ansicht.

Ein clever ausgedachtes System, das sich durch die verlässliche Langzeitarbeitslosigkeit bestimmter Bevölkerungsgruppen am Leben erhält und zumindest die Arbeitsplätze in dieser Wachstumsbranche garantiert.

Das Angebot der „Akademie Schweiger und Schmidt zur beruflichen Wiedereingliederung von Rehabilitanden mit psychosozialen Beeinträchtigungen" unterschied sich nicht wesentlich vom beschränkten Sortiment der anderen Bildungsträger. Statt eines MS Office Excel-Kurses erwartete den Teilnehmer dort ein Trainingsprogramm für die kaufmännischen Abläufe im Einzelhandel: „wir-spielen-Kaufmannsladen" für Erwachsene. Von diesem Angebot hätte Armin noch viel weniger profitiert als von einem Excel-Kurs. Die Direktion der Akademie besaß immerhin die Größe, Armin offen zu gestehen, dass man in diesem Kurs keinen erkennbaren Nutzen für ihn sah. Man bot ihm eine Sonderregelung an, die es ihm gestattete, den PC-Arbeitsplatz überwiegend für die Stellenrecherche und das Schreiben von Bewerbungen zu nutzen. An der Zielvorgabe „Praktikum" durch den Kostenträger konnte jedoch auch die Akademieleitung nichts ändern.

Nun bewarb sich also ein fünfundfünfzigjähriger, promovierter Biologe, ehemaliger Max-Planck-Wissenschaftler und Autor eines zellbiologischen Lehrbuches doch noch um eine Praktikantenstelle. Adressaten waren ein Hersteller von Feingebäckwaren sowie acht weitere regionale Unternehmen aus der Lebensmittelbranche. Es bedarf keiner besonderen Erwähnung, dass diesem bizarren Unterfangen kein Erfolg beschieden war. Genauso gut hätte Armin versuchen können, texanischen Rinderzüchtern auf einem Barbecue vegane Tofuwürstchen zu verkaufen.

Er beschloss nichts unversucht zu lassen und zusätzlich über kommerzielle Jobvermittlungen eine halbwegs erträgliche wie einträgliche Beschäftigung zu finden. Das Procedere lief stets nach dem gleichen Muster ab:

„Was sind sie von Beruf?“, erkundigte sich die verblondete Dame mit dem strahlenden Zahnpastalächeln (es waren immer verblondete Damen mit Zahnpastalächeln, die seine Personalien aufnahmen).

„Naturwissenschaftler. Promovierter Biologe.“

Das Lächeln büßte ein wenig von seiner Strahlkraft ein.

„Mit Akademikern haben wir eigentlich keine Erfahrung. Aber mit ihrer Qualifikation müsste sich sicher etwas finden lassen. Wie alt sind sie“?

„Fünfundfünfzig.“

Das Lächeln wirkte nun sichtlich gezwungen.

„Ich habe einen Grad der Behinderung von 50“.

Die Mundwinkel der Dame sackten so schnell in Richtung Erdmittelpunkt, dass Armin augenblicklich bereute, diese Angabe gemacht zu haben. Skeptisch musterte sie ihn über den Rand ihrer modischen Brille hinweg.

„Bis zu welcher Entfernung würden sie einen Arbeitsplatz akzeptieren?“, erkundigte sie sich lauernd. Armin beeilte sich, die Scharte durch maximales Entgegenkommen auszuwetzen.

„Entfernung spielt keine Rolle“, versicherte er.

„Also bundesweit“, nickte die Dame und setzte einen Haken auf ihre Unterlagen. Ihre Mundwinkel kehrten halbwegs in die Nähe ihrer Ausgangslage zurück. Mit der Bitte, ihr seinen Lebenslauf zukommen zu lassen, beendete sie das Gespräch. Auch die Damen in anderen Jobvermittlungsfirmen beendeten den Termin jeweils mit der Bitte um einen ausführlichen Lebenslauf, um dann nie wieder etwas von sich hören zu lassen.

Mehr Erfolg versprach sich Armin beim Robert-Koch-Institut und beim Technologieunternehmen Siemens. Sowohl die renommierte Forschungseinrichtung als auch der Weltkonzern hatten Initiativen ins Leben gerufen mit dem Ziel, Menschen mit Handicap eine Chance auf einen ausbildungsadäquaten Arbeitsplatz zu bieten. Ausbildungsadäquat statt negativem Leistungsbild! Das klang endlich mal richtig nach Inklusion! Bei Siemens wurden unter dem Stichwort „Jobs ohne Barrieren: interessante Möglichkeiten an zahlreichen Standorten inklusive des Homeoffices" angeboten. Die Arbeitsplätze sollten den persönlichen Erfordernissen individuell angepasst werden. Prima, das klang erst recht nach Inklusion! Allerdings bleibt es einem Bewerber nicht erspart, sich durch die internationale Jobbörse zu quälen und weltweit nach einem passenden Stellenangebot zu fahnden. Da für einen Biologen bei Siemens ein geeigneter Job eher selten zu finden ist, versuchte Armin es per Initiativbewerbung und dem Hinweis, dass eine Tätigkeit vom Homeoffice aus seinen persönlichen Erfordernissen und seinem Handicap am ehesten entgegenkäme – und wurde prompt wieder an die internationale Jobbörse verwiesen.

Mal schauen, was das Robert-Koch-Institut zu bieten hat. Das RKI engagiert sich nach eigenen Angaben „für einen besseren Zugang von schwerbehinderten Arbeitnehmern in Forschung und Wissenschaft". Ziel des Integrationsprojektes sei „die Weiterqualifikation der Schwerbehinderten, um ihre Chancen auf dem Arbeitsmarkt zu verbessern". Im Rahmen eines „Tandem-Modells" sollten arbeitssuchende, schwerbehinderte Wissenschaftler mit nicht behinderten Kolleginnen und Kollegen ein sich ergänzendes Arbeitsteam bilden, um die Handicaps des behinderten Partners auszugleichen. Das klang sehr sympathisch. Am RKI sollten im Rahmen des Projektes zusätzlich mehrere Wissenschaftler mit Handicap eingestellt werden. Nach Armins Informationen hatte dort sogar schon ein Autist einen Arbeitsplatz gefunden. Das klang nicht nur sympathisch und ansprechend nach gelebter Inklusion, das kam ihm auch fachlich sehr entgegen. Leider kam seine Bewerbung zu spät – kein Wunder, bei 7541 schwerbehinderten Akademikern, die allein 2013 in Deutschland einen Arbeitsplatz suchten (Quelle: Arbeitgeber-Service für schwerbehinderte Akademiker der ZAV in Bonn). Immerhin versicherte man ihm, seine Bewerbung in einer zukünftigen Einstellungsrunde zu berücksichtigen. Wann es zu dieser Runde kommen würde, ließ man jedoch offen. Ein Jahr später erfuhr er auf Nachfrage, dass die Integrationsabteilung erst Mitte 2015 eine neue Einstellungsinitiative starten würde. Seine Unterlagen würden dann miteinbezogen werden. Für Menschen, die Monat für Monat um ihr Auskommen kämpfen müssen, liegen derartige Zeiträume weit jenseits jeglicher Vorstellungskraft. Das weckt Assoziationen zu Saul Bellows „Mann in der Schwebe“[79].

Damit ihm die Zeit nicht zu lang würde, vermittelte ihn die Krankenkasse, die Armin und seine Familie stets nach Kräften unterstützt hatte, an eine „plan-b“ genannte, „integrierte Versorgung für Menschen mit psychischen Erkrankungen“. Einmal pro Woche sollte er sich in das so genannten „Rückzugshaus“ verfügen, um sich eine professionelle Betreuung angedeihen zu lassen. Die beiden jungen Mitarbeiterinnen hörten sich geduldig seine Lebensgeschichte an und notierten sich eifrig seine Probleme bei der Vermeidung prekärer, durch anhaltende Arbeitslosigkeit verursachte Lebensverhältnisse. Armin wollte sie davon überzeugen, dass ALG II für ihn nicht die Lösung, sondern das Hauptproblem sei. Der staatlich verordnete, medizinisch sanktionierte soziale Abstieg nähme die ganze Familie in Sippenhaft und führe in der Regel in eine fatale Abwärtsspirale, in ein schwarzes Loch, aus dessen übermächtigem Gravitationsfeld man sich aus eigener Kraft kaum befreien könne[80], schon gar nicht mit dem Makel einer „Behinderung“ wie Autismus. Er versuchte darzulegen, was es für seine Frau als Kleingewerbetreibende bedeutet, als unfreiwilliger Teil einer „Bedarfsgemeinschaft“ dem Jobcenter auf zig Fragebögen sämtliche geschäftlichen und privaten Angelegenheiten offenlegen zu müssen. Vom zeitlichen Aufwand dieser Selbstentblößung gar nicht zu reden. Anhand dieser ausführlichen „Akte“ sei das Jobcenter in der Lage, die totale Kontrolle auf allen Ebenen auszuüben. Eine auch nur halbwegs akzeptable Lösung, die sowohl den gesundheitlichen Belangen des Betroffenen als auch seiner bisherigen Vita gerecht werden würde, sei hingegen nie Thema gewesen und auch in Zukunft nicht zu erwarten. Die jahrelange Sorge um die finanzielle Absicherung der Familie mache erwiesenermaßen krank[81] und führe am Ende nur noch tiefer in die Misere. Dringend benötigte Atempausen zur Regeneration durch gemeinsamen Erholungsurlaub seien kaum noch für alle drei Familienmitglieder erschwinglich. Immer öfter müsse ein Elternteil zuhause bleiben, damit wenigstens das Kind in seinen Ferien aus den bedrückenden vier Wänden käme. Hinzu kämen die gesellschaftliche Ausgrenzung als „Loser" (selbstverständlich selbstverschuldet) und der unbedingte, überall spürbare Wille, die Inklusion von behinderten Menschen unter allen Umständen zu unterlaufen. Selbst wenn es aussichtslos erschien, ihm selbst wieder zu einer befriedigenden Arbeit und einem gesicherten Einkommen zu verhelfen, so würde er doch im Interesse seines Kindes weiterkämpfen. Gerade in Deutschland seien die Ausbildungs- und Aufstiegschancen der Kinder in einem unerträglich hohen Maße von der gesellschaftlichen Stellung und der Geldbörse der Eltern abhängig. Fast zwei Millionen Kinder in Armut sprächen eine deutliche Sprache, die ihn in hohem Maße beunruhige. Gegen diese deutsche Variante der Apartheid wehre er sich mit allen legalen Mitteln, solange es seine Kräfte erlaubten.

Nun hatte er zwar in zwei oder drei Sitzungen seine Sorgen, Nöte und Ängste ausführlich schildern können, doch leider auch das Niveau der angebotenen Problemlösungsstrategien überschätzt. Bei allen Schwierigkeiten, die ohne Zweifel bestünden, solle er doch seine Situation nicht so fatalistisch betrachten, riet ihm eine der Betreuerinnen. Warum er die Hilfe, die ihm der Staat mit dem Arbeitslosengeld II böte, nicht annähme? Aus persönlicher Erfahrung könne sie versichern, dass dem Bezug von Hartz IV nichts Ehrenrühriges anhafte. Da der Plan B bei „plan-b" wie in vielen anderen Einrichtungen auch in erster Linie darin besteht, die nach Hilfe suchenden Klienten nach dem taoistischen Prinzip des Nichthandelns zu sedieren und an ihre missliche Lage zu gewöhnen, brach Armin die Besuche im „Rückzugshaus" ab. Auf diese Art „integrierter Versorgung" durch den Psychosozialen Trägerverein konnte er verzichten. Mit dem September war ohnehin die Zeit gekommen, seine zweite Reha-Maßnahme anzutreten.

War er am Beruflichen Trainingszentrum seine erste Maßnahme zur Teilhabe am Arbeitsleben noch mit verhältnismäßig großer Hoffnung, Zuversicht und Tatkraft angegangen, besuchte er die Räumlichkeiten von Schweiger & Schmidt in niedergedrückter Stimmung. Wie sehr man ihm seine Niedergeschlagenheit ansah, konnte er daran erkennen, dass ihn einer der anderen Langzeitarbeitslosen, der sicher selbst ein wenig Trost nötig gehabt hätte, mit den Worten „nicht traurig sein" aufzumuntern versuchte. Zum Glück bestand – Dank der Anweisung der Akademieleitung – seine „Arbeit" nicht ausschließlich darin, virtuelle Auftragslisten zu bearbeiten und fiktive Packzettel abzustempeln. Er konnte den PC-Arbeitsplatz für vermeintlich sinnvollere Tätigkeiten nutzen und wurde auch von der Teilnahme am obligatorischen Bewerbungstraining freigestellt. Da er sich nur auf Praktikumsstellen bewerben durfte, erledigte er diese Aufgabe mit dem Enthusiasmus eines Ex-Kriminalhauptkommissars, der sich um eine Stelle als Streifenpolizist bewerben muss.

Zwei Wochen nach Beginn der Rehabilitationsmaßnahme überraschte die Akademieleitung Armin mit der Nachricht, er solle sich in einer Einrichtung des Großen Klinikums vorstellen. Die Akademie habe dort bereits in der Vergangenheit zwei Klienten unterbringen können und sei recht optimistisch, was ihn betreffe. Seine naturwissenschaftliche Ausbildung wäre dort sicher von Nutzen, seine Übernahme nach dem Praktikum also nicht ganz ausgeschlossen. Da seine Erfahrungen mit Ärzten des Großen Klinikums einerseits und mit in Aussicht gestellten Arbeitsverträgen andererseits nicht die allerbesten waren, reagierte Armin mit zurückhaltendem Optimismus. Das Gespräch mit dem ärztlichen Leiter einer Spezialabteilung der Klinik verlief jedoch überraschend formlos, geradezu unorthodox. Zu Armins Verwunderung wurden kaum Fragen zu seiner beruflichen Vergangenheit gestellt. Seinen vorsorglich eingeflochtenen Hinweis auf seinen Autismus kommentierte der resolute Mediziner mit den Worten „Glatte Fehldiagnose!", worauf der Fall für ihn erledigt schien.

„Aha", dachte Armin bei sich. „Wieder jemand, der sein Halbwissen über Autismus vom Hörensagen oder aus fragwürdigen Medienbeiträgen bezieht". Seit er sich intensiv mit dem Phänomen Autismus beschäftigte, ärgerten Armin die von manchen Medien verbreiteten und in der Bevölkerung kursierenden Vorurteile, alle Autisten seien entweder hochbegabte Trottel, unberechenbare Berserker oder beziehungsunfähige, geistig retardierte seelische Krüppel ohne jede empathische Regung. Die meisten neurotypischen Menschen stellen sich unter Autisten gefühlskalte, zu sozialem Miteinander absolut unfähige Sonderlinge vor, die ein von Krankheit und Behinderung, von Leid und selbstgewählter Isolation verstümmeltes Dasein fristen. Wiederholt hatte Armins Outing bei Gesprächspartnern ungläubige Reaktionen hervorgerufen: „Ich kann mich doch aber ganz normal mit Ihnen unterhalten"! oder: „Es hat mich interessiert, was für ein Mensch sie sind". Als neueste Variante wurde seine Diagnose in Zweifel gezogen. Stets waren es jedoch Akademiker gewesen, die ihn mit gesträubten Nackenhaaren wie einen Kaspar Hauser betrachtet und dann überrascht festgestellt hatten, dass er imstande war, mehr als einen zusammenhängenden Satz von sich zu geben. Sie verkannten völlig, dass unter autistischen Menschen ebenso Vielfalt herrscht wie unter ihresgleichen. Dennoch wird mancher im Stillen gedacht haben: „Ei ja! – Da bin ich froh! Denn, Gott sei Dank! Ich bin nicht so!" (Wilhelm Busch aus „Die fromme Helene").

„Was soll´s", dachte sich Armin. „Es zählt, dass sie dich nehmen wollen. Mach´ was daraus!"

Bereits am nächsten Tag konnte er sein Praktikum antreten. Seine Aufgabe bestand offiziell darin, Daten und Ergebnisse aus Anwendungsstudien und medizinischen Doktorarbeiten in Zusammenarbeit mit der Studienärztin zur Publikationsreife zu bringen. Darüber hinaus sollte er Kasuistiken[82], Poster, Abstracts[83] und PowerPoint-Präsentationen für die Fachvorträge der überlasteten Ärzte erstellen. Im Grunde deckten diese Aufgaben das Portfolio eines Medical Writers ab. Offensichtlich fehlte den ärztlichen Mitarbeitern tatsächlich die Zeit zum Publizieren (vgl. Kap. *Das Asperger-Syndrom oder: die Geburt 2.0*). Das würde erklären, weshalb man ihn so gerne mit dieser Aufgabe betraute. Rasch war in einem kleinen Zimmerchen ein separater Arbeitsplatz für ihn eingerichtet. Kurz vor Weihnachten konnte er als Einstand das erste Manuskript bei einem Fachverlag einreichen. Da er mit seiner Arbeit einen wesentlichen Beitrag zur Veröffentlichung des Fachartikels geleistet hatte, gestanden ihm seine Auftraggeber generös zu, auf allen von ihm verfassten Publikationen als Ko-Autor in Erscheinung zu treten.

Armin merkte jedoch recht bald, dass er neben seiner offiziellen Stellung als Medical Writer das Los zahlreicher Praktikanten zu teilen und eine rasch wachsende Anzahl von weniger qualifizierten Nebentätigkeiten auszuführen hatte. Dazu zählten so kuriose Sonderaufgaben wie das Tischdecken in der Teeküche, das Ausräumen der Spülmaschine, Kaffeekochen auf Zuruf des Arztes, gelegentliches Einkaufen und andere Gefälligkeiten wie Botengänge, das Falten und Eintüten von Serienbriefen und Werbeflyern, das Abholen der Post im Chefsekretariat oder das Auftreten als Nikolaus auf der Weihnachtsfeier. Als Pausenfüller auf Lehrveranstaltungen der Klinik durfte Armin zudem seine Brauchbarkeit als Musikant unter Beweis stellen. Unter Inklusion hatte er sich eigentlich etwas anderes vorgestellt. Doch mit der Zeit wurden auch anspruchsvollere Anforderungen an ihn gestellt. Man ließ ihn Handlangerdienste bei der Behandlung von Patienten ausführen. Dass dabei nicht selten ein wenig Blut floss, konnte er verkraften. Man hatte es allerdings nicht für nötig befunden, ihn zuvor betriebsärztlich untersuchen zu lassen. Jede Krankenschwester wurde aus Gründen des Patientenschutzes gegen AIDS und Hepatitis getestet. Armin hingegen durfte kleine Blutungen stillen und Wunden versorgen, ohne dass sein Gesundheitszustand überprüft worden wäre.

Da seine Dienste nur im blütenweißen Arztkittel verrichtet werden durften, schlüpfte er unfreiwillig in eine Rolle, die medizinische Expertise vortäuschte. Eine diffizile Gratwanderung, wenn Patienten Fragen stellten, denn nicht selten blieb er mit ihnen allein, bis der behandelnde Arzt Zeit für sie fand. Dass Armin kein Mediziner war, blieb allerdings ein sorgsam gehütetes Betriebsgeheimnis. Für die ahnungslosen Patienten war er stets „der Doktor". Seinen Autismus betreffend war man allerdings wesentlich weniger verschwiegen. Das führte zu der kuriosen Situation, dass ein Patient den Arzt in Armins Beisein fragte:

„Ich habe gehört, sie haben jetzt einen Autisten in ihrem Team. Wie macht der sich denn"?

„Aha", dachte Armin bei sich, während er so tat, als habe er die Bemerkung überhört. „Trotz der angeblichen Fehldiagnose wird über mich geredet"!

Der überrumpelte Mediziner zog sich geschickt aus der Affäre, indem er dem Fragesteller antwortete: „Ich habe jetzt keine Zeit. Das erzähle ich ihnen nachher".

Obwohl die indiskrete Redseligkeit des Arztes sicher nicht in Ordnung war, sah Armin stillschweigend darüber hinweg. Schließlich hatte dieser ihn wie die drei anderen ehemaligen Praktikanten und jetzigen Mitarbeiter der Abteilung „von der Straße geholt", wie er sich auszudrücken pflegte. Da beschwert man sich besser nicht über eine unbedeutende Lappalie. Abgesehen davon hätte er sich wahrscheinlich ohnehin nicht dagegen wehren können. So sehr ihm manches in der Abteilung zu denken gab, so sehr begrüßte es Armin nämlich, das Praktikum nicht in einer Keks- oder Wurstfabrik absolvieren zu müssen. Seine Arbeit kam wenigstens ansatzweise seiner naturwissenschaftlichen Ausbildung und seinem Wissen und Können entgegen, auch wenn er hin und wieder defekte Fahrräder zur Werkstatt schieben musste. Für ihn war wichtig, dass er wieder halbwegs wissenschaftliche Texte verfassen konnte, auch wenn es nicht seine eigenen Arbeiten waren. Das war für ihn als auch für die Klinik eine Win-win-Situation. Immerhin bezog er für alles was er dort tat, ein akzeptables

Übergangsgeld. Doch dass man das Jahr nicht vor Silvester loben sollte, lehrte ihn einmal mehr die Bundesagentur für Arbeit. Im November überraschte sie ihn mit einem „Erstattungsbescheid wegen Berücksichtigung von Nebeneinkommen". Gemeint waren Armins Honorare, die er von der Sozialpflegeschule für seine Dozententätigkeit erhalten hatte. Ein Betrag von 447 Euro war zurückzuerstatten. Das entsprach dem Gegenwert von fünfzehn gehaltenen Unterrichtsstunden.

Generation Praktikant (2014)

Einige Monate nach Praktikumsbeginn konnte Armin von einem provisorischen Arbeitsplatz an einen ordentlichen Schreibtisch mit frisch ausgepacktem PC und Telefon umziehen. Er wusste die separate Arbeitsstätte und die Möglichkeit, wieder einigermaßen wissenschaftlich zu arbeiten, sehr zu schätzen. Er war dankbar, in einer vermeintlich hoffnungslosen Lage zumindest für einen begrenzten Zeitraum wieder eine sinnvolle Beschäftigung und ein geregeltes Einkommen zu erhalten. Allerdings wurde ihm sehr bald klar, dass seinem neuen Arbeitsplatz – abgesehen vom separaten Büro – nahezu alles fehlte, was nach der Vorstellung des sozialmedizinischen Dienstes eine „leidensgerechte" Beschäftigung ermöglicht. Eine anarchischere Organisation als in dieser Klinikabteilung hatte er in seinem ganzen Arbeitsleben nicht erlebt. Hemdsärmelige Improvisation steigerte sich regelmäßig zur Konfusion, Konfusion kulminierte in Chaos. Eigentlich herrschte das exakte Gegenteil von geregelter Organisation: Anweisungen und Planziele waren meist alles andere als klar definiert und widersprachen sich nicht selten diametral. Termine wurden oft ins Blaue hinein und mit geringer Aussicht auf Einhaltung vereinbart. Wenn es ganz dicke kam, wurden auch mal zwei Termine auf die gleiche Zeit gelegt, so dass am Ende keiner von beiden erledigt werden konnte. Die Deadlines der ersten Aufträge, die man ihm übertragen hatte, standen beängstigend nahe bevor. Dumm nur, dass in den Wochen und Monaten zuvor die Arbeiten von den regulären Mitarbeiterinnen und Mitarbeitern noch nicht einmal im Ansatz begonnen worden waren. Das setzte Armin unter erheblichen Zeit- und Leistungsdruck. Rastloses Springen von Projekt zu Projekt verhinderte zudem eine vernünftige Zeitplanung. Die nötige Konzentration auf ein Thema war unter diesen

Umständen kaum möglich. Hinzu kam, dass Meinungsverschiedenheiten zwischen der Abteilungs- und der Klinikleitung zusätzlich für Unruhe sorgten. Selbst innerhalb der Abteilung gab es unterschiedliche Auffassungen über die Prioritäten der Projekte, auf die Armin angesetzt werden sollte. Arbeitsüberlastung und der Zwang zu Multitasking sorgten für ständigen Stress und Unmut unter den Mitarbeiterinnen und Mitarbeitern. Lediglich der vorgesetzte Arzt, selbst ein Ausbund an ADHS-verdächtiger[84] Rastlosigkeit, Unruhe und Hektik, schien nicht im Mindesten darunter zu leiden. Seine furiose Natur hielt die Abteilung permanent auf Trab. Wenn es sein musste, auch auf Galopp – und es musste oft galoppiert werden. Armin beschloss, sich gegen allzu stressbeladene Situationen zu wappnen. Nach dem Vorbild des autistischen Geophysikers Dr. Peter Schmidt stellte er individuelle Rahmenbedingungen zusammen, die den Mitarbeitern und Vorgesetzten den Umgang mit ihrem neuen „Praktikanten" und ihm selbst den Arbeitsalltag erleichtern sollten (vgl. Schmidt 2014, S. 230). Diese „Betriebsanleitung" tesafilmte er an die Tür seines Büros. Ein Oberarzt fand die Empfehlungen „klasse", von praktischem Nutzen waren sie indes kaum.

Obgleich durch seinen Tinnitus bestens mit Geräuschen versorgt, nahm Armin die Abteilung, die mit etwas Glück seine berufliche Heimat werden konnte, als laut knatternde Spieldose, als Musicbox im Rock'n'Roll-Dauerbetrieb wahr. An manchen Tagen erinnerte ihn die kakophonische Geräuschkulisse an Frank Zappas frühe dadaistische Klangcollage *„nasal retentive calliope music"*[85]. Wäre Armin mit Blindheit geschlagen gewesen, hätte er aus der opulenten Geräuschkulisse um ihn herum den Schluss ziehen können, dass sich sein Arbeitsplatz auf dem Frankfurter Börsenparkett befände – während des Höhepunkts einer Weltwirtschaftskrise, wohlgemerkt. Ein akustisches Inferno brach über ihn herein, wenn auf dem Dach einer benachbarten Klinik Hub geschraubt wurde[86]. Im Sommer knatterten die Rasenmäher und kreischten die Motorsensen, um jeden Anflug floraler Inbesitznahme der sterilen Grünflächen durch Gänseblümchen, Margeriten und Löwenzahn zu vereiteln. Ab Oktober trieben Laubbläser den unerwünschten Bodenbelag aus herbstlich gefärbten Blättern heulend vor sich her. Im Winter zogen motorisierte Schneeschieber geräuschvoll ihre Bahnen über die kärgliche Schneedecke. Zu diesen saisonalen Geräuschkulissen gesellte sich der permanente Lärm einer Großbaustelle: In unmittelbarer Nachbarschaft wurde ein Klinikgebäude komplett abgerissen und an seiner Stelle ein neues errichtet.

Die optische Reizüberflutung an Armins Arbeitsplatz war genauso überwältigend und allgegenwärtig wie die akustische. Das Behandlungszimmer des Arztes glich einem Andenkenladen in einem Wallfahrtsort: es war mit zahlreichen persönlichen Fotografien, Zeitungsausschnitten, bunten Bildern, Nippes und anderem Krimskrams überladen. Für Armins Geschmack viel zu grell, zu überzeichnet und zu aufdringlich, um als persönliche Note des Mediziners wahrgenommen zu werden. Einen Ort der Kontemplation durften Heilungssuchende hier wahrlich nicht erwarten.

Armin selbst hatte die strapaziösen Begleiterscheinungen zu akzeptieren, auch wenn sie mit einer enormen, nervlichen Belastung verbunden waren. Manche Tage gestalteten sich derart aufreibend und ermattend, dass Armin zuhause nun statt einer halben Stunde satte 45 Minuten Ruhe benötigte, um sich wieder zu erden. Diese Erholungsphasen waren natürlich nur auf Kosten privater Unternehmungen und Vorhaben möglich. Manche bevorzugte Lieblingsbeschäftigung wie Lesen, das Schreiben seines Buches oder das Gitarrenspiel blieben deshalb oft genug auf der Strecke, weil Kraft und Konzentration am Arbeitsplatz aus ihm entwichen waren wie Wasser aus einer entstöpselten Badewanne.

Trotz dieser tiefen Wiedersprüche bot ihm das Praktikum eine Chance, die Armin unter allen Umständen nutzen wollte, ja nutzen musste, auch wenn es ihn enorm Kraft und Nerven kostete. Zu oft war ihm in der Vergangenheit das Erreichte unter den Händen wieder zerronnen. Seine Nebenziele verlor er dennoch nicht aus den Augen. Da sich an Armins Status als Praktikant auch nach Monaten nichts ändern wollte, suchte er erneut nach Möglichkeiten, eventuell auch an anderen medizinischen Einrichtungen des Großen Klinikums unterzukommen. Er nahm Kontakt mit dem Referat Forschung der Fakultätsverwaltung auf. Die Referatsleitung versicherte ihm in einem sehr offenen Gespräch, man könne seine Situation aus persönlichen Gründen sehr gut verstehen. Armins Projektentwurf zu einem Autismus-Informationsdienst fand man zwar „interessant", verhehlte jedoch nicht die Skepsis, was die Realisierung am Großen Klinikum betraf. Man riet ihm, im Forschungsinformationssystem ELFI nach Fördermöglichkeiten zu suchen, um seine Chancen zu verbessern.

Konkreter war die Hilfe bei der Vermittlung eines Gesprächs mit jener Klinikleitung, in deren Zuständigkeitsbereich auch die Autismusambulanz fällt. Diese hatte dem Referatsleiter zugesagt, dass Armin sich direkt an die Klinik wenden könne, falls er „an Forschung Interesse" habe. Na also, das klang doch ganz gut! So konkret hatte ihm bisher noch niemand die Möglichkeit in Aussicht gestellt, wieder als wissenschaftlicher Mitarbeiter tätig zu werden. Erneut entzündete sich aus einem Fünkchen Hoffnung ein kleines, aber hell aufloderndes Flämmchen. Rasch wurde ein Gesprächstermin vereinbart.

In dem Gespräch, bei dem auch Armins Frau anwesend war, erklärte die Klinikleitung dann aber, dass auch unter dem Aspekt der zeitweiligen Förderung durch die Rentenversicherung ein Beschäftigungsverhältnis leider nicht möglich sei. Die Klinik verfüge leider über deutlich weniger Mittel als jene, an der Armin momentan sein Praktikum absolviere. Zwar bekundete die Dienstherrin der Autismusambulanz ebenfalls Interesse an der Idee eines Autismus-Informationsdienstes, allerdings müsse das Projekt fremdfinanziert werden. Man schlug Armin vor, die Krankenkassen zur Zwischenfinanzierung heranzuziehen. Auch bei den Sparkassen oder bei der Lottogesellschaft könne er Mittel einwerben. Deren Unterstützung beschränke sich allerdings auf Sachmittel. Forschungsinteresse hin oder her: Armin hatte sich da schon etwas Konkreteres vorgestellt. Der dauerhaften Sicherung des Lebensunterhaltes war er auch nach diesem Gespräch um keinen Schritt näher gekommen.

Da er aus früheren Erfahrungen seine Lehren gezogen hatte, durfte Armin sich mit dem zeitlich befristeten Praktikumsplatz auf keinen Fall zufriedengeben. Vielmehr galt es, während dieser doch sehr unsicheren Zeit nach Alternativen zu suchen, die eventuell zu einem Sprungbrett in ein reguläres Beschäftigungsverhältnis werden konnten. Dass es stets vorteilhafter ist, sich aus einem bestehenden Arbeitsverhältnis heraus zu verändern als aus der Situation der Arbeitslosigkeit, ist eine der Lektionen, die er hatte lernen müssen. Nach sorgfältiger Recherche bewarb sich Armin an der Hochschule für bildende Künste. Im dortigen archäometrischen Labor werden elektronenmikroskopische Verfahren eingesetzt, um Materialproben aus Kunstwerken auf Alter, Echtheit oder Beschaffenheit zu untersuchen. Die Arbeiten dort ähneln in vielerlei Hinsicht jenen, die im Bundeskriminalamt durchgeführt werden. Während man ihn in Wiesbaden aber ohne nähere Begründung hatte abblitzen lassen, zeigte sich der Leiter der Hochschule an Armins Expertise als Elektronenmikroskopiker „interessiert", brachte jedoch gleichzeitig sein Bedauern zum Ausdruck, dass die ihm zur Verfügung stehenden finanziellen Mittel die Schaffung einer zusätzlichen Stelle nicht erlaubten. Immerhin sollte Armin auf seiner Kandidatenliste verbleiben, für den Fall, dass sich eine Möglichkeit im Rahmen eines zukünftigen Projektes ergeben sollte. Wie oft hatte er diesen Satz schon gehört oder gelesen? Dreimal? Viermal? Doch wenn man nichts Besseres hat, klammert sich die Hoffnung eben an jeden Strohhalm, und sei er noch so dünn und zerbrechlich.

Von seiner Schwägerin bekam Armin den Tipp, sich den wachsenden Bedarf an Deutschlehrern für die Integration von Asylbewerbern zunutze zu machen. Da er mehrere Jahre in den unterschiedlichsten Bildungseinrichtungen Erfahrung im Unterrichten gesammelt hatte, stellte Armin am Bundesamt für Migration und Flüchtlingswesen einen Antrag auf Zulassung als Lehrkraft in Integrationskursen. Weil er jedoch keinen Hochschulabschluss in Germanistik, kein zweites Staatsexamen in Deutsch, keine Deutschlehrerqualifikation und keine entsprechenden Abschlüsse in Pädagogik, Erwachsenenbildung oder Erziehungswissenschaft vorzuweisen hatte, teilte ihm die Regionalstelle in Würzburg mit, dass eine Zulassung erst nach der erfolgreichen Absolvierung eines dreimonatigen Qualifizierungskurses in Frankfurt am Main erfolgen könne. Das war natürlich unvereinbar mit seinem Praktikum, ganz abgesehen von den zu erwartenden Kosten in Höhe von 1400 Euro, die irgendein Bildungsdienstleister einstreichen würde. Diese Option musste also vorerst zurückgestellt werden für den Fall, dass das Praktikum zu nichts führte.

Getrieben von der Angst vor erneuter Arbeitslosigkeit suchte Armin nach weiteren Einrichtungen, die sich für die Belange von Menschen mit Handicap einsetzen. Von allen Schwerbehindertenvertretungen, die für ihn irgendwie in Frage kamen, hatte er die städtische Beauftragte für Menschen mit Behinderungen noch nicht in Anspruch genommen. Sie hörte ihn freundlich an und nahm seinen Fall zu Protokoll. Armin zweifelte nicht am guten Willen der hilfsbereiten Mitarbeiter. Weil er deren Engagement zu schätzen wusste und würdigte, nahm er an einer gut besuchten Veranstaltung des Rathauses zum Thema Inklusion teil. Doch das Fazit, das die städtische Schwerbehindertenvertretung aus ihrer eigenen Arbeit im Handlungsfeld „Arbeit und Beschäftigung“[87] zog, war niederschmetternd, besorgniserregend, ja katastrophal: die Arbeitswelt schlösse ständig mehr Menschen aus. Die zunehmende Verdichtung von qualitativen und quantitativen Anforderungen machten es immer mehr Menschen unmöglich, diesen Anforderungen gerecht zu werden. Die Zunahme von chronisch körperlichen oder seelischen Erkrankungen seien dafür ein Indiz, die Ausgrenzung von Menschen mit Behinderungen ein weiteres. Die Entwicklung der Arbeitsmarktzahlen zeige, dass Menschen mit Behinderungen an der positiven Entwicklung der Wirtschaft der letzten Jahre nicht teilhätten. Auf allen Ebenen der Bundespolitik müssten deshalb Ansätze für eine humanere Arbeitswelt gefunden werden, die auch für Menschen mit Behinderungen eine inklusive Teilhabe und ein Ablösen aus Sozialsystemen erlaube.

Soweit die düstere Bestandsaufnahme auf der offiziellen Homepage der Stadt. All diese Feststellungen hätte Armin ohne zu zögern unterschreiben können. Gekrönt wird die für ein Land wie Deutschland beschämende Aufzählung mit einem Appell, der die ganze Hilflosigkeit und das Ausgeliefertsein an ein gleichgültiges System widerspiegelt: „Wir brauchen Beharrlichkeit und dürfen uns auch weiterhin nicht von Ignoranz entmutigen lassen, auch wenn sie uns immer wieder begegnet"! So viel Offenheit und Ehrlichkeit hätte sich Armin auch von den so genannten Schwerbehindertenvertretern der Hochschule und des Großen Klinikums gewünscht, die, vom System als Feigenblätter benutzt, nach dem Motto zu verfahren schienen „wes Brot ich ess, des Lied ich sing". Man könnte ihrem Tun in einer Zeit, in der sich selbst die bisher von Existenzsorgen unbehelligte Mittelschicht vor dem sozialen Abstieg gruselt, ein gewisses Verständnis entgegenbringen. Doch wenn sie etwas vorgaukeln, was sie gar nicht sind und auch bei bestem Willen gar nicht leisten können, dann helfen sie mit, die Ausgrenzung und die Chancenlosigkeit derjenigen zu zementieren, die auf ein Mindestmaß an Solidarität und Unterstützung durch die Gesellschaft angewiesen sind. Die haben sich ihr Handicap schließlich weder gewünscht noch ausgesucht. Sie garantieren aber durch ihr Sein die Existenz aller Schwerbehindertenbeauftragten der Welt.

Armin war wieder einmal in die Abhängigkeit von seinem Arbeitgeber geraten. Der wiederum ließ sich seinen Praktikanten nach wie vor ohne Hemmungen vom Rentenversicherungsträger bezahlen. Da kam es sehr gelegen, dass die Abteilung eine wissenschaftliche Kooperation mit einem Institut einer anderen mitteldeutschen Universität eingehen und einen Förderantrag bei der Deutschen Forschungsgemeinschaft (DFG) stellen wollte. Bei einem positiven Bescheid durch die DFG würde Armins Stelle zumindest für zwei bis drei Jahre gesichert sein. Da er den Auftrag erhielt, den Antrag zu formulieren, besorgte er sich Fachliteratur, las sich in die Thematik ein und begann, den Antragstext zu entwerfen. Um die Zusammenarbeit abzustimmen, sollte in der

Abteilung ein gemeinsames Gespräch zwischen dem Vertreter der Partneruniversität, dem Leiter der Abteilung und der Studienärztin stattfinden. Armin sollte als ausführender Mitarbeiter ebenfalls hinzugezogen werden. Er wurde Augen- und Ohrenzeuge der telefonischen Terminvereinbarung. Doch als sich der eingeladene Herr Professor des Partnerinstituts am vereinbarten Tag einfand, glänzten seine beiden Gastgeber durch Abwesenheit. Sie nahmen im Ausland andere Termine wahr. So verschwand der DFG-Antrag für unbestimmte Zeit im Ordner mit der Aufschrift „geplant bzw. unerledigt". Vorerst interessierte sich niemand mehr dafür.

Armin schien seinem Arbeitgeber auch ohne dieses geplatzte Projekt genug von Nutzen zu sein. Immer wieder wurde eine Verlängerung seines Praktikums erwirkt. Vom Kostenträger ursprünglich auf drei Monate begrenzt, dann auf sechs Monate verlängert, wurde es durch ausweichendes Hinhalten seitens der Abteilung sukzessive auf ein ganzes Jahr gestreckt und schließlich sogar auf 15 Monate ausgedehnt. Die Mahnungen des Rentenversicherungsträgers, auf dessen Kosten sich die Abteilung einen vollwertigen wissenschaftlichen Mitarbeiter leistete, beantwortete man mit der süffisanten Frage, welche andere berufliche Alternative Armin denn noch habe. Dieser entwaffnenden Argumentation hatte der Kostenträger tatsächlich nichts entgegenzusetzen. Im Vertrauen oder in der Hoffnung auf die in Aussicht gestellte Übernahme Armins durch die Klinik zahlte er brav weiter.

Die Abteilung geriet nun trotz Lavierens und Verzögerns langsam aber sicher in ernsthaften Zugzwang. Sie hätte die Angelegenheit wie seinerzeit jene Klinik, in der Armin in der Probezeit gefeuert worden war, unter einem billigen Vorwand beenden können. Die Ausstiegsklausel des Praktikumsvertrags hätte es ihr ermöglicht, sich mehr oder weniger geräuschlos von Armin zu trennen. Sie tat es nicht, da mit seiner Hilfe einige Publikationen erschienen (oder eingereicht worden) waren, die ohne ihn aller Wahrscheinlichkeit nach nie mehr aus der Schublade geholt worden wären. Immerhin hatten die Daten dort bis zu zehn Jahre lang unbeachtet in Narkose gelegen. Armin wegzuschicken hätte bedeutet, die Studienergebnisse wahrscheinlich bis zum Sankt Nimmerleinstag unveröffentlicht liegenzulassen. Deshalb suchte die Abteilung, nachdem sie die öffentlichen Gelder des Rentenversicherungsträgers bis an die Schmerzgrenze ausgereizt hatte, doch noch nach Wegen, Armin als Mitarbeiter zu halten. Das Kardinalproblem war nur: die Klinikleitung scheute es wie der Teufel das geweihte Wasser, für seine Einstellung eigenes Geld in die Hand zu nehmen. Ein wissenschaftlicher Mitarbeiter nur als „Schreibkraft"? Das war in ihren Augen pure Verschwendung. Im Land der unbegrenzten Möglichkeiten, dem nachzueifern auch die mitteldeutsche Life Science-Szene zu behaupten nicht müde wird, betrachtet man einen Medical Writer allerdings nicht als Luxus. In den USA ist es gängige Praxis, medizinisch-naturwissenschaftlichen Sachverstand gepaart mit der Kunst des zielgruppenorientierten Formulierens zu nutzen, um den wissenschaftlichen Output zu optimieren. Wer schreibt, der bleibt.

Was tut man, wenn man auf eine akademische Arbeitskraft nicht verzichten möchte, sie aber nicht bezahlen kann? Richtig! Man hält nach Drittmitteln Ausschau, jenem probaten Förderinstrument, mit dessen Hilfe sich die chronisch unterkapitalisierten Universitäten ganze Heerscharen von wissenschaftlichem Fußvolk leisten, damit sie von dem eingesparten Geld die Gehälter ihrer Professoren bezahlen können. Zusammen mit Armin formulierte die umtriebige Studienärztin ein auf fünf Jahre angelegtes Studienprojekt. Ein für diesen Zeitraum gesicherter Arbeitsplatz hätte für Armin in der Tat einen riesigen Erfolg bedeutet. Jedoch, die als Kooperationspartner (und als Sponsor) auserkorene Firma aus der Pharmasparte ließ sich von den allzu euphorisch formulierten Prognosen nicht aus der Reserve locken. Sie lehnte dankend aber unmissverständlich ab. Darauf wurde Armin flugs auf ein anderes Projekt angesetzt, das bereits zwei Jahre zuvor vertraglich bewilligt, aber bislang noch nicht recht in Angriff genommen worden war. Ein Pharmahersteller hatte damals einen nicht unerheblichen Geldbetrag als Vorschuss an die Klinik überwiesen. Als Gegenleistung sollte sie Daten aus einer Patientenstudie erhalten.

Doch mit dem Liefern schien es ein wenig gehapert zu haben. Man könnte auch sagen: die Firma hatte als Kunde etwas gekauft, aber die Ware vom Händler nie erhalten. Nun sollte Armin dem Notstand abhelfen und die bereits bedenklich angesengten Kastanien aus dem Feuer holen. Da die Deadline rasch näher rückte, sollte er innerhalb weniger Monate all das nacharbeiten, was in den zwei Jahren zuvor verbummelt worden war. Dafür stellte man ihm eine Bezahlung aus dem Entgelt der Firma in Aussicht. Immerhin: zum ersten Mal war indirekt von einem Arbeitsvertrag die Rede. Die Talsohle schien endlich durchschritten zu sein!

Mit frischer Motivation machte Armin sich an die Arbeit. Die bestand zunächst darin, Dutzende von Patientenakten nach bestimmten Daten zu durchforsten und diese sinnvoll zu ordnen. Leider waren die Statistiken, Tabellen und Listen alles andere als sorgfältig geführt. Obendrein erwiesen sich einige als unpräzise. In Einzelfällen waren sie schlicht unbrauchbar oder fehlten ganz. So rasch, wie man es sich vorgestellt hatte, würde man das vereinbarte Teilergebnis also nicht hinbekommen. Aber die Zeit drängte. Armin verzichtete auf die Hälfte des ihm zustehenden Jahresurlaubs, um den Rückstand aufzuholen. Als auch das nicht reichte, überredete man einen Medizinstudenten, der seine Ausbildung eigentlich an einer ganz anderen Klinik absolvierte, ihm zur Seite zu stehen. Mit vereinten Kräften überprüften der Doktorand und Armin hunderte Einzeldaten aus Fragebögen. Trotz allem blieben erschreckende Datenlücken, die sich so ohne weiteres nicht schließen ließen. Da Lücken weder statistisch noch inhaltlich auswertbar sind, blieb nichts anderes übrig, als die fraglichen Patienten nachträglich anzuschreiben oder anzurufen. Trotz dieses mühsamen und erheblichen Mehraufwandes konnten nur wenige Datenlücken notdürftig gestopft werden. Bei den Rückläufen waren leider Zweifel angebracht, ob sich die Patienten verlässlich an die lange zurückliegende Therapie erinnern konnten oder wollten. Bei der Auswertung stellte sich zudem heraus, dass einer großen Placebogruppe unverhältnismäßig wenige Verumpatienten[88] gegenüberstanden. Einem validen Ergebnis stand also auch ein ziemlich verunglücktes Studiendesign im Wege.

Als das Jahr sich dem Ende zuneigte, dämmerte es auch dem letzten Zweckoptimisten, dass die Abgabefrist trotz aller Anstrengungen nicht einzuhalten war. Die Daten auf dem jetzigen Stand an den Auftraggeber zu senden, wäre einem Offenbarungseid ziemlich nahegekommen. Die eloquente Studienärztin erwirkte ein Moratorium bis zum Frühjahr des nächsten Jahres. Gleichzeitig setzte sie sich zusammen mit dem leitenden Arzt bei der Klinikleitung für eine reguläre Weiterbeschäftigung Armins ein. Doch dieses Unterfangen erwies sich nach wie vor als wenig aussichtsreich. Da sich die Klinikleitung hartleibig und unnachgiebig gab, waren wieder einmal kreative Lösungen gefragt. Besonders die Studienärztin entpuppte sich in dieser Hinsicht als fantasievolle Taktikerin. Ihre Idee, Armin als freien Mitarbeiter im Rahmen eines Werkvertrages zu beschäftigen, wurde jedoch wegen schwerwiegender arbeitsrechtlicher Bedenken wieder fallengelassen. Dem Vorwurf, sich eines scheinselbstständigen Mitarbeiters zu bedienen, wollte man sich lieber doch nicht aussetzen. Da der Kostenträger nach zwölf Monaten der Übergangsgeldzahlungen ultimativ auf eine Entscheidung drängte und – wichtiger noch! – da der finale Liefertermin für die von der Pharmafirma bereits bezahlten Studiendaten unausweichlich näher rückte, entschloss man sich zu einem abenteuerlichen Deal: Armins Arbeitsplatz sollte – wie bereits angedacht – aus dem vorgeschossenen Erlös finanziert werden, der aus dem (noch nicht abgeschlossenen) Verkauf der klinischen Studiendaten an das Pharmaunternehmen erzielt worden war. Auch sollte Armin nicht an der Klinik selbst, sondern an einer Tochtergesellschaft des Großen Klinikums, auf deren Konten die vorgestreckte Kaufsumme geparkt war, angestellt und gewissermaßen als Dauerleihgabe an die Klinik ausgeborgt werden. Damit war die Klinikleitung aus dem Schneider. Sie bekam die lästige Arbeit erledigt, ohne einen einzigen Cent an Lohngeld aufbringen zu müssen, blieb aber zu 100 Prozent Nutznießer. Dass Armin alles für das Backen größerer Brötchen würde tun wollen, hielt man für ausreichend motivierend. Ihm gefielen zwar die Umstände seiner Anstellung nicht, doch er tröstete sich mit dem Gedanken, dass es letztendlich gleichgültig war, wie und wodurch er seine Familie von den drückenden Existenzsorgen befreien konnte – zumindest für die Laufzeit von zwei Jahren. *Manus manum lavat*[89], wie der Lateiner pragmatisch zu sagen pflegte. Dass dieser auf einer etwas wackligen Basis zu Stande gekommene Arbeitsvertrag zweiter Klasse dennoch eine sechsmonatige Probezeit vorsah, obwohl Armin bereits eine fünfzehn Monate währende, durch den Steuerzahler finanzierte Testphase durchlaufen hatte, soll hier nicht weiter kommentiert werden. Eine betriebsärztliche Untersuchung hielt man auch jetzt nicht für nötig, obwohl Armin auch weiterhin als Hilfskraft mit Patientenblut in Kontakt kam.

Zu dieser Zeit wandte sich das Institut für Rehabilitationspädagogik der Universität Halle/Wittenberg mit der Bitte an Armin, als Ko-Autor an einem Handlexikon über Autismus mitzuwirken. Das bescheidene Netzwerk, das er zwei Jahre zuvor zu knüpfen begonnen hatte, bewährte sich also durchaus. Obwohl es bei dieser Zuarbeit nur um die Ehre ging, war er sofort einverstanden. Die Ko-Autorschaft an einem seriösen, wissenschaftlichen Werk war ihm der zusätzlich anfallende Arbeitsaufwand wert. Schließlich galt es, seiner in den letzten Jahren statischen Publikationsliste wieder etwas Schwung zu verleihen. Außerdem durfte er auch die kleinste Gelegenheit, die sich als ein Schlupfloch für die Rückkehr in die wissenschaftliche Arbeit erweisen konnte, nicht einfach ausschlagen. Es ärgerte ihn deshalb, dass er dem Wunsch des Herausgebers nach einem stärkeren Engagement aus Zeitgründen leider nicht entsprechen konnte. Er war nun einmal in erster Linie seinem aktuellen Brötchengeber verpflichtet. Ob dieser seinerseits eine Verpflichtung verspürte, Armin längerfristig zu halten?

Nichts weiter als Bittstellerei (2015)

Drei Tage nach der Unterzeichnung des Arbeitsvertrages wurde Armin von einer unachtsamen Autofahrerin unsanft aus dem Fahrradsattel katapultiert. Im ersten Augenblick vermutete er eine starke Schulterprellung, doch die Computertomografie belehrte ihn eines Schlechteren: Ausgehend vom Gelenk zog sich ein übel aussehender Riss quer durch das Schulterblatt. Mit dieser Verletzung war Armin ein gutes Vierteljahr ausgebremst. Damit die Abgabetermine „seiner" Texte eingehalten werden konnten, tippte er zuhause einhändig und unter Nichtbetätigung der Hochstelltaste zwei anhängige Manuskripte zu Ende. Als Arm und Hand wieder hinreichend belastbar waren, konnte die Arbeit an der Auswertung der so genannten Studie wiederaufgenommen werden. Bald darauf wurde sie mit dem Vermerk „vorläufig" abgeschlossen. Endlich, drei Jahre nach Abschluss des Kaufvertrages, konnte der Pharmafirma, mit deren Geld man Armin entlohnte, ein Zwischenbericht vorgelegt werden. Obwohl mehrere Monate keine Rückmeldung vom Auftraggeber erfolgte, arbeiteten er und der Medizinstudent an der Studie weiter. Um den jungen Mann bei der Stange zu halten, hatte man ihm listig vorgeschlagen, er könne aus seiner Hilfstätigkeit eine Doktorarbeit machen. Mit Speck fängt man Mäuse! Für den Doktor *in spe* war das ein nahezu unwiderstehliches Angebot. Doch auch Armin bekam einen überraschenden Auftrag, und das ausgerechnet von der Klinikleitung, die seine Einstellung stets vehement abgelehnt hatte. Man bat ihn, einen fünfzehnseitigen Beitrag zu einer Jubiläumsfestschrift über das Große Klinikum zu verfassen, die in Buchform herausgegeben werden sollte. Er wollte seinen Ohren nicht trauen, als ihm ein Honorar über eintausend Euro dafür in Aussicht gestellt wurde. Aus Freude über die unerwartete Aufbesserung der Haushaltskasse plante seine Frau den Betrag fest in ihr Budget ein. Vom Thema her – ein geschichtlicher Aufriss der Klinik seit dem 19. Jahrhundert – war dieser Auftrag ganz nach Armins Geschmack. Sein eigentlicher Arbeitgeber hingegen sah sein außerordentliches Engagement gar nicht gerne. Das von der Industrie finanzierte Gehalt war ja exklusiv an die Bearbeitung von Studien geknüpft. Doch mit Blick auf die prestigeträchtige Festschrift drückte man beide Augen zu und ließ ihn gewähren. Schließlich hatte die Klinikleitung höchstpersönlich darum gebeten – und der Wunsch einer Klinikleitung ist auch für eine Tochterfirma des Großen Klinikums gleichbedeutend mit einem Befehl. Die Hierarchien funktionieren da wie geschmiert. Armin war es einerlei, für wen er die Feder schwang. Wenn in der Abteilung schon keine wirklich belastbaren Studienergebnisse zu erwarten waren, dann wollte er sich wenigstens mit der soliden und zuverlässigen Erledigung dieses prosaischen Auftrags empfehlen.

Mittlerweile lag auch das druckfrische Exemplar des Hallenser Handlexikons, an dem er mitgewirkt hatte, auf dem Tisch – und mit ihm die Anfrage, ob er sich auch an einem weiteren Werk über Autismus beteiligen wolle. Na, das verstand sich wohl von selbst! In ein Buchprojekt, das von autistischen Autorinnen und Autoren initiiert worden war, stieg er ebenfalls ein. All diese schriftstellerischen Aktivitäten kamen nicht nur seiner Publikationsliste zugute, sie stärkten auch sein arg ramponiertes Selbstvertrauen. Angeregt durch all diese Projekte reifte in Armin allmählich die Idee, seine „bunte" Erwerbsbiografie niederzuschreiben, ehe sie endgültig homerische Dimensionen annahm.

Doch zunächst machte er sich mit frischer Motivation an den eintausend-Euro-Auftrag der Klinikleitung. Er stöberte Textmaterial in den Bibliotheken und Archiven auf, recherchierte, sammelte alte Bilder und stellte eine repräsentative Auswahl historischer Fotografien zusammen. Bei seinen Nachforschungen kam Armin mit dem Leiter einer Außenstelle des Universitätsarchivs ins Gespräch. Der Archivar, der sich mit Veränderungsgedanken trug, fragte Armin, ob er sich nicht für seine Stelle interessiere.

Armin überlegte: als Archivleiter sein eigener Herr zu sein, aus der turbulenten Klinik in die Stille des Archivs zu wechseln, das hatte durchaus seinen Reiz. Ganz für sich allein zwischen Buch- und Bildmaterial die letzten Jahre seines Erwerbslebens zu verbringen, wäre ganz nach seinem Geschmack gewesen. Also bewarb er sich um den Posten. Doch vermutlich bevorzugte das Universitätsarchiv für eine Außenstelle einen weniger qualifizierten, sprich weniger Lohnintensiven Mitarbeiter. Jedenfalls bekam Armin den Job nicht und der bisherige Archivleiter versieht auch heute noch seinen Dienst. Nun, Armin trauerte dieser Absage nicht lange nach. Abschlägige Antworten waren ihm ja genauso vertraut wie die täglichen Staumeldungen. Und schließlich wartete eine Menge willkommener und interessanter Arbeit auf ihn.

Für seinen Beitrag zur Festschrift interviewte Armin emeritierte Professoren und ehemalige Ärzte der Klinik. Die älteren Herrschaften plauderten in ihren Privatwohnungen gerne mit ihm und gaben manches Bonmot aus ihrer aktiven Zeit zum Besten. Gerade von ihnen erntete er unerwartet viel Anerkennung für seine „umfängliche und profunde Ausarbeitung des Textes“. Seine stilistische Form und die „mit viel akribischem Gespür und Einfühlungsvermögen zusammengestellte Bildserie“ fanden Gefallen. Sein Manuskript sei eine „sehr gelungene Mischung aus Publizistik und wissenschaftlichem Inhalt“. Diese Beurteilungen gingen runter wie Öl! Armins Frau trieb sie die Tränen in die Augen.

Derart mit Vorschusslorbeeren bedacht und vom „Flow“ befeuert legte er das Werk seinem Auftraggeber bereits zwei Wochen vor der Abgabefrist vor. Die Honorarabrechnung vertagte er auf die Zeit nach seinem wohlverdienten Urlaub. Nach etlichen Jahren getrennt verlebter Urlaubsfreuden war nun Dank der Schmerzensgeldzahlungen für seine lädierte Schulter und in Erwartung des Honorars endlich wieder ein von der Familie gemeinsam unternommener Urlaub möglich geworden. Im Anschluss an seine erholsamen Reise in die Alpen erinnerte ihn das Kliniksekretariat daran, dass seine Abrechnung noch nicht eingegangen sei. Er möge sie doch bitte jetzt vorlegen, damit man ihm sein Honorar auszahlen könne. Armin bediente sich einer speziellen Software, die das Honorar transparent und nachvollziehbar nach der Norm- oder Standardzeile berechnet. Als nach einigen Wochen immer noch keine Kontobewegung erfolgt war, hakte er nach. Er hatte die Verzögerung der Zahlung darauf zurückgeführt, dass seine Rechnung womöglich an den Herausgeber der Festschrift weitergereicht worden war. Warum sollte ihm die Klinik eintausend Euro für eine Arbeit zahlen, die ein anderer in Auftrag gegeben hatte? Umso mehr überraschte es ihn, als er den wahren Grund für das Ausbleiben der Zahlung erfuhr. Die Klinikleitung habe „nicht gewusst", dass Armin bereits ein reguläres Gehalt von einer Tochtergesellschaft des Großen Klinikums beziehe. Hatte man tatsächlich schon vergessen, dass die Studienärztin und zwei Repräsentanten eben jener Tochterfirma (darunter sogar deren Chef im Range eines Professors) bei der Klinikleitung den Arbeitsvertrag in zähen Verhandlungen durchsetzen mussten? Wie dem auch sei: nun hielt plötzlich auch Armins Arbeitgeber alles für ein großes, bedauerliches Missverständnis und riet, nicht weiter auf die mündliche Zusage zu beharren. Folglich schrieb Armin das Geld in den Kamin. Wenigsten bekam er als Ko-Autor ein Belegexemplar sowie eine Einladung zum Festakt. Er nutzte den Event, um am Büfett grausam Vergeltung zu üben. Auch wenn er sich davon nichts kaufen konnte, freute er sich über die durchweg positiven Reaktionen auf das von ihm verfasste Kapitel. Zeitgleich war sein Manuskript für das zweite Buchprojekt in Halle ohne Beanstandung angenommen worden. „So hatte ich mir das vorgestellt!", ließ ihn der zufriedene Herausgeber wissen. Armin schloss sich ihm vorbehaltlos an. An der schriftstellerischen Front ließen sich also durchaus Geländegewinne erzielen.

An seinem amtlichen Arbeitsplatz in der Abteilung kündigten sich hingegen Veränderungen in Gestalt eines Führungswechsels an. Der leitende Arzt der Fachabteilung sollte wegen des Erreichens der Altersgrenze durch einen jüngeren Kollegen ersetzt werden. Da Armin mit Amtsnachfolgern keine guten Erfahrungen gemacht hatte (vgl. Kap. *Der Neuanfang*, S. 100; Kap. *Von Pontius zu Pilatus*, S. 157), erwartete er die personellen Korrekturen mit gemischten Gefühlen. Sein Unbehagen kam nicht von ungefähr: Die Klinikleitung hatte im Zuge der Umstrukturierungsmaßnahmen bereits die befristete Stelle der Studienärztin nicht verlängert. Damit entfiel ein für Armins Arbeit wichtiger Ansprechpartner. Doch damit nicht genug: Sein Arbeitgeber teilte ihm mit, dass das Pharmaunternehmen, das Armins Lohn finanzierte, angesichts der mageren Datenausbeute im Zwischenergebnis „Bauchschmerzen bekommen" und sich aus „grundsätzlichen, juristischen Erwägungen" vollständig aus dem Studienprojekt zurückgezogen habe. Der Rückzieher des Geldgebers musste bei Armins Bossen Panik ausgelöst haben. Umgehend prüften sie seine vorzeitige „Freisetzung". So bequem wie im Jahr 2009 ging es diesmal jedoch nicht (vgl. Kap. *Bewerben! Bewerben! Bewerben!*, S. 115). Der auf zwei Jahre befristete Arbeitsvertrag erwies sich diesmal als absolut wasserdicht und unanfechtbar. Er ließ keine einseitige Ausstiegsmöglichkeit zu und die Probezeit war zum Glück ebenfalls abgelaufen. Man musste Armin noch ein Jahr als wissenschaftlichen Mitarbeiter weiterbeschäftigen, ob man wollte oder nicht. Schlimmer noch: Man musste ihn nun zu 100 Prozent aus der eigenen Gehaltskasse entlohnen! Der Rentenversicherungsträger hatte dafür gesorgt, dass der Vertrag eingehalten werden musste, auch wenn die Förderung im zweiten Jahr entfiel.

Seine Stelle war Armin vorläufig geblieben (dem Rentenversicherungsträger sei Dank!), doch die wissenschaftlich anspruchsvolleren Projekte wurden durch die personelle Umstrukturierung leider nicht weiterverfolgt. Nach dem Ausscheiden der Studienärztin waren sowohl der DFG-Antrag als auch zwei bereits begonnene Publikationen wegen unbefriedigender Statistiken und wegen Kompetenzgerangels mit einem Partnerinstitut auf der Strecke geblieben. Übrig blieben eher anspruchslose Beiträge für deutschsprachige Facharztpostillen. Wegen ihres geringen wissenschaftlichen Tiefganges nahm Armin sie nur unter Vorbehalt in Angriff.

Erschwerend kam hinzu, dass sich während einer Übergangszeit von unbestimmter Dauer mit dem alten und dem neuen ärztlichen Leiter zwei Kapitäne zur gleichen Zeit auf der Brücke befanden. Es blieb völlig unklar, welchen Kurs der Abteilungsdampfer zukünftig einschlagen würde. Weder von der Klinikleitung noch von Armins eigentlichem Arbeitgeber kamen Signale, ob und wie man ihn zukünftig einzusetzen gedachte. Mit klaren Strukturen und einer einheitlichen Marschrichtung war vorerst nicht zu rechnen. Zwar hatte Armin den neuen leitenden Arzt über seinen speziellen Status und sein Handicap frühzeitig unterrichtet und ein aufmunterndes aber unverbindliches „wir kriegen das hin" zu hören bekommen, doch Armin wurde das Gefühl nicht los, dass man nichts Rechtes mit ihm anzufangen wusste. Der intellektuelle Anspruch seiner Aufgaben verflachte zusehends.

Wenn Armin Weihnachten 2016 nicht wieder in die Arbeitslosenfalle tappen wollte, blieb ihm noch ein knappes Jahr, sich nach Alternativen umzusehen. Doch wie und wo sollte er sie finden? An den Erfolg einer weiteren Bewerbungsoffensive glaubte er längst nicht mehr. Zwar aktualisierte er die Bewerbungen, die angeblich auf Wartelisten standen, doch würde er wohl eher Niere, Leber und Herz durch Spenderorgane ersetzt bekommen, als auf diesem Weg noch einen Job zu erhalten. Ein Blick auf das Geburtsjahr genügte bereits, die Personaler vom Lesen des Bewerbungsschreibens abzuhalten. Um sich wenigstens ein Minimum an Rechtsbeistand bei den drohenden Auseinandersetzungen mit Ämtern, Behörden und Arbeitgebern zu sichern, trat er als ordentliches Mitglied dem Sozialverband VdK[90] bei. Der freundliche Anwalt bereitete ihn gleich beim ersten Beratungsgespräch auf die auch zukünftig zu erwartenden kleinen Brötchen vor. „In Ihrer Position sind Sie nichts weiter als ein Bittsteller", machte er Armin schonungslos klar. Gleichzeitig ermunterte der Advokat ihn, mit der Bittstellerei fortzufahren, da er nicht ernsthaft dazu raten könne, sich auf eine Frührente in Höhe von 300 bis 400 Euro monatlich einzulassen.

Um seiner Rolle als Bittsteller gerecht zu werden, lenkte Armin einmal mehr seine Schritte in das Büro einer Schwerbehindertenbeauftragten. Diesmal war das Große Klinikum an der Reihe, das mit entsprechenden Angeboten nicht geizte. Gleich sieben (!) Beauftragte buhlten im Intranet um die Gunst jener Arbeitnehmergruppe, für deren Belange sie sich einsetzen sollten. Beinahe konnte man den Eindruck gewinnen, dass es an dieser großen medizinischen Einrichtung mehr Schwerbehindertenbeauftragte gibt als Menschen, für die sie zuständig sein sollen. Bereits die schiere Zahl sollte wohl suggerieren, dass am Großen Klinikum alles Menschenmögliche für die Mitarbeiterinnen und Mitarbeiter mit Handicap getan wird. Während ein halbes Dutzend Beauftragte auf die Arbeitnehmerseite entfielen, begnügte sich die Arbeitgeberseite mit einem einzigen. Armin schloss aus diesem auffallenden Ungleichverhältnis, dass ihre Befugnisse und ihre Bedeutung in umgekehrt proportionalem Verhältnis zu ihrer Anzahl standen. Doch er wollte nicht voreingenommen in das Gespräch gehen. Immerhin versicherte das Große Klinikum im Intranet markig: „Das Amt der Schwerbehindertenvertretung ist für uns nicht nur ein Amt, sondern eine Berufung"! Weiter stand dort zu lesen, dass „viele gesundheitlich eingeschränkte Beschäftigte nicht den Mut haben sich zu ‚outen', weil sie fälschlicherweise Nachteile befürchten". Das Gegenteil sei der Fall, da gerade sie durch das SGB IX[91] geschützt seien. Armin schüttelte ob so großer Naivität den Kopf. Das mochte nur jemand glauben, der noch nie auf derlei Schutz angewiesen war.

Nachdem Armin die „Vertrauensperson" ins Vertrauen gezogen hatte, versicherte diese ihm, eine Entlassung habe er unter den gegenwärtigen Umständen nicht zu befürchten. Falls dieser Fall wider Erwarten doch eintreten sollte (so sicher schien man sich in diesem Punkt wohl doch nicht zu sein), werde man alles tun, um ihm zu seinem Recht zu verhelfen. Armin verkniff sich die Frage, was er sich unter „alles" vorstellen dürfe. Er vermutete, dass dem Beauftragten lediglich ein sehr überschaubares, rechtlich wenig wirkungsvolles Instrumentarium zur Verfügung steht. Doch die Vertrauensperson schloss ihre Ausführungen mit der pathetischen

Versicherung: „Wir haben größtes Interesse daran, dass Sie uns als Mitarbeiter erhalten bleiben"! Auf dass dies auch so bliebe, wurde Armin an eine „Job-Agentin" in der Abteilung für „Recruiting" verwiesen. Dort hat man sich der anspruchsvollen Aufgabe verpflichtet, „alle Beschäftigten, mit dem Bestreben nach Veränderung oder Qualifizierung, in Form einer bereichsübergreifenden Karriereplanung (zu) unterstützen". Die Job-Agentin nahm in einem vier-Augen-Gespräch Armins Kenntnisse und Fähigkeiten zu Protokoll. Im nächsten Schritt sollten dann durch Abgleich mit den aktuellen Stellenausschreibungen seine weiteren Entwicklungsmöglichkeiten am Großen Klinikum eruiert werden. Armin ließ sich seine Skepsis nicht anmerken. Die Erfahrung hatte ihn gelehrt, dass derartige, mit wichtig klingenden Namen versehene Einrichtungen eigentlich nur einem Zweck dienen: ihren eigenen Mitarbeitern Beschäftigung und Gehalt zu sichern. Wer dort vorstellig werden musste, hielt in den allermeisten Fällen bereits die anale Karte in den Händen. Man war eben nichts weiter als ein Bittsteller.

Armin bewahrte kühles Blut. Da er von der Abteilung „Recruiting" nicht sonderlich viel erwartete, suchte er im Intranet auf eigene Faust nach geeigneten Betätigungsfeldern. Vielleicht stiegen seine Chancen, wenn er sich aus einer noch bestehenden Stelle heraus um eine berufliche Veränderung bemühte. Er fand drei medizinische Einrichtungen, in die er gut gepasst haben würde, und schickte deren Chefs ein freundliches Schreiben mit der Bitte um einen Gesprächstermin. Einer stellte sich tot, die anderen beiden wimmelten ihn ab mit den sattsam bekannten Floskeln wie „wir sind personell optimal aufgestellt, aber fragen sie doch mal bei XY nach" oder „die Finanzlage lässt derzeit keine Neueinstellungen zu, aber melden sie sich in einem halben Jahr noch einmal". Armin schwante langsam, dass ihm und seiner Familie erneut ein kräftezehrendes, strapaziöses und nervenaufreibendes Jahr bevorstand. Doch wenn diesem Jahr nicht ein noch belastenderes und bedrückenderes Jahr 2017 folgen sollte, musste der mühselige Weg der Bittstellerei eben abermals gegangen werden.

Da nützt es auch nichts, wenn in der UN-Konvention so schön steht: „Menschen mit Behinderung haben das Recht auf Teilnahme am Leben in ihrer Gesellschaft. Sie müssen nicht darum bitten. Es ist kein Geschenk. Es ist ihr Recht …“.

Inklusion in der Bewährungsprobe (2016)

Armins rührige Berater vom Arbeitgeber-Service für schwerbehinderte Akademiker der ZAV hatten ihm geraten, sich möglichst bald bei der Agentur für Arbeit als arbeitsuchend zu melden und sich dort nach den Fördermöglichkeiten eines neuen Arbeitsverhältnisses zu erkundigen. Auch einen Besuch beim Integrationsamt hielten sie für sinnvoll, da eventuell im laufenden Arbeitsverhältnis ein so genannter „Minderleistungsausgleich" gewährt werden könne. Da ohnehin kein Weg an einer erneuten Bittstellerei vorbeiführte, surfte Armin ein wenig auf den Webseiten des Integrationsamtes. Dort war von einem „Förderbetrag in Höhe eines Monatslohnes bei Einstellung für zwei Jahre" die Rede. Armin bezweifelte, ob sich sein Arbeitgeber (oder irgendein anderer) von einem derart kümmerlichen Lockvögelchen ködern lassen würde. Die Personalstelle des Großen Klinikums hatte ihm bereits 2009 kühl zu verstehen gegeben, dass man auf derlei „Förderungen nicht angewiesen" sei. Dabei hatte es sich damals um einen wesentlich höheren Förderbetrag gehandelt. Sein fadenscheinig begründeter Rausschmiss im Jahr 2009 und die Tatsache, dass sich sein jetziger Arbeitgeber Armins Arbeitskraft 27 Monate lang vom Steuerzahler hat subventionieren lassen, legen allerdings den Verdacht nahe, dass die Fachabteilungen sehr wohl ein Interesse daran haben, in den Genuss solch geldwerter Leistungen zu kommen – sofern eine Ausstiegsklausel im Vertrag steht für den Fall, dass am Ende der Griff in die eigene Lohnkasse droht. Die vom Integrationsamt in Aussicht gestellte Förderung dürfte indessen kaum den sprichwörtlichen Hund hinter dem Ofen hervorlocken. Die zu diesem Zeitpunkt auf den Webseiten des Wirtschaftsministeriums aufgeführten drei Kleinunternehmer, die diese Art der Förderung im Jahr 2015 in Anspruch genommen hatten, stellen eine äußerst dürftige Referenz dar.

Dass es auch anders geht, beweist eine Zürcher Firma, die ein spezielles Jobportal für Autisten ins Internet gestellt hat. Kaum hatte Armin sein Profil in dem Portal hochgeladen, als er eine Einladung zum Gespräch erhielt. Die sympathische Unternehmerin, selbst eine Asperger-Autistin, hatte Kontakte zu Schweizer Firmen geknüpft mit dem Ziel, arbeitslosen Menschen aus dem Autismus-Spektrum eine reelle Chance auf Beschäftigung zu bieten. Sie vereinbarte mit Armin, ihn an einen Schweizer Pharmakonzern zu vermitteln. Eine Garantie könne sie natürlich nicht geben, aber sein Profil passe ganz gut. Einen Versuch wäre es wert, auch wenn nicht kurzfristig mit einem Erfolg zu rechnen sei. Armin flog mit diesem Plan A in der Tasche und der tröstlichen Erkenntnis nach Hause, dass die von Jobcentern, Arbeitsagenturen und hilflosen Schwerbehindertenbeauftragten mit viel bürokratischem Aufwand eingeschlagenen Wege nicht der Weisheit letzter Schluss sein müssen. Es schien durchaus noch andere, pragmatischere Wege zu geben. Er war entschlossen, alle Chancen, die ihm auf diesen Wegen begegnen mochten, zu nutzen.

Wieder zu Hause beschäftigte sich Armin mit den viel beschworenen Einrichtungen wie Integrationsfachdienst und Integrationsamt. Da sich ihm auf Grund der sich zum Verwechseln ähnlichen Internetseiten der Unterschied zwischen diesen beiden Behörden nicht recht erschließen wollte, stellte er beim Integrationsfachdienst unter Nutzung des offiziellen Kontaktformulars eine Anfrage. Während er auf die Antwort wartete, besuchte er eine Jobmesse. Dort stieß er auf den Stand einer ihm bisher unbekannten Firma, die sich selbst als „größter unabhängiger Anbieter von Software-Test- und Qualitätsmanagement-Dienstleistungen“ anpries. Mehr aus Neugier denn aus ernsthaftem Interesse erkundigte sich Armin, ob das Unternehmen bereits ebenfalls Autisten als Mitarbeiter beschäftige. Da das der Fall war und die Firma zudem über einen Standort in der Lausitz verfügt, verwandelte sich die Neugier in gegenseitiges Interesse und man kam zwanglos ins

Gespräch. Als kontinuierlich wachsendes Unternehmen sei die Firma ständig auf der Suche nach neuen Mitarbeiterinnen und Mitarbeitern, ließ ihn die Standbesatzung wissen. Ja, auch geeignete Autisten würden gesucht. Ja, als Naturwissenschaftler erfülle Armin bereits fünfzig Prozent der vorausgesetzten Qualifikation. Ja, nach der Aneignung des speziellen Fachwissens wäre man an seiner Bewerbung durchaus interessiert. Man könne ihm sogar eine Bildungseinrichtung empfehlen, wo er sich zum Softwaretester qualifizieren könne (eine Fehleinschätzung, wie sich später herausstellte). Armin dankte für die Auskünfte und beschloss, sich die Sache als Plan B vorzumerken.

Die empfohlene Bildungseinrichtung entpuppte sich als das Berufsförderungswerk. Das BFW, erfuhr Armin bei einem kurzfristig vereinbarten Gespräch mit einer Mitarbeiterin, eröffne Erwachsenen, die ihren Beruf aus gesundheitlichen Gründen nicht mehr ausüben können, eine neue berufliche Perspektive mit dem Ziel der Teilhabe am Arbeitsleben (haben Sie es bemerkt? Die altbekannte Masche). Während der arbeitsmarktorientierten Qualifizierung arbeite das BFW eng mit Rehabilitationsträgern und dem potenziellen Arbeitgeber zusammen. Die Beraterin räumte allerdings offen ein, dass das Große Klinikum bisher ein „äußerst schwieriger Kooperationspartner" gewesen sei.

Nun, das alles kannte Armin bereits aus eigener Erfahrung. Am BFW wäre er also wieder da, wo er fünf Jahre zuvor so zweckoptimistisch als Rehabilitant begonnen hatte. Blieb nur die Frage, ob der Rentenversicherungsträger, aus dessen öffentlicher Schatulle die vorangegangenen Maßnahmen finanziert worden waren, Armin immer noch so lieb hatte, dass er ihm nach dem Motto „aller guten Dinge sind drei" eine dritte Maßnahme spendierte. Die diesbezüglichen Aussagen waren nämlich kaum unter einen Hut zu bringen: Während die Beraterin beim Rentenversicherungsträger nach der erfolglosen Rehabilitation am Beruflichen Trainingszentrum von einer nur „ausnahmsweise" gewährten Wiederholung der Maßnahme gesprochen hatte, hielt die Beraterin beim BFW selbst eine dritte Maßnahme zur

Teilhabe am Arbeitsleben für möglich. Die müsse lediglich gut begründet und vom potenziellen Arbeitgeber glaubhaft befürwortet werden. Da die Maßnahme eine konkrete, zielgerichtete und solide Qualifizierung zum Inhalt habe, stünden die Chancen für eine Kostenübernahme der nicht gerade billigen Weiterbildung so schlecht nicht. Die Beraterin empfahl ihm, sich bei dem Softwareunternehmen initiativ zu bewerben und die Teilnahme an der Qualifizierung konkret in Aussicht zu stellen. Sie selbst würde dann den Kontakt zu der Firma suchen und ihn begleiten, bis die Einstellung erfolgt sei. Daraufhin nahm Armin Plan B fest in sein strategisches Portfolio auf. Lieber würde er für sechs Monate die Schulbank drücken und für Prüfungen büffeln, als sich erneut auf das zermürbende, sinn- und zwecklose Sammeln von Absagen einzulassen. Wie sich jedoch wenig später herausstellte, bietet das BFW überhaupt keine Qualifizierung zum Softwaretester an. Das so genannte „Beratungsgespräch" hätte sich Armin sparen können.

Derweil drohte an anderer Front bereits neues Ungemach. Armins Mieter hatte den Mietvertrag nach fünf Jahren gekündigt. Das finanzielle Würgeeisen begann sich erneut spürbar zu verengen. Armin musste sich wohl oder übel auch mit dieser Thematik befassen. Nachmieter finden sich meist wie Sand am Meer, doch den geeignetsten zu finden setzt Menschenkenntnis und spezielle kommunikative Fähigkeiten voraus, die nicht einmal allen neurotypischen Menschen in ausreichendem Maße gegeben sind. Zudem wirkte die üble Erfahrung mit den Mietnomaden bei Armin nach (vgl. Kap. *Bewerben! Bewerben! Bewerben!*, S. 112). Unruhe und Nervosität trieben ihn um. Welchem Interessenten sollte er Glauben oder gar Vertrauen schenken? Von welchem war zu erwarten, dass er zumindest für ein paar Jahre wohnen blieb, ohne das Haus zu ruinieren? Würde die Wohnung vom alten Mieter in leidlich ordnungsgemäßem Zustand übergeben werden? Um Armin zu entlasten, kümmerte sich seine Frau um die noch offene Frage, ob und was das Integrationsamt (oder der Integrationsfachdienst) zur Lösung der leidigen Beschäftigungsfrage beitragen konnte. Da er auf seine offizielle Anfrage beim Integrationsfachdienst keine Antwort erhalten hatte, nahm sie die Sache auf ihre Weise in die Hand. Zunächst wandte sie sich ganz nach oben, an das Ministerium für Soziales und Verbraucherschutz. Das hatte Dutzende von Mitarbeiterinnen und Mitarbeitern auf der Gehaltsliste, deren Aufgabe es ist, jedem Bürger und Steuerzahler zu Diensten zu sein (das lateinische Wort *ministrare* bedeutet ja „dienen"; der *Minister* als oberster Dienstherr ist demnach einer der ersten Diener im Staat). Sie startete ihre Initiative auf Anraten eines dieser ministerialen Mitarbeiter im Referat für Gesellschaft und Familie. Dort hörte man sich ihr Anliegen höflich an, stellte aber sofort klar, dass in dieser Angelegenheit das Referat für die Teilhabe behinderter Menschen zu Rate zu ziehen sei. Der Ansprechpartner in besagtem Referat erklärte sich jedoch ebenfalls für nicht zuständig. Man möge sich, bitteschön, an den Integrationsfachdienst wenden. Armin ahnte bereits, dass sich die Geschichte wie in Karl Valentins Sketch vom Buchbinder Wanninger in die Länge ziehen würde. Seine Frau aber hatte sportlichen Ehrgeiz entwickelt. Sie wollte sämtliche bürokratischen Hürden nehmen, die da kommen sollten. Im Integrationsfachdienst bestätigte man ihr immerhin, dass man sich mit dem Erhalt von Beschäftigungsverhältnissen befasse. Eine positive Auskunft! Das war doch schon was! Allerdings, und das egalisierte das vermeintliche Erfolgserlebnis, sehe man in diesem speziellen Fall „keine Eingriffsmöglichkeit" (als ob es sich hier um einen Herrenslip ohne verdeckte Öffnung handele!). Man empfehle daher, sich an das Integrationsamt zu wenden. Die Spannung stieg ins Unerträgliche. Würde man wenigstens von dieser Behörde einen sachdienlichen Hinweis erhalten? Anfangs schien es so. Die dortige Ansprechpartnerin erwies sich als durchaus kompetent, aufgeschlossen und hilfsbereit. Doch leider erschöpfte sich ihre Verantwortlichkeit darin, ihre Klientin in der Kernfrage an eine weitere Sachbearbeiterin zu verweisen. Auch diese zeichnete sich als kenntnisreiche Sachverständige aus, weshalb es ihr auch nicht schwerfiel zu begründen, warum dem Integrationsamt in diesem Fall „die Hände gebunden" seien: Armins Anstellung sei über eine Maßnahme der Rentenversicherung Bund zustande gekommen. Die Zuständigkeit des Integrationsamtes beschränke sich jedoch auf reine Hausstellen. Sollte Armins Arbeitsvertrag von seinem Arbeitgeber verlängert werden, dann könne man etwas für ihn tun. Allerdings nur unter der Voraussetzung, dass es sich nicht um eine durch Drittmittel finanzierte Stelle handele. Falls also seine Weiterbeschäftigung auf der Basis von Fördergeldern der Deutschen Forschungsgemeinschaft erfolge, könne leider kein Minderleistungsausgleich gewährt werden. Sollte er 2017 jedoch in die Arbeitslosigkeit gehen müssen, fügte die Sachbearbeiterin tröstend hinzu, dann sei die Agentur für Arbeit zuständig und könne über weitere Fördermöglichkeiten entscheiden. Mit anderen Worten: Sollte es Armin nicht gelingen, Anfang 2017 eine Anschlussbeschäftigung zu finden, würde er wie im Monopoly-Spiel wieder über „LOS" gehen, sich sein Arbeitslosengeld abholen und eine neue Runde in diesem brutalen Spiel gehen müssen. Sollte, könnte, würde, müsste – mehr Konjunktive waren in dieser amtlichen Antwort beim besten Willen nicht unterzubringen. Dass bei jedem „New Deal"[92] die Brötchen im Indikativ stets eine Nummer kleiner ausfallen als in der Runde zuvor, schien niemand zu wissen, niemanden zu interessieren oder zu stören. Niemand schien in den Amtsstuben eine Vorstellung zu haben, dass sich die nun schon mehr als ein Jahrzehnt drehende Abwärtsspirale, an deren Ende das schwarze Loch der Altersarmut wie die Spinne im Netz lauert, für Armins Familie weiter fortsetzen würde. Jahr für Jahr erheischen Vermieter, Versicherer, Krankenkassen, Stadtwerke und andere unumgängliche Dienstleister auf ihren Rechnungen höhere Tribute. Die Nebenkostenabrechnungen der Hausverwaltung sind meist derart kryptisch, dass man gut daran täte, Fachanwälte zu Rate zu ziehen, wenn man über genügend Mittel verfügen würde, diese bezahlen zu können. Doch alle dürfen ihre Aufwandsentschädigungen, Beiträge, Gebühren, Preise, Sätze, Tarife, Zuschläge und Zinsen mit dem lapidaren Hinweis auf gestiegene Kosten nach oben schrauben, pardon: „anpassen". Die eigenen Einnahmen hingegen stagnieren oder werden von Beamten nach festgelegten, schwer durchschaubaren Schlüsseln heruntergerechnet.

Armins Frau hatte mittlerweile eine Arbeitsbelastung von bedenklichem Ausmaß zu bewältigen. Da sie die Preise für ihre Leistungen nicht einfach nach Kassenlage erhöhen konnte, blieb ihr nur die Möglichkeit, ihre Arbeitszeit bis weit in den Abend hinein auszudehnen. Die wachsende Arbeitsbelastung (zwölf bis vierzehn Stunden täglich, meist ohne nennenswerte Ruhepausen oder Mahlzeiten), das maßlose Anspruchsdenken einiger ihrer Kunden, die prekäre finanzielle Lage der Familie, der ständige Kampf um einen Arbeitsplatz für Armin und ihre Aufgaben als Mutter griffen ihre Gesundheit an. Doch eine Auszeit zu nehmen oder sich krankschreiben zu lassen, das ist für eine Einzelunternehmerin in einer solchen Situation so sinnvoll, wie das Aussteigen aus einer fahrenden Achterbahn wegen Übelkeit. Statt die Arbeit niederzulegen (Achtung, es folgt Polemik) und mal rasch für sechs Prozent mehr Lohn und Gehalt zu demonstrieren (Polemik Ende), muss sie sich bei ihren Kunden für jede ordnungsgemäß in Rechnung gestellte Leistung rechtfertigen. Dabei legt sie die Preise nicht einmal selbst fest. Die Krankenkassen und die Rechenzentren für Heilberufe schreiben ihr vor, wie viel – oder wie wenig – sie für ihre Leistungen verlangen darf. Doch wenn man sich nicht unversehens dem Vorwurf des Sozialneids ausgesetzt sehen möchte, behält man seinen Unmut besser für sich. Schließlich, gab man ihr indirekt oder auch unverblümt zu verstehen, würde ja niemand gezwungen, eine sichere Beschäftigung im öffentlichen Dienst gegen die Selbstständigkeit einzutauschen. Meist wird dann noch das gute, alte Vorurteil gepflegt, alle Selbstständigen seien doch Besserverdienende, die sich vom Geld ihrer Kunden dicke Firmenwagen und exklusive Urlaubsreisen leisteten. Dass tausende von Kleinunternehmern nicht wissen, wie sie die Krankenversicherung bezahlen sollen und ihnen von den Banken jegliche Kreditwürdigkeit abgesprochen wird, hält kaum jemand für möglich, ist aber die Realität.

Nutzen wir die Gelegenheit und werfen wir einen Blick auf die Auswirkungen der ständig kleiner werdenden Brötchen auf Armins Haushalt. Seit Jahren machte sich sein sinkendes Einkommen in Gestalt eines stetig anwachsenden Investitionsstaus unangenehm bemerkbar. Selbst notwendige Anschaffungen oder Reparaturen mussten immer wieder aufgeschoben werden. Die Liste der Gegenstände, die nach Erneuerung oder zumindest nach Instandsetzung schrien, verlängerte sich von Jahr zu Jahr. Sie las sich wie die Mängelliste eines abgewohnten Hotel garni der untersten Kategorie: Da waren die mehr als zwanzig Jahre alten, zu bandscheibenfeindlichen Hängematten durchgelegenen Matratzen. Sie hatten so schnell keine Ausmusterung zu befürchten, da sie ganz hervorragend mit den verschlissenen Matratzenrosten harmonierten, deren ausgeleierte, teils zerbrochene Latten unter Einsatz von Winkelblechen, Schrauben, Klebeband und Holzleim vor dem endgültigen Zusammenbruch bewahrt wurden. Jeden Abend konnte man eine Wette abschließen, welche Latte als nächstes durch den Druck des sich sorgenvoll darüber wälzenden Körpers mit einem hässlichen Knacken aus ihrer ausgenudelten Fassung sprang. Da war der prädigitale Fernsehapparat, der mit umkippenden Standbildern und Pixelgestöber sein nahes Verenden ankündigte. Da war die betagte Waschmaschine, deren beunruhigend heißeren Arbeitsgeräusche auf fortgeschrittene Arthrose des Kugellagers schließen ließen.

Eine ständige Herausforderung stellten auch die Ernährungs- und die Bekleidungsfrage dar. Als Ausgleich für die Versorgung mit halbwegs gesunden und bekömmlichen Nahrungsmitteln näherte sich die Qualität der Kleidung und der Schuhe auf einer nach unten offenen Skala stetig dem Ramschniveau. Deshalb durften Armins Winterstiefel auch zwölf Jahre nach ihrer Anschaffung noch ihren Dienst verrichten, auch wenn ihr abgelatschtes Sohlenprofil Schnee und Eis kaum mehr entgegenzusetzen hatte als zahnlose Kiefer einem Rindersteak. Gemeinsame Erholung für die ganze Familie war seit Jahren kaum noch zu realisieren. Entweder man fuhr gemeinsam in die Ferien, dann allerdings nicht länger als ein paar Tage mit entsprechend geringem Erholungswert. Oder je ein Elternteil verzichtete nach dem Rotationsprinzip zugunsten eines längeren Aufenthaltes.

Die Teilhabe an kulturellen Veranstaltungen litt ebenfalls unter erheblichen Abstrichen. Sie beschränkte sich oft auf kostenlose Darbietungen in Kirchen (den bescheidenen, auf ihre Gage verzichtenden Nachwuchskünstlern sei ein warmes „vergelt´s Gott!" geschuldet). Gelegentliche Kinobesuche fanden nur unter Inanspruchnahme aller Einsparpotenziale statt. Nostalgische Fotos von vor Jahren besuchten Stadtfesten und Weihnachtsmärkten dienten als Surrogat für den realen Besuch dieser kostenintensiven Events. Theater, Konzerthäuser, die Oper oder andere hochwertige Kultureinrichtungen waren für das schmale Familienbudget schlicht unerschwinglich. Daran änderten auch die ermäßigten Eintrittspreise für Schwerbehinderte und Kinder nichts. Armin konnte sich auch gar nicht mehr daran erinnern, wann er zuletzt die Dienste eines professionellen Friseurs in Anspruch genommen hatte. Auf der Liste der Einsparpotenziale nahm der Haarschnitt dank der Geschicklichkeit seiner Frau im Umgang mit der Schere bereits seit Jahren einen der vorderen Plätze ein.

Die Kosten für die hin und wieder notwendigen Fahrten zu seinem verpfändeten Haus hielt Armin so gut es ging in Grenzen, indem er sich auf einem Internetportal für Mitfahrer möglichst vielen zahlenden Passagieren als Chauffeur anheischig machte. Sein Gebrauchtwagen, einer im Fernsehen originell beworbenen Understatement-Marke, nahm mittlerweile die vierte Weltumrundung unter die Räder. Außer einer teuren Reparatur (nicht lange nach dem Kauf) hatte Armin dem Vehikel, um das Geld zusammenzuhalten, keine einzige Inspektion angedeihen lassen können. Mehr als Benzin und Gottvertrauen konnte er in das unverzichtbare Gefährt, auf dessen blecherner Haut sich rostiger Aussatz schwärend ausbreitete, nicht investieren. Ganz zu schweigen von der Anschaffung eines Wagens in besserer technischer Verfassung (selbst wenn Abwrackprämien in erstaunlicher Höhe dazu animierten).

Sein Häuschen, das mit seinen bescheidenen Mieteinnahmen gerade so Zins und Tilgung der Verbindlichkeiten ermöglichte, hätte an allen Ecken und Enden dringende Renovierungsmaßnahmen und Instandsetzungsarbeiten bitter nötig gehabt. In Ermangelung der dazu nötigen Rücklagen konnten aber nur wirklich unumgängliche Notreparaturen in kleinstem Umfange ausgeführt werden. Die Folgen eines größeren Schadens wollte sich Armin nicht einmal vorstellen.

Mit einem überschaubaren, wöchentlichen Budget von durchschnittlich fünf bis zehn Euro ausgestattet, war Armin nicht wirklich in der Lage, dem Bruttosozialprodukt spürbare Impulse zu verleihen. Er hatte sich deshalb abgewöhnt, Wünsche zu haben. Um Buch- und CD-Läden, denen er in besseren Zeiten nie hatte widerstehen können, schlug er nun einen großen Bogen. Die „toten" Saiten seiner Gitarre konnten erst dann auf Erlösung hoffen, wenn sich nach Jahren so viel Schmand und Schmodder auf ihnen abgelagert hatte, dass die Drähte ihr ehemals obertonreiches, lebendiges Klangspektrum restlos eingebüßt hatten und nur noch akustischen Matsch und Mumpf produzierten.

Die Liste der überstrapazierten Gegenstände des täglichen Bedarfs ließe sich ohne Mühe fortsetzen, doch wir wollen es nicht übertreiben. Decken wir lieber den barmherzigen Mantel des Schweigens darüber.

Armin und seine Frau waren angesichts dieser Mangelwirtschaft zu wahren Meistern im Ignorieren der geplanten Obsoleszenz[93] geworden. Das Leben unter diesen Umständen förderte in Armin alte, längst verschüttet geglaubte Tugenden wie Genügsamkeit und Bescheidenheit zu Tage. Sich in Konsumverzicht zu üben, ist letztlich nur eine Sache der inneren Einstellung. Man muss – um mit Immanuel Kant zu sprechen – lediglich die Pflicht zur Neigung machen. Man muss wollen, was man ohnehin nicht ändern kann, und man muss es gerne wollen. Armin verzichtete gerne, damit er seinem Kind ein ordentliches Taschengeld geben konnte.

Um die prekären Verhältnisse zu beenden, hatte Armins Frau sich in den Kopf gesetzt, alle von ihm bisher in Anspruch genommenen Beratungsstellen erneut zu konsultieren. Vielleicht würde sich der Wahlspruch „steter Tropfen höhlt den Stein" am Ende doch als zielführend erweisen. Als erster war der Schwerbehindertenvertreter der Universität an der Reihe. Man erinnere sich: Er hatte Armin drei Jahre zuvor den leider nie zu Stande gekommenen, persönlichen Kontakt zur „Arbeitsgemeinschaft Inklusion" und zum Prorektor für Hochschulplanung in Aussicht gestellt (vgl. Kap. *Von Pontius zu Pilatus*, S. 149). Mittlerweile hatte der Mann sich karrieretechnisch nach oben weiterentwickelt. Als Armins Frau ihm den Fall in Erinnerung rief, bedauerte er es sehr, aber er könne in dieser Angelegenheit leider nichts mehr tun. Er sei nun für ein anderes Ressort verantwortlich. In der Tat: Der Schwerbehindertenvertreter war zum Leiter der „Stabsstelle Diversity Management" aufgestiegen. Mit dieser phantasievollen Wortschöpfung, einem Meisterwerk denglischer Gebrauchsepik, hatten sich die Urheber linguistisch selbst übertroffen. Dafür, dass Stäbe in der Regel keine Weisungsbefugnisse haben, nicht selbst entscheiden und nur beratend tätig sein dürfen, stellt die kühne Kombination aus Stabsstelle (ohne Kompetenz) und Management (Führungsebene) ein gewagtes sprachliches Konstrukt dar, das im Widerspruch zum Selbstverständnis seiner Mitarbeiter steht. Entweder man gehört dem Management an und kann die Dinge nach Belieben regeln, oder man ist Mitarbeiter des Stabes und darf nur indirekt mitreden. Nach dem Managementberater Reinhard K. Sprenger liefern kompetenzlose Strukturen aber „nur Mittelmaß", da ihnen die Kreativität fehle. Vielleicht hatte Armin aber auch nur wieder alles falsch verstanden. Einerlei: Der fünfköpfige „Stab" – so steht es jedenfalls auf dessen Internetseite – bildet „die Koordinations- und Vernetzungsstelle für Aktivitäten, die zur Verbesserung der Chancengleichheit an der [Universität] unternommen werden". Über die Aufgabenstellung war zu lesen, dass die Schwerpunkte der Arbeit der Stabsstelle „die Gleichstellung von Frauen und Männern, Familienfreundlichkeit", aber eben auch „die Inklusion von Menschen mit Behinderung" seien. Doch gerade die durch diese sechs Worte eindeutig definierte Zuständigkeit war von der Stabsstellenleitung in Abrede gestellt worden.

Armins Frau betrachtete ihre Mission durch diesen Fehlschlag noch lange nicht als gescheitert. Sie nahm die Witterung erneut auf. Die nächste auf Ihrer Liste war die Vertrauensperson der Schwerbehindertenvertretung des Großen Klinikums. Diese hatte Armin seinerzeit versichert, man habe größtes Interesse an seiner Weiterbeschäftigung. Aber obwohl sich seine Frau am offenen Sprechtag auf Kosten ihrer Arbeitszeit mehrmals vor dem Büro einfand, traf sie die Vertrauensperson für Mitarbeiter des Großen Klinikums nicht an deren Arbeitsplatz an. Sie war gezwungen, telefonisch einen zweiten Gesprächstermin zu vereinbaren. Eine stichhaltige Begründung, weshalb das Büro während der Sprechzeit nicht besetzt war, blieb man ihr schuldig. Am nachträglich vereinbarten Gesprächstermin nahm auch Armin Teil. Ziel der Unterredung war, grundlegende Fragen, deren Beantwortung bei Armins erstem Besuch vage geblieben war, zu klären. Zwei dieser Fragen lauteten: *Wer* würde ihm im Falle einer vorzeitigen Kündigung zu seinem Recht verhelfen? *Wer* hat größtes Interesse daran, dass er dem Großen Klinikum als Mitarbeiter erhalten bliebe? Es stellte sich schnell heraus, dass es die Schwerbehindertenvertretung eben nicht ist. Sie konnte es gar nicht sein. Da Armin weder an der Hochschule, noch an der Medizinischen Fakultät, noch am Großen Klinikum angestellt war, gab es faktisch niemanden, der im Ernstfall seine Interessen hätte vertreten müssen oder ihm zu seinem Recht hätte verhelfen können. Als Mitarbeiter der Tochtergesellschaft mbH war er für das Große Klinikum nichts weiter als ein Avatar[94], den man nach Belieben ignorieren oder wegklicken konnte. Jetzt wurde das trickreich gewobene Gespinst seines Arbeitsvertrages erst richtig erkennbar.

Ignoriert fühlte sich Armin auch von der „Job-Agentin“ in der Abteilung für „Recruiting“. Mehr als fünf Monate lang hatte sie sich in beredtes Schweigen gehüllt. Und wie sich die Dinge nun darstellten, nicht einmal zu Unrecht. Manchmal könnten der Kollegin die angelegten Mitarbeiterprofile „etwas aus dem Blickfeld geraten“, versuchte ihn der Schwerbehindertenvertreter zu beschwichtigen. Vielleicht habe sie auch nur Schwierigkeiten, ein für ihn geeignetes Anforderungsprofil zu finden. Derweil die Skepsis in seinem kleinen Büro mit Händen zu greifen war, druckte der Schwerbehindertenvertreter einige Stellenanzeigen aus dem Intranet aus. Er gab Armin den Rat, am besten selbst nach geeigneten Stellen zu suchen und „sich immer wieder zu bewerben". Im Öffentlichen Dienst bestünde die Verpflichtung, Bewerber mit Handicap und mit vergleichbarer Eignung zum Gespräch einzuladen, versicherte er. Falls Armin bis Ende des Jahres nichts fände, fügte der Mann aufmunternd hinzu, habe er ja einige Zeit Anspruch auf ALG I.

Armin baute die Bewerbungen auf Stellen am Großen Klinikum als Plan C in seine Strategie ein. Die Stellenanzeigen erwiesen sich aber entweder als ungeeignet oder waren bereits nicht mehr aktuell. Ausgerechnet knapp abgelaufen war die Frist einer Ausschreibung, die die Mühe einer Bewerbung am ehesten gerechtfertigt hätte. Da sich der Ausschreiber auf telefonische Anfrage mit einer nachträglichen Bewerbung einverstanden erklärte, investierte Armin ein ganzes Wochenende und sein gesamtes Können in ein geschliffen formuliertes Bewerbungsschreiben. Die Vorlage, die er vom Berufsförderungswerk bekommen hatte und die angeblich von den Arbeitgebern „anerkannt, erprobt, gesellschaftsfähig und konkurrenzfähig" sein sollte, benutzte er nicht. Ein versierter Bewerbungscoach, den Armin während seiner Zeit am Beruflichen Trainingszentrum im Internet aufgespürt hatte, hielt sie für völlig unbrauchbar. Er hatte Armin gezeigt, wie ein professionelles Anschreiben tatsächlich strukturiert und verfasst sein musste, damit sich ein Personaler länger als ein paar Sekunden damit befasst. Seine Argumente waren so logisch, so wohlbegründet und so fundiert, dass sie Armin restlos überzeugten. Die Vorlage vom BFW hingegen war weit davon entfernt, den Adressaten bei Leselaune zu halten, geschweige denn, ernsthaftes Interesse am Urheber der Bewerbung zu wecken. Sie war viel zu lang und in zu viele Abschnitte zergliedert. Zu allem Überfluss war sie überladen mit leeren Worthülsen, nichtssagenden Phrasen und unbewiesenen Behauptungen. Wie derlei sprachlicher Bombast guten Gewissens als „anerkannt und erprobt“ ohnehin benachteiligten Jobsuchern empfohlen werden kann, wunderte Armin nach all seinen einschlägigen Erfahrungen nicht.

Ein anderes Problem ließ sich leider nicht so einfach aus der Welt schaffen. Personaler konzentrieren sich bei der Lektüre des Lebenslaufs in der Regel auf die letzten beiden beruflichen Stationen. Was dort an nachweisbaren Kenntnissen, Fähigkeiten und Erfahrungen aufgeführt ist, das allein zählt für sie. Diese wenigen Zeilen wecken das Interesse der Headhunter – oder eben nicht. Was der Schreiber vor fünf, zehn oder gar mehr Jahren geleistet hat, will niemand mehr wissen. Doch gerade an dieser Stelle, direkt in der Bedeutungslosigkeit platziert, warten Armins beruflich erfolgreichsten Jahre darauf, von einem aufmerksamen Personaler zur Kenntnis genommen zu werden. Die zeitnahen, aktuellen Einträge dagegen listen lediglich Tätigkeiten auf, denen man bestenfalls den Rang von Hilfsarbeiten zubilligen kann. Er überlegte, ob er zukünftig nicht von der Regel abweichen und die Rubrik „weitere Qualifikationen“ an die erste Stelle setzen sollte, um seine Stärken besser zu betonen. So könnte das Interesse des Lesers vielleicht gewahrt bleiben, auch wenn sein Blick auf die peinlichen Passagen stößt.

Armin gab sich alle Mühe, dieses Manko durch ein sorgfältig formuliertes und mit Belegen untermauertes Anschreiben auszugleichen. Doch was nützt alle Formulierungskunst, wenn der Lebenslauf die erwartete Schlüssigkeit vermissen lässt?

Bereits nach 24 Stunden wurde ihm von einer Mitarbeiterin des Stellenausschreibers mitgeteilt, dass seine Bewerbung leider nicht berücksichtigt werden könne. Die Frist sei überschritten. Auf seinen schriftlichen Einwand, der Professor habe die nachträgliche Bewerbung telefonisch befürwortet, erhielt Armin die unerwartete und erstaunliche Antwort, man habe die Bewerbungsfrist um vier Wochen verlängert. Armins Bewerbung würde also berücksichtigt werden.

Am darauffolgenden Tag musste Armins Frau ihren Kunden absagen. Ihr Blutdruck, sonst im ungefährlichen Bereich angesiedelt, war auf ungesunde 190/90 emporgeschnellt. Die ständige Zusatzbelastung begann nun auch von ihr Tribut zu fordern. Kürzer treten hätte ihr jetzt wahrhaftig gut getan. Wäre sie nicht selbstständig gewesen, die Hausärztin hätte sie ohne zu zögern krankgeschrieben. Im öffentlichen Dienst ist krankheitsbedingtes Pausieren kein Problem. Doch selbstständig zu sein heißt „selbst" und „ständig" zu arbeiten, wenn es sein muss auch nach Feierabend und an Wochenenden. Selbstständigkeit bedeutet, mit einem schwankenden Einkommen rechnen zu müssen. Sie bedeutet Verdienstausfall im Fall einer Krankheit – oder arbeiten im Krankheitsfall. Der unfreiwillige Verzicht auf regelmäßigen Erholungsurlaub, die sporadischen, meist rasch eingenommenen Snacks (Mahlzeiten konnte man sie nicht nennen) und die fehlende Entspannung an den Wochenenden zeigten nun fatale Wirkung. Doch an Gegensteuern war gegenwärtig überhaupt nicht zu denken, wenn die Brötchen nicht noch kleiner ausfallen sollten. Mit jeder Runde in der Abwärtsspirale verschärfte sich der Druck auf Armins Frau, die Einkommensverluste durch Mehrarbeit auszugleichen. Die Einkünfte aus ihrer Selbstständigkeit, einst als Nebenerwerb gedacht, waren längst zu einem lebensnotwendigen Haupteinkommen geworden. Wo war der Ausweg aus diesem Dilemma, bevor der gesundheitliche Zusammenbruch alle Familienmitglieder zu echten Sozialfällen werden ließ?

Die neue Schwerbehindertenvertreterin der Universität legte Armin nahe, den Schwerbehindertenbeauftragten des Arbeitgebers hinzuzuziehen. Er und nur er verfüge sowohl über die juristischen Kenntnisse als auch über die nötigen Befugnisse, die sein „Fall" erfordere. Damit bestätigte sich Armins Verdacht, dass sich hinter der im halben Dutzend auftretenden Schwerbehindertenvertretung des Großen Klinikums nichts weiter als zahnlose Papiertiger verbergen. Weiter riet sie ihm zu dem altbekannten Rezept, sich bei der Agentur für Arbeit nach einer ein- bis zweijährigen Förderung zu erkundigen, die unter Umständen bis zu 70 % des Gehalts ausmachen könne. Als Alternative empfahl sie ihm, über einen halben Arbeitsplatz mit Bezug von Teilrente nachzudenken. Immer kleinere Brötchen eben.

Um keine Gelegenheit ungenutzt verstreichen zu lassen, unternahm Armin den Versuch, das zwei Jahre zuvor steckengebliebene DFG-Projekt wieder anzuschieben (Plan D). Zwar hatte in der Zwischenzeit das Führungspersonal bei beiden Kooperationspartnern gewechselt, doch schien man auf beiden Seiten geneigt, das gemeinsame Forschungsvorhaben wieder aufleben zu lassen. Armin erhielt die Erlaubnis, an der Partneruniversität zu sondieren. Dort bekundete man Interesse, mahnte aber mit Hinweis auf die untätig verstrichenen zwei Jahre baldige und konkrete Schritte an („Für ein DFG-Projekt muss man brennen!"). Doch in Armins Abteilung blakte nur ein schwaches Flämmchen, das keinerlei motivierende Leuchtkraft entwickelte und jederzeit rußend verglimmen konnte. Zudem geriet das Vorhaben unverzüglich in die nächste Warteschleife: Angeblich musste erst ein habilitierter Mitarbeiter gefunden werden, der das Projekt unterstützte und der bereit und berechtigt war, einen DFG-Antrag zu unterschreiben. Freilich hing der Start des Forschungsvorhabens auch noch von anderen ungelösten Fragen ab: War die Klinikleitung mit dem Projekt einverstanden? Wenn ja, unter welchen Bedingungen befürwortete sie Armins Weiterbeschäftigung? Wie groß schätzte man die Erfolgsaussichten des DFG-Antrags überhaupt ein? Wie sah es mit der Übergangsfinanzierung bis zum Zeitpunkt der (hoffentlich eintretenden) Bewilligung aus? Mit der letzten Frage behelligte Armin nun den Schwerbehindertenbeauftragten des Arbeitgebers. Er fand schnell heraus, dass dieser Mann tatsächlich über fundierte juristische Kenntnisse verfügt. Der Schwerbehindertenbeauftragte bemerkte seinerseits rasch, dass er für Armin nicht zuständig sein könne, da Armin keiner „Struktureinheit" der Universität oder des Großen Klinikums angehöre. Darüber hinaus zeigte er sich überrascht, dass Armin dennoch an einer Klinik des Großen Klinikums arbeite. Die Frage der Zutrittsberechtigung sei nämlich nirgends schriftlich geregelt. Arbeitsrechtlich bewege Armin sich auf „ganz dünnem Eis". Da die Klinikleitung seinen Arbeitsplatz aber allem Anschein nach toleriere, sah er sich glücklicherweise nicht veranlasst, daran Anstoß zu nehmen. Nach Lage der Dinge sei von Armins jetzigem Arbeitgeber jedoch keine Verlängerung des Arbeitsvertrages zu erwarten. Es stünde Armin frei, die Klinikleitung um eine befristete Einstellung zu ersuchen. Schließlich habe er ja bisher in ihrem Auftrag und in ihrem Interesse gearbeitet. Dass daraus ein Hausvertrag entstehe, schloss der Schwerbehindertenbeauftragte allerdings kategorisch aus. Auch eine Übergangsfinanzierung bis zur Annahme des DFG-Antrages sei nicht realistisch. Wenn überhaupt, käme nur eine Drittmittelfinanzierung seiner Stelle in Betracht. Mit anderen Worten: Wollte Armin seinen Arbeitsplatz auch zukünftig behalten, musste er seine Lohngelder schon mitbringen.

Die Situation glich dem Zirkelschluss in dem alten Volkslied „Ein Loch ist im Eimer". Um die Diallele[95] aufzubrechen, meldete sich Armin in der Agentur für Arbeit vorsorglich als arbeitssuchend. Im Rahmen eines der unvermeidlichen Gespräche „über seine aktuelle berufliche Situation" würde er das Thema Förderung zur Sprache bringen. In einer Anwandlung vorauseilenden Gehorsams startete er gleich eine neue Runde der Bittstellerei und überarbeitete seine diversen Notfallpläne. Da er diesmal auf möglichst viele Eventualitäten vorbereitet sein wollte, behielt er sich als Plan E eine Bewerbung beim Bundesamt für Migration und Flüchtlinge als Deutschlehrer für Asylanten vor. Wegen der nach wie vor ungeklärten Frage seiner Qualifikation und der geringen Wahrscheinlichkeit einer regelmäßigen Vergütung beließ er diesen Plan bis auf weiteres im Stand-By-Modus. Auch die Idee mit dem Autismus-Informationsdienst spukte wieder durch seine Gehirnwindungen, diesmal als Crowd-Funding-Projekt (Plan F). Wenn das so weiterging, würde das Alphabet für all seine Pläne nicht genügend Buchstaben bereithalten.

Erste Priorität besaß freilich Plan D, der Antrag auf Fördergelder bei der Deutschen Forschungsgemeinschaft. Mit der konkreten Projektidee in der Tasche suchte er erneut das für Antragstellungen dieser Art zuständige Referat Forschung der Fakultätsverwaltung auf. Die Informationen, die er erhielt, waren nun sachdienlicher und zweckmäßiger als bei seinem ersten Besuch zwei Jahre zuvor. Doch bevor er sich mit dem DFG-Antrag beschäftigen konnte, wurde Armin zum Bewerbungsgespräch eingeladen. Obwohl er sich beim Verfassen von Bewerbungen noch allergrößte Mühe gab, lösten Einladungen längst keine optimistische Grundstimmung mehr aus. Die freudige Zuversicht, die er einst bei jeder Einladung zum Vorstellungsgespräch verspürt hatte, war einer nüchternen Gefasstheit gewichen. Die Erfahrung hatte ihn gelehrt, Enttäuschungen nicht zu fürchten, sondern zu erwarten. Es war Armin klar, dass er mit dieser Einstellung von einem Extrem in das andere geraten war. Das einstige Wunschdenken, bei dem die Realität durch ein erwünschtes Ergebnis verdrängt wurde, war durch den Bann der selbsterfüllenden Prophezeiung im Sinne des Andorra-Effektes[96] ersetzt worden.

Routiniert und geschäftsmäßig stellte der Interviewer, der Armins Bewerbungsunterlagen gar nicht erst zum Gespräch mitgebracht hatte, einige Fragen, die geeignet waren, die Qualifikationslücken des Bewerbers schnell und gezielt zu Tage zu fördern. Daraufhin verblüffte er Armin mit dem Hinweis auf die „vorbildliche soziale Ausrichtung“ des Großen Klinikums, an dem er, Armin, sicherlich eine für ihn geeignete Stelle finden würde. Mit dieser vorweggenommenen Absage war das Gespräch beendet. Auf eine schriftlich erbetene Stellungnahme der stellvertretenden Schwerbehindertenbeauftragten, die die ganze Zeit über als Beisitzerin schweigend an dem Gespräch teilgenommen hatte, wartete Armin vergeblich. Das „größte Interesse daran, dass er [Armin] dem Großen Klinikum als Mitarbeiter erhalten bleibt“, konnte demnach so groß nicht sein.

Einer weiteren Bewerbung am Großen Klinikum wurde ohne ein Gespräch eine Absage erteilt. Man könne seiner Bewerbung leider nicht entsprechen, weil einige Mitbewerber dem Anforderungsprofil noch etwas stärker entsprächen, als er es bereits tue. Bei der Lektüre des letzten Halbsatzes stutzte Armin. „Etwas stärker“: Das sollte doch wohl heißen, dass er dem Anforderungsprofil in vergleichbarer Weise entsprach! Und nach Aussage des Schwerbehindertenbeauftragten besteht im öffentlichen Dienst die Verpflichtung, Bewerber mit Handicap, aber vergleichbarer Eignung, zum Gespräch einzuladen. „Dann müssen die Sie einladen!", hatte er triumphierend verkündet. Diese Feststellung wertete Armins stolze Einladungsquote des Jahres 2012 allerdings stark ab. (vgl. Kap. *Der Kampf gegen Windmühlen*, S. 138).

Da er der Bewerbung ohnehin wenig Chancen eingeräumt hatte, hakte er die Sache ab und heftete das Schreiben in dem dicken Ordner mit den Ablehnungen ab. Später, in der Agentur für Arbeit, mochte es immerhin noch als „Beweis seines guten Willens zur Mitarbeit" taugen.

Wenige Wochen später erreichte ihn überraschend ein Schreiben von derjenigen Person, die ihm zuvor die Absage hatte zukommen lassen. Darin bat sie ihn um Verständnis dafür, dass der Auswahlprozess noch einige Zeit in Anspruch nehmen werde. Man werde sich wieder bei ihm melden. Armin war perplex. Entweder hatte man die bereits an ihn verschickte Absage vergessen, oder es war jemandem ein- oder aufgefallen, dass er als Bewerber mit Schwerbehinderung und vergleichbarer Eignung einen Anspruch auf eine Einladung zum Gespräch hat. Ganz gleich, wie die Dinge lagen: Armin ließ sich in einem Anflug prophetischer Weitsicht nicht dazu verleiten, das Schreiben mit der Absage aus dem Ordner mit den Ablehnungen zu nehmen. Mit an Sicherheit grenzender Wahrscheinlichkeit würde er es sowieso wieder dort abheften müssen.

Was er daraufhin erlebte, stellte den vorläufigen Höhepunkt seines an bewerbungstechnischen Absurditäten reichen Lebens dar. Wir wollen uns dieses Paradebeispiel etwas genauer ansehen: Zunächst teilte ihm die bisherige Kontaktperson zu ihrem „größten Bedauern mit", dass „beim Auswahlverfahren ein Missgeschick passiert" sei, „wodurch [man] versäumt habe, [ihn] zu einem Vorstellungsgespräch einzuladen". Man würde sich „sehr freuen", wenn er einen der angebotenen Ausweichtermine wahrnehmen könnte.

Jetzt wollte Armin es aber genau wissen! Es leuchtete ihm nicht recht ein, weshalb zweieinhalb Monate nach dem Ablehnungsbescheid doch noch echtes Interesse an einem Vorstellungsgespräch bestehen sollte. Da er auf gar keinen Fall in ein Bewerbungsgespräch gehen wollte, das lediglich der nachträglichen Erfüllung einer juristischen Formalie dient, bat er höflich aber bestimmt um ehrliche Aufklärung: Sollte das Auswahlverfahren tatsächlich abgeschlossen sein und der Kandidat oder die Kandidatin bereits feststehen, ziehe er seine Bewerbung zurück.

Nun, da er den Ball für den Gegner unerwartet scharf zurückgespielt hatte, wartete Armin gespannt auf die Reaktion. Sie erfolgte in Form einer 470 (in Worten: vierhundertsiebzig) Wörter umfassenden E-Mail, die ihm der Leiter der Forschungseinheit höchstpersönlich zu schreiben geruht hatte. Es war ein Text, so verflochten und verschlungen wie der Gordische Knoten. Sie zu analysieren kostete Armin mehr Zeit und Mühe als die Dechiffrierung seines Steuerbescheides. Der Professor entschuldigte sich zunächst für den – wie Armin „völlig richtig bemerkt" habe – unüblichen Ablauf des Auswahlprozesses. Dann legte er in epischer Breite dar, weshalb es zu dieser Farce gekommen war: Ein Mitarbeiter, der die Forschungseinrichtung eigentlich hatte verlassen wollen, habe sich nach der Stellenausschreibung plötzlich eines anderen besonnen. Dieser abrupte Rückzieher habe zur Folge gehabt, dass nur noch die Hälfte der für die ausgeschriebene Stelle vorgesehenen Personalmittel zu Verfügung stand. Da die Mittel zudem zeitnah verwendet werden müssten, wäre eine erneute Ausschreibung nicht mehr möglich gewesen. Man hatte sich deshalb entschlossen, aus dem Pool der sechzig Bewerber diejenigen anzuschreiben, bei denen man den Eindruck hatte, dass für sie auch eine auf ein Jahr befristete, 50%ige Stelle noch interessant sein könnte.

Bereits hier musste Armin eine erste Denkpause einlegen, um das Knäuel der Argumente zu entwirren. Weshalb schrieb man diese 50 %-Stelle aus, wenn der Mitarbeiter auf seiner Vollzeitstelle blieb? Weshalb standen überhaupt noch Mittel zur

Verfügung? Wie war es möglich, bei einem Teil der Bewerber, die sich um eine volle und längerfristige Stelle beworben hatten, den Eindruck zu gewinnen, sie könnten sich auch mit einer wesentlich kürzeren, halben Anstellung zufrieden geben? Las man das aus dem Anschreiben, aus dem Lebenslauf oder aus dem Bewerbungsfoto heraus? Das wäre in etwa so, als ob ein Bäcker aus den Kunden, die ein frisches Brot kaufen wollen, diejenigen herausfiltern will, die sich auch mit den altbackenen Ladenhütern vom Vortag zufrieden geben könnten. Und was war mit den anderen Bewerbern, denen dieser dubiose Deal nicht angeboten worden war? Hatten auch sie eine Absage erhalten mit der Begründung, andere entsprächen etwas stärker dem Anforderungsprofil – dem Anforderungsprofil einer Stelle, die eigentlich gar nicht zu vergeben war?

Armin ließ diese Fragen vorerst im Raum stehen und widmete seine Aufmerksamkeit dem Abschnitt, der ihn selbst betraf. Darin gestand der Professor, man habe ihn, Armin, nicht angeschrieben, weil man der Meinung war, dass eine halbe Stelle mit so kurzer Laufzeit für ihn ohnehin nicht interessant sei. Das entsprach zwar zufällig der Wahrheit, hätte aber auch genauso gut ein Trugschluss sein können. Wesentlich heftiger bewegte Armin, dass er (wohl mit etlichen anderen Bewerbern) eine Absage bekommen hatte, die von vorne bis hinten fragwürdig war, weil die bewusste Stelle nie hätte ausgeschrieben werden dürfen. Mag sich der Leser ein passendes Eigenschaftswort für dieses Gebaren überlegen.

Armin überwand seinen Widerwillen und nahm sich der zweiten Hälfte der E-Mail an. Darin wurde zugegeben, dass man Armins Schwerbehindertenstatus erst „unmittelbar vor Abschluss der Einstellung" des auserwählten Bewerbers bemerkt und ihn doch noch flugs zum Vorstellungsgespräch eingeladen hatte. Falls die 50 %-Stelle für ihn „wider Erwarten" doch von Interesse sei, würde man „selbstverständlich ein ernsthaftes Bewerbungsgespräch mit [ihm] führen". Schließlich seien die „diesbezüglich gesetzlichen Regelungen sinnvoll und ihre Einhaltung [...] wichtig". Sollte die halbe Stelle jedoch keine Bedeutung für ihn haben, würde er der Einrichtung „in der Tat durch Rückziehung [seiner] Bewerbung einen großen Dienst erweisen".

Leider, fuhr der Leiter des Forschungszentrums fort, könne man „den Sachverhalt mit der Personalabteilung und Schwerbehindertenvertretung nicht offen besprechen, da [man] eigentlich die Stelle [...] hätte neu ausschreiben müssen". Und er fügte halb erklärend, halb entschuldigend hinzu, die Neuausschreibung sei ein „Aufwand, den [man sich], aber auch den InteressentInnen gerne ersparen [wolle] und der so langwierig [sei], dass er wegen der limitierten Laufzeit der Finanzierung zusätzliche Probleme bereitet hätte".

An dieser Stelle waren neue Fragen aufgetaucht, die eine weitere Denkpause erzwangen. Wenn dem Stellenanbieter die angeblich sinnvollen Regelungen des Gleichbehandlungsgesetzes so wichtig sind, wie konnte dann der Schwerbehindertenstatus eines Bewerbers einfach so „übersehen" werden? War man überhaupt der Verpflichtung nachgekommen, die Agentur für Arbeit über die ausdrücklich auch für Schwerbehinderte ausgeschriebene Stelle zu informieren? Wie „ernsthaft" kann ein nachträgliches Bewerbungsgespräch sein, wenn sich der Arbeitgeber bereits für die Einstellung eines anderen Kandidaten entschieden hatte? Was bedeutete der ausdrückliche Hinweis auf ein „ernsthaftes Bewerbungsgespräch"? Durfte daraus der Umkehrschluss gezogen werden, dass es auch nicht ernst gemeinte Vorstellungsgespräche (im modernen Sprachgebrauch „fake-Interviews") gibt? War hier mit entwaffnender Offenheit von einer ungeheuerlichen Mauschelei die Rede, oder hatte man lediglich die arbeitsrechtlichen Bestimmungen zur Ausschreibung von Stellen zu großzügig ausgelegt? War diese hemdsärmelige Vorgehensweise am Großen Klinikum am Ende sogar gang und gäbe?

Die Umstände ließen leider sämtliche Varianten möglich erscheinen. Dazu passte auch die verlockende Offerte, die sich am Ende der E-Mail zuckersüß in Armins Blickfeld schmeichelte. Darin wurde ihm „unabhängig von der ausgeschriebenen Stelle ein persönliches Gespräch" angeboten. Man wolle „ausloten, ob es längerfristig evtl. andere Möglichkeiten […] geben könnte, die für [Armins] weitere berufliche Entwicklung interessant sein könnten". Mit nochmaliger Entschuldigung und besten Grüßen schloss der Absender sein Briefchen. Wenn das kein vollendeter Kotau[97] war!

Obwohl der Herr Professor – aus welchen Gründen auch immer – eine auffällige Zurückhaltung an den Tag legte, „den Sachverhalt mit der Schwerbehindertenvertretung … offen [zu] besprechen", fühlte sich Armin frei, genau dieses zu tun. Das Gespräch führte jedoch lediglich zu der Erkenntnis, dass die als Schwerbehindertenvertreter „ehrenamtlich tätigen Mitarbeiter und Mitarbeiterinnen gar nicht die Macht" hätten, in die internen Stellenausschreibungen einzugreifen. Doch wozu benötigt man sie dann? Eine Instanz, die immer nur schweigend dabeisitzt und nicht eingreifen kann (oder will), wenn eine Stellenvergabe unter fragwürdigen Bedingungen abläuft, ist sinnlos und überflüssig. Der Schwerbehindertenvertreter am DFG-Forschungszentrum hatte ja bewiesen, dass man in einem fehlgeleiteten Bewerbungsgespräch sehr wohl die Stimme erheben und regulierend eingreifen kann (vgl. Kap. *Von Pontius zu Pilatus*, S. 154).

Der zeitnah anberaumte Termin mit dem Professor ergab keine kurzfristige, für Armins berufliche Entwicklung interessante Option und an eine langfristige glaubte er nicht, obwohl sein Gesprächspartner sich dafür verwenden wollte. Immerhin nahm er nach der Unterredung dem Mann, der wie Armin kein Mediziner, sondern Naturwissenschaftler ist, sein ehrliches Bedauern wegen des verunglückten Bewerbungsvorganges ab.

Armin richtete seine Blicke nun wieder verstärkt auf externe Angebote. Er fuhr zu der Informationsveranstaltung „Autism at work" des IT-Konzerns SAP. Vor drei Jahren als Projekt gestartet, ist es mittlerweile zu einem Programm gereift, das von SAP als Erfolg eingestuft und ernsthaft beworben wird. Bis 2016 haben am Standort St. Leon-Rot 22 Mitarbeiter und Mitarbeiterinnen aus dem Autismus-Spektrum eine Anstellung gefunden. Ihre Arbeitsbedingungen sind vorbildlich und suchen unter anderen, deutschen Arbeitgebern ihresgleichen: Von vergüteten (!) Praktika und Probearbeitsverhältnissen über Teilzeit, Sonderregelungen für Arbeitsbedingungen bei Geräusch- oder Lichtempfindlichkeit, ärztlicher Betreuung und verlängerten Wochenenden bei erhöhtem Bedarf an Regenerationszeit bis hin zur Arbeit im Homeoffice reicht die Palette der autistenfreundlichen Angebote.

Die Verantwortlichen Projektmanager haben rasch herausgefunden, dass Autisten nicht nur in den drei Kernbereichen Software Development, Quality Management und Service & Support einsetzbar sind. Das Unternehmen strebt daher nachhaltige Beschäftigungsverhältnisse auch in anderen Geschäftsbereichen an. Die Schaffung weiterer Jobprofile ist nicht zuletzt Folge der erstaunlichen Beobachtung, dass in den Arbeitsgruppen mit autistischer Beteiligung ein „vorbildliches, auf gegenseitigem Respekt und auf Toleranz begründetes Arbeitsklima" vorherrscht.

Ein mutiger unternehmerischer Ansatz, fand Armin, der zur Nachahmung sehr empfohlen werden sollte. Zumindest besteht für einige Autisten der nächsten Generation die reelle Chance, diese sich für sie öffnende Nische auf dem Arbeitsmarkt zu besetzen. Nach und nach könnten sie von der Gesellschaft als das wahrgenommen und akzeptiert werden, was sie sind: wertvolle Glieder in der Wertschöpfungskette einerseits und geachtete Mitmenschen andererseits. Keinesfalls aber erwerbsunfähige, unter ihrer Behinderung leidende Soziopathen.

Armin entschloss sich, nach seinem ersten erfolglosen Versuch im Jahr 2012 einen zweiten Versuch bei SAP zu wagen (Plan G). Ein Mitarbeiter der Firma hatte ihn ermutigt, sich für eine Stelle außerhalb der drei Kernbereiche zu bewerben. Doch da sich sein Arbeitsvertrag noch vor Weihnachten unerbittlich im Nichts verlieren und sich die deprimierende Situation von 2009 zu wiederholen drohte, durchforstete er lieber die internen Stellenausschreibungen des Großen Klinikums, solange er noch eine Zugangsberechtigung für das Intranet besaß. Er stieß auf zwei Ausschreibungen, deren Anforderungsprofile er fachlich zu mindestens 60 % erfüllen konnte. Bei einem der beiden zu vergebenden Jobs handelte es sich um eine Stelle als wissenschaftlicher Mitarbeiter an der Medizinischen Fakultät. Die formalen Voraussetzungen brachte er größtenteils mit, doch leider würden die Brötchen bei der auf 18 Wochenstunden begrenzten Teilzeitstelle noch ein gutes Stück kleiner ausfallen als bisher.

Die andere Ausschreibung bot nicht wirklich bessere Konditionen, denn hier wurde nicht einmal mehr eine bestimmte Qualifikation oder eine spezielle Ausbildung verlangt. Das Anforderungsprofil war merkwürdig vage und konturlos. Obwohl eine Vollzeitbeschäftigung angeboten wurde, war zu befürchten, dass diese Option ebenfalls nur kleine Brötchen hervorbringen würde. Es war lediglich von einem „Mitarbeiter", nicht von einem „wissenschaftlichen Mitarbeiter" die Rede. Die Stelle war zudem auf ein Jahr befristet. Eigentlich war Armin für diese Arbeit eindeutig überqualifiziert. Doch uneigentlich durfte er nicht wählerisch sein. Statt Weihnachtsgrüße an Freunde und Bekannte zu versenden, schrieb er eben die Bewerbungen Nr. 242 und 243 – in virtueller Kopie an den Weihnachtsmann in Himmelpfort. Vielleicht würde Armins bescheidener Wunschzettel den himmlischen Wünscheerfüller milde stimmen.

Tatsächlich: Noch vor den Feiertagen hielt er die Einladungen zu den Vorstellungsgesprächen in der Hand. Halleluja! Vielleicht lag es an der von caritativem Geist durchdrungenen Vorweihnachtszeit, dass die Gespräche einen anderen Verlauf nahmen als noch einige Wochen zuvor. Statt von Anfang an gezielt seine Qualifikationslücken und Kommunikationsdefizite gnadenlos offenzulegen, schienen seine Interviewer auffallend bemüht, Armins berufliches Profil unter Berücksichtigung seines Handicaps mit dem Anforderungsprofil zur Deckung zu bringen. Die verwertbaren Schnittstellen waren ja nicht zu übersehen. Im Vergleich zu 2009, als die Kündigung unter dem Weihnachtsbaum die festliche Stimmung nachhaltig verhagelt hatte (vgl. Kap. *Bewerben! Bewerben! Bewerben!*, S. 115), gab es jetzt wenigstens wieder ein winziges Quäntchen Hoffnung – auch wenn der Zweckoptimismus größer war als die Zuversicht.

Zwischen Resignation und Durchhaltewillen

Im Spätherbst war der Tag des endgültigen Abschieds von seiner bisherigen Stelle gekommen. Armin räumte sein Büro in der Klinik und nahm seinen Resturlaub. Die Talsohle hatte er offensichtlich doch nicht durchschreiten können, jedenfalls nicht in Querrichtung. Im Gegenteil: er hatte langsam das Gefühl, dass er seit Jahren nur in der Längsrichtung dahintrottete. Entsprechend war die Zeit zwischen den Jahren 2016 und 2017 wie schon so oft geprägt von Ungewissheit. Nutzen wir die Gelegenheit, ehe wir dem Fortgang der Geschichte folgen, und öffnen eine Klammer, um Antworten auf einige Fragen zu Armins Befindlichkeit zu suchen. Wie verkraften er und seine Familie die schwierigen Lebensumstände? Weshalb ist Autistischsein so anstrengend? Wo liegen die Ursachen für Armins Probleme und Schwierigkeiten?

Klammer auf: Armins Familie war an einem Punkt angekommen, an dem durchzuhalten und weiterzumachen sehr viel Selbstüberwindung kostet. Seine Frau wurde durch die Dreifachbelastung Selbstständigkeit-Mutter-Ehefrau (eines Asperger-Autisten) wie zwischen drei Mühlsteinen langsam aber sicher aufgerieben. Seit Jahren stemmte sie gemeinsam mit Armin den Schild in die Höhe, der die kleine Familie vor dem drohenden Damoklesschwert der Bedürftigkeit schützen soll. Doch allmählich schwanden die Kräfte. Bestürzt und ohnmächtig musste Armin zur Kenntnis nehmen, dass seine Frau und sein Kind unter dem jahrelangen, gemeinsamen Ringen um einen Arbeitsplatz und den damit verbundenen Sorgen und Nöten mindestens genauso gelitten hatten wie er selbst. Zwanzig Jahre soziale Angst und Unsicherheit – das kann kaum ein Mensch auf Dauer aushalten, ohne Spuren davonzutragen. Es grenzt an ein Wunder, dass die Beziehung all diesen Belastungen und Bewährungsproben bis heute standgehalten hat. Wie in Hans Falladas Roman „Kleiner Mann was nun?" war der Zusammenhalt zwischen Armin und seiner Frau unter den widrigen Umständen eher stärker geworden. Wie andere Frauen von autistischen Partnern musste sie den Mann „hinter der Mauer" erst entdecken und lernen, mit der Situation adäquat umzugehen (vgl. Daniels 2015, S. 10 ff.). Nicht alle vermögen über einen so langen Zeitraum den Mut und die Kraft hierfür aufzubringen.

Das Verhältnis zu seinem fast volljährigen Kind stellte Armin ebenfalls vor schwierige Herausforderungen. Es hat ihn bis auf wenige Jahre nie anders als „krank" (will sagen depressiv), arbeitslos oder in Abhängigkeit von Integrations- und Rehabilitationsmaßnahmen erlebt. Wie sollte Armin ihn von der Notwendigkeit und dem Wert einer soliden Ausbildung überzeugen, wenn er selbst als promovierter Hochschulabsolvent mehr als ein halbes Erwerbsleben lang auf die trügerische Hilfe des so genannten Sozialstaates angewiesen war? Wie sollte er seiner väterlichen Vorbildrolle gerecht werden, wenn er seinem Kind ständig vor Augen führte, dass selbst unermüdliches Engagement „wenig Einfluss auf das eigene Schicksal am Arbeitsmarkt" mit sich bringt (Meyer 2001)? So betrachtet ist die landläufige Ansicht vom „Leid" der Behinderten gar nicht mal so verkehrt. Dieses Leid ist jedoch keine unmittelbare Folge des Handicaps an sich. Menschen, die nur zu gerne arbeiten würden, wenn man sie denn ließe, leiden vielmehr unter erlebter Behinderung durch die Gesellschaft, die sich mit allen Mitteln gegen die Inklusion wehrt. „Wer unten ist, hat gefälligst unten zu bleiben – die Kinder am besten gleich mit", bringt es die Kabarettistin Birte Schneider etwas überspitzt aber treffend auf den Punkt. Mit anderen Worten: Nicht nur Einzelpersonen sind von erlebter Behinderung betroffen, nicht selten werden ganze Familien von einer selektionslüsternen Gesellschaft gnadenlos gebonsait[98].

Armin spürte, wie seine Kraftreserven durch das jahrelange Anrennen gegen die „Festung Arbeitsmarkt" nachließen. Doch was sind die Ursachen dieser rasanten Batterieentladung? Zunächst: Der permanente Zwang zur Verstellung und Anpassung in einer sozialen Wirklichkeit, die nicht die eigene ist, kostet Energie, die nicht beliebig zur Verfügung steht. Wie bei einem Langstreckenlauf tritt irgendwann die kritische Phase ein, in der man sich zu jeder noch so kleinen Anstrengung zwingen muss. Auch Gloria Gaynors Durchhaltesong „I will survive" kann daran nichts mehr ändern. Dieses „nicht mehr können" wird in der Außensicht leider oft zum „nicht wollen" umgedeutet (Vero 2014, S. 44) oder als Verweigerung missverstanden.

Armins Frau blieb nicht verborgen, dass ihm seit einigen Jahren vieles nicht mehr gelang, was er in früheren Jahren noch problemlos auf die Reihe bekommen hatte. Konzentrationsschwächen und Erschöpfungszustände häuften sich und waren – wohl auch wegen des fortschreitenden Alters – selbst durch noch so raffinierte Kompensationsstrategien oder durch „Siesta"[99] nicht mehr auszugleichen. Die pausenlose Präsenz seiner Dyspepsie und die nie verstummenden Ohrgeräusche schafften ein solides Fundament an Reizen, in dem es rund um die Uhr rumorte. Armin ignorierte diese lästigen Kalamitäten so gut es ging. Von solchen Kleinigkeiten wollte er sich nicht unterkriegen lassen. Das in immer rascherer Folge einsetzende Ausbrennen nahm er hingegen sehr ernst. Die Autismusforschung hat interessante neurobiologische Hypothesen geliefert, die das rasche Entleeren der physischen und psychischen Akkumulatoren zu erklären versuchen. Im Zentrum der Betrachtungen steht das Gehirn, mit einem Verbrauch von 20 % der Gesamtkörperenergie ohnehin d e r Energiefresser im Körper. Nach Ansicht mancher Wissenschaftler muss das Gehirn von Autisten durch die ständige Übererregung im Vergleich zu neurotypischen Menschen bis zu 40 % mehr Informationen verarbeiten (vgl. Velázques & Galán 2013; Vero 2014, S. 43). Der Besitzer eines autistischen Gehirns ist gewissermaßen sein Leben lang mit zugeschaltetem Nachbrenner[100] unterwegs. Kommen dann noch für längere Zeit besonders belastende Umstände hinzu, wird der Organismus dauerhaft auf Verschleiß gefahren – wie ein Kraftfahrzeug, das man ständig im roten Drehzahlbereich bewegt.

Doch es gibt noch weitere, einleuchtende Erklärungsversuche. Nach der Theorie über eine Welt, die sich zu schnell bewegt oder verändert (vgl. Theunissen 2016, S. 64 ff.; Gepner et al. 2009), ist es nach der Ansicht von Wissenschaftlern nachvollziehbar, dass Menschen im Autismus-Spektrum bestimmte physische oder soziale Ereignisse meiden und sich zurückziehen, um überfordernde Situationen bewältigen zu können. Ist eine Vermeidung der belastenden Situation nicht möglich, steigt das Stresslevel und somit der Energieverbrauch unabwendbar.

Nach einer ähnlichen Theorie (vgl. Theunissen 2016, S. 52 ff.; Markram & Markram 2010) nehmen autistische Menschen ihre Umwelt so übermäßig intensiv wahr, dass das Gehirn gezwungen ist, sich durch systematisches Vermeiden von „Überraschungen" zu entlasten. Bleiben ihnen die genannten, dem Selbstschutz dienenden Vermeidungsstrategien auf Grund von Sachzwängen verwehrt, schwimmen sie zwar ständig gegen den Strom, werden aber trotz aller Anstrengungen unaufhaltsam in die entgegengesetzte Richtung davongetragen: Das Licht im Tunnel rückt in immer weitere Ferne.

Für Armin klingt das alles sehr plausibel. Die Schwierigkeiten, mit der Welt zurechtzukommen, ist jedoch nur der geringste Teil seines Problems. Wesentlich schwerer wiegt das verletzende Erleben, als Mensch minderen Wertes, als lästiger Bittsteller und Querulant behandelt zu werden, der sich etwas anmaßt, was ihm nach herrschender Auffassung gar nicht zusteht. Wen wundert es da noch, dass nach dem Arbeitsplatz und dem Einkommen nun auch Gesundheit und Motivation auf der Strecke bleiben.

Das rettende Ufer der Altersrente ist noch lange nicht in Sicht. Armin wird noch Jahre strampeln müssen, um es zu erreichen. Die kleinen Brötchen würden ihn zwar auch während seines Rentnerdaseins begleiten, aber wenigstens würde sich der Druck ein wenig vermindern. Nach Nebeneinkünften zu suchen, um die Rente aufzubessern, würde weniger demütigend sein, als immer geringwertigere Arbeitsverhältnisse akzeptieren zu müssen, die sich inhaltlich allmählich der Beschäftigungstherapie in einer Schwerbehindertenwerkstatt annähern.

Armin schwankte mehrmals zwischen matter Resignation und trotzigem Durchhaltewillen. Im Augenblick dominiert wieder die Renitenz. Auch wenn er für sein Arbeitsleben nur eine eher bescheidene Bilanz ziehen darf, ist er ungeachtet aller Rückschläge nicht bereit, sich endgültig geschlagen zu geben. Wie lautete noch Konrad Adenauers Maxime? „Wenn die anderen glauben, man ist am Ende, so muss man erst richtig anfangen". Also fing Armin ein weiteres Projekt an. Er setzte sich zum Ziel, seine berufliche Odyssee, seine Erwerbs-Robinsonade zu Papier zu bringen. Vielleicht würde diese Analyse in eigener Sache ja auch eine Art von Neuanfang werden. Einen Versuch wäre es wert. Vielleicht könnte er jüngere Menschen im Autismus-Spektrum davor bewahren, die gleichen Fehler zu machen und in eine Sackgasse ohne Wendemöglichkeit zu geraten. Gelingen würde ihm das jedoch nur, wenn seine Erfahrungen dorthin gelangen, wo sie Wirkung entfalten können: in die Öffentlichkeit.

Schließen wir hier die Klammer und wenden uns wieder dem vorerst letzten Kapitel in Armins Erwerbsbiografie zu.

Endlich Licht am Ende des Tunnels

Die Bescherung ließ bis in den Januar 2017 hinein auf sich warten. Die Medizinische Fakultät meldete sich zuerst. Über die Teilzeitstelle durfte sich ein anderer freuen. Aber etwas war dennoch anders: Statt die Absage mit besten Wünschen für die weitere Suche nach einem geeigneten Arbeitsplatz verdaulicher zu machen, ließ man Armin wissen, man würde mit ihm „gern an anderer Stelle eine Zusammenarbeit weiterpflegen". Leider, so fügte man etwas verschämt hinzu, sei die Zuarbeit externer Unterstützungskräfte „nur sehr begrenzt vergütbar". Armin, der die engen Grenzen der Vergütung nur zu gut kannte, bedankte sich für das in ihn gesetzte Vertrauen und schlug unverbindlich vor, ihn im Bedarfsfall zu kontaktieren.

Doch der Weihnachtsmann aus Himmelpfort hatte noch eine zweite Gabe unter den Weihnachtsbaum gelegt: Der andere Stellenanbieter freute sich, Armin „mitteilen zu können, dass Sie uns im persönlichen Gespräch überzeugt haben. Bei der zu besetzenden Position […] haben wir uns für Sie entschieden". Das waren Sätze, die einen größeren Seltenheitswert besitzen als ein nach dem Urnengang eingelöstes Wahlversprechen. Im tristen Tunnel entflammte so etwas wie eine Notbeleuchtung. Nach einigem Hin und Her, verursacht durch „technische Probleme" beim Geschäftsbereich Personal, erhielt Armin schließlich einen Vertragsentwurf zugesandt. Darin stand zu lesen, dass „Herr Dr. rer. nat. als Mitarbeiter beschäftigt" wird. Die frohe Botschaft konnte indes nicht verhehlen, dass er die längste Zeit wissenschaftlicher Mitarbeiter gewesen war. Für ihn war das Zeitalter der „lower status jobs" angebrochen: wenig attraktive Arbeit für immer weniger Geld. Die Sprossenlücke in seiner Karriereleiter war eben nicht mehr zu überbrücken. Entsprechendes galt auch für die Vergütung: Er würde in die Entgeltgruppe U4, Stufe 3 eingruppiert werden. Zum Vergleich: Nach seiner Promotion im Jahr 1990 hatte er bereits die Stufe BAT IIa (heute TVöD E 13) erreicht. Heute, 27 Jahre später, war Armin ziemlich genau auf das Lohnniveau abgesunkenen, das ihm bereits vier Jahre zuvor die 7(S) Bildung & Integration GmbH „bestenfalls" in Aussicht gestellt hatte (vgl. Kap. *Von Pontius zu Pilatus*, S. 155). Für einen „ungelernten" Seiteneinsteiger nicht einmal so übel. Dennoch sollte an dieser Stelle einmal nüchtern Bilanz gezogen werden.

Autisten lieben Listen. Armin nahm sich ein Blatt Papier und führte die Bezüge der letzten Jahre auf:

2014 hatte er vom Kostenträger im Rahmen der Maßnahme zur Teilhabe am Arbeitsleben unter Berücksichtigung seiner akademischen Ausbildung noch 2500 € Überbrückungsgeld pro Monat erhalten. Netto, wohlgemerkt. In den beiden darauffolgenden Jahren überwies ihm sein Arbeitgeber netto nur noch 1900 € auf das Gehaltskonto. 2017 würde er in seinem neuen Arbeitsverhältnis gerade noch rund 1500 € Nettoverdienst erhalten. An den nackten Zahlen war die Verkleinerung der Brötchen besonders deutlich abzulesen:

2014	2500 €
2015/16	1900 € (600 € weniger)
2017	1500 € (400 € weniger)

Das waren summa summarum eintausend Euro oder 40 % Einkommens- und Kaufkraftverlust binnen drei Jahren. Eine wahrhaft ernüchternde Bilanz, verglichen mit den üppigen Steigerungsraten bei den Managergehältern. Mit der Unterschrift unter den Arbeitsvertrag hatte Armin jedoch noch eine zweite bittere Pille zu schlucken: Auf Grund einer vom Personalbüro eingestandenen Übermittlungspanne hatte sich die Dauer des Arbeitsverhältnisses auf dem Papier um einen Monat auf elf Monate verkürzt. Abgesehen von dem fehlenden Monatsgehalt hatte der fehlende Monat auch zur Folge, dass ihm der Anspruch auf ein halbes Jahr (!) Arbeitslosengeld I verlorenging. Sein Restanspruch auf ALG I genoss zwar Bestandsschutz, doch sechs Monate Arbeitslosengeld haben und nicht haben macht in seiner Situation schon einen Unterschied. Zumal sich sein zukünftiges Arbeitslosengeld an seinem jetzigen Gehalt orientiert und so die Brötchen noch ein Stückchen kleiner werden würden. Armin trug seine Beschwerde seinem Schwerbehindertenbeauftragten vor, der sich während seines aktuellen Arbeitsverhältnisses nun wirklich nicht mehr unzuständig fühlen durfte. Er müsse den Fall vor den Schwerbehindertenbeauftragten des Arbeitgebers bringen, ließ dieser ihn wissen. Als vier der elf Monate vergangen waren, wartete er immer noch auf dessen Stellungnahme.

Sollte auf Armin nach Ablauf des knappen Jahres (oder früher) wieder eine Bewerbungsrunde zukommen – nach allem, was er erlebt hatte, tat er gut daran, diese auch zukünftig nicht auszuschließen – könnte er froh sein, wenn er sich auf Facharbeiterniveau würde halten können. Wenn nicht, würden die kleinen Brötchen zusammenschrumpeln wie überlagerte Kartoffeln in einem schlecht belüfteten Keller. Nach unten schien es keine Schranke, keine Bremse und keine Bedenken zu geben. Dank des Bestandsschutzes des Arbeitslosengeldes würde sich der nach 2009 zweite Absturz in die entmonetarisierte Zone, wie Armin den Quantensprung unter die Armutsgrenze nannte, lediglich ein Weilchen hinausschieben lassen.

Doch das Realeinkommen sank, da biss die Maus keinen Faden ab. Nun hing wieder sehr viel von der Gesundheit und der Kunst seiner Frau ab, Löcher (durch belastende Mehrarbeit) zu stopfen, ohne dass sich an anderer Stelle noch größere auftaten. Der Preis, den sie für diese Art der Kunststopferei würde zahlen müssen, würde hoch sein: Ihre Arbeitszeit verlängerte sich noch weiter in die Abendstunden hinein. Die gesundheitlichen Folgen dieses Raubbaues waren abzusehen. Um sie zu unterstützen, würde Armin bei seinem neuen Arbeitgeber einen Antrag auf entgeltliche Nebentätigkeit stellen müssen. Ohne ein zweites Einkommen würden die finanziellen Belastungen sonst bald nicht mehr zu stemmen sein. Seit Neuestem drang Armins Schwester darauf, das Geld, mit dem sie ihm bei der Beseitigung der Schäden durch die Mietnomaden unter die Arme gegriffen hatte (vgl. Kap. *Bewerben! Bewerben! Bewerben!*, S. 112), zurückzuerhalten. Das war verständlich. Doch wie sollte er das anstellen? Wenn es möglich wäre, würde er sogar seinen ohnehin nutzlosen Doktortitel verscherbeln. Zahlungskräftige Nichtakademiker sollen ja angeblich hohe Summen hinblättern, um sich unter Umgehung studentischer Kärrnerarbeit[101] mit einem akademischen Grad schmücken zu können. Immerhin war es einem gewieften Titelhändler einst gelungen, durch schwunghaften Handel mit akademischen Diplomen reich zu werden. Armin stieß ohnehin schon alles ab, was sich irgendwie zu Geld machen ließ. Sogar seine aus Kindheitstagen überkommene Sammlung originalverpackter Matchbox-Autos hatte er über ein Verkaufsportal im Internet versteigert. Nur von seiner Gitarre würde er sich unter keinen Umständen trennen. Es gibt Dinge im Leben, die sind einfach nicht verhandelbar. Auch unter Opferung des Instruments würde er binnen Jahresfrist mehr als je zuvor von der finanziellen Nabelschnur seiner Frau abhängig sein. Er spielte bereits mit dem Gedanken, das ohnehin sanierungsbedürftige Haus zu verkaufen oder durch die Gläubigerbank versteigern zu lassen. Früher oder später war ohnehin mit der Zwangsversteigerung zu rechnen. Das Haus wäre dann zwar verloren, mit ihm aber auch der Kredit abgelöst, der ihm wie ein Amboss um den Hals hing. Mit etwas Glück blieb noch genügend Erlös übrig, um den Verbindlichkeiten gegenüber seiner Schwester nachzukommen. Auf diese Weise würde er seinem Kind zwar nichts von materiellem Wert, ihm aber auch keinen Schuldenberg hinterlassen. Zuvor galt es aber, die aktuellen Probleme zu lösen.

Wo waren wir stehengeblieben? Ach ja, Armin hat wieder einen Job, wenn auch einen auf elf Monate befristeten. Seine Arbeit besteht darin, analoges Aktenmaterial zu digitalisieren. Der erste Arbeitsschritt ähnelt dem unentwegten Vergleichen rasch aufeinanderfolgender Suchbilder, auf denen Inkorrektheiten unter der Prämisse „no mistakes!“[102] aufgespürt werden müssen. Der zweite Arbeitsschritt hat einiges mit elektronischem Flippern gemein, nur mit dem Unterschied, dass man eine verlorengegangene „Kugel“ meist zurückholen kann. Da es Armin leichter fällt, Unterschiede wahrzunehmen als Gemeinsamkeiten, erledigt er seine Aufgabe mit der ihr gebührenden Sorgfalt und Ernsthaftigkeit. Er verrichtet seine Arbeit weder mit besonderem Vergnügen noch ausgesprochen widerwillig. Er führt sie eben aus. Sie ist nicht besonders strapaziös, erfordert jedoch unablässig Konzentration.

Was ihm eher Probleme bereitet und seine Konzentrationsfähigkeit erneut auf eine harte Probe stellt, ist die opulente Geräuschkulisse um ihn herum. Wie einst an seiner vorherigen Arbeitsstätte konzertieren vor dem Gebäude Asphaltsägen, Bagger, Bodenverdichter, Presslufthämmer, Rasenmäher und jede Menge Schwerlastverkehr: Armin ist von einer Großbaustelle in die nächste geraten. Kann man bei dem Baustellengetöse noch mit einer gewissen Endlichkeit rechnen, scheint eine andere akustische Zumutung ein immerwährender Bestandteil des Arbeitsplatzes zu sein. Von früh bis Feierabend zwingt ein mitteldeutscher Dudelfunk die freiwilligen wie die unfreiwilligen Lauscher, eine Handvoll „Hits“ mittels Dauerschleife dreimal täglich in den Gehörgängen wiederzukäuen. Nennenswerte inhaltliche Variationen sind dabei genauso wahrscheinlich wie ein baldiger Abstieg des FC Bayern in die dritte Liga. Die Moderation der Sendung erschöpft sich in flapsig-platten Bemerkungen einer schnoddrigen Plaudertasche. Ein weiblicher Claqueur[103] kontert jede Witzischkeit[104] des virilen Possenreißers brav mit schallendem Gelächter. Mehr Klischee geht wirklich nicht. Getoppt wird das Ganze nur noch, wenn Vertreter der Vollgasfraktion am Steuer ihres fahrenden Wagens dem Sender per Handy „einen Blitzer melden“, als handele es sich um ihre vornehmste staatsbürgerliche Pflicht. Was nimmt man nicht alles in Kauf für die Teilhabe am Arbeitsleben! Zum Glück ist Armin wenigstens in die Belegschaft gut integriert.

So vergehen die Wochen und Monate im wahrsten Sinne des Wortes in monotonem Gleichklang. Leider bedeutet das aber auch, dass sich das Arbeitsverhältnis unaufhaltsam seinem Ende nähert. Doch in der schönen Maienzeit nehmen die Dinge eine überraschende Wendung: Sein Arbeitgeber verkündet ihm, dass Armins Arbeitsvertrag nein, nicht gekündigt, sondern zur Abwechslung mal entfristet werden würde. Da ist selbst der Schwerbehindertenbeauftragte „von den Socken"! Doch noch etwas Anderes ist neu: außer zu handwerklichen Verrichtungen wird Armin angelegentlich als Dozent in der beruflichen Weiterbildung und Qualifizierung von Pflegekräften zum Thema „Umsetzung der UN-Behindertenrechtskonvention im Zuge des Aktionsplanes der Landesregierung" eingesetzt. Dieses Alleinstellungsmerkmal unterscheidet ihn von seinen Kolleginnen und Kollegen – und das trotz seines angeblich so negativen Leistungsbildes für pädagogische Tätigkeiten! (vgl. Kap. *Von Pontius zu Pilatus*, S. 156)

So kann Armin letztlich doch noch seinen Namen unter einen unbefristeten Arbeitsvertrag setzen. Die Brücke zum rettenden Ufer ist endlich geschlagen. Auch wenn es nicht die Arbeit ist, die er sich sein Leben lang gewünscht hat: Sie setzt einen Schlusspunkt unter ein zwanzig Jahre langes Wechselbad aus Arbeitslosigkeit, Erwerbsunfähigkeit, Rehabilitation, Praktika, selbstständiger und freiberuflicher Tätigkeit. Nicht mehr, aber auch nicht weniger.

Autisten auf dem Arbeitsmarkt – Eine Standortbestimmung

Mit dem Inkrafttreten des Sozialgesetzbuchs IX im Jahr 2001 wurde eine Abkehr von defizitorientierten Handlungsansätzen der Behindertenhilfe im Sinne von Fürsorge, Fremdbestimmung und Segregation eingeleitet. Stattdessen wurden neue, richtungsweisende und stärkenorientierte Leitgedanken wie Teilhabe, Selbstbestimmung und Inklusion angestrebt. Gleichzeitig erweiterte man die internationale Begriffsbestimmung von Behinderung vom medizinisch geprägten Behinderungsbegriff zu einer sehr viel umfassenderen Definition. Die von einer Behinderung Betroffenen Menschen gelten nach dieser neuen Sichtweise als „selbstbestimmte Experten ihres eigenen Lebens“ (Fuchs 2012, S. 14).

Inklusion ist der entscheidende Schlüssel zur Teilhabe behinderter Menschen am Erwerbsleben. Sie erfordert jedoch ein fundamentales Umdenken im Umgang mit ihnen. In der modernen Autismusforschung wird kaum noch bestritten, dass zahlreiche Menschen aus dem Autismus-Spektrum in der Lage wären, sich ihr Auskommen durch eigene Arbeit zu sichern. Doch während neurotypischen Menschen alle beruflichen und gesellschaftlichen Möglichkeiten offen stehen (sofern sie nicht ebenfalls wegen eines anderen Handicaps benachteiligt werden), sind viele, auch sehr gut ausgebildete, hochqualifizierte Autisten ohne Arbeit. Mehr als achtzig Prozent aller erwachsenen Autisten befinden sich derzeit weder in Ausbildung noch in Arbeit (vgl. Hübner 2015, S. 40). Autisten mit der Diagnose „Asperger“ – immerhin geschätzte 20 bis 30 % aller Menschen im Autismus-Spektrum – sind besonders häufig von Arbeitslosigkeit betroffen (Dalferth 2015, S. 29 ff.). Auch Menschen mit HFA (Hochfunktionaler Autismus) „haben oft hohe Bildungs- und Ausbildungsabschlüsse bei sehr schlechter psychosozialer Anpassung. Gleichzeitig könnten sie sehr erfolgreich sein, wenn eine ideale gesellschaftliche und berufliche Nische organisiert würde“ (Tebartz van Elst 2012, S. 8).

„Doch die Verhältnisse, sie sind nicht so“ (Brecht 1973, S. 76). Zehn von neunzehn autistischen Teilnehmern der Autismus-Forschungskooperation AFK waren im Jahr 2011 erwerbslos, lediglich zwei in Vollbeschäftigung. Die restlichen befanden sich in Teilzeit, in der Ausbildung oder waren selbstständig (vgl. Speer 2012). Die überwiegende Mehrheit der Autisten ist auf Sozialleistungen oder Erwerbsunfähigkeitsrente angewiesen. Ihr Platz „liegt irgendwo zwischen dem Bodensatz der Gesellschaft und dem Mittelmaß“, wie es die Autistin Denise Linke in ihrem Buch „Nicht normal, aber das richtig gut“ treffend beschreibt (Linke 2015, S. 145). Besonders Asperger-Autisten und Menschen mit hochfunktionellem Autismus verfügen jedoch über ganz „normale“ kognitive Fähigkeiten, gepaart mit einem ausgeprägten logischen Denkvermögen (knapp drei Viertel aller AFK-Teilnehmer hatte 2011 Abitur oder einen höheren Abschluss vorzuweisen; vgl. Speer 2012). Nicht wenige entscheiden sich für eine technische, musische, natur- oder geisteswissenschaftliche Ausbildung. Obwohl ihnen das Lernen an sich keine Schwierigkeiten bereitet, kann die Ausbildung jedoch bereits am Schulbetrieb, an mündlichen Vorträgen oder Prüfungen scheitern. Für zahlreiche Autisten bedeutet schon das Vorstellungsgespräch trotz fachlicher Eignung die berufliche Endstation. Diejenigen, die es schaffen, werden im Berufsleben oftmals zu Opfern von gezielten Diskreditierungen und Mobbingattacken. Sie laufen Gefahr, rasch ausgesiebt zu werden. Nur wenige Autisten finden – meist erst nach mehreren Anläufen – eine für sie passende, berufliche Nische, die ihnen ein dauerhaftes Auskommen sichert (Kohl, Seng, Gatti 2017). Ob die Tätigkeit ihrer Ausbildung entspricht, sei dahingestellt. Die anderen sind als billige, staatlich geförderte Hilfsarbeitskräfte (Praktikanten) willkommen, um unattraktive oder liegengebliebene Arbeiten zu erledigen.

Die überschaubare Anzahl derer, die das Glück haben, berufstätig sein zu können, üben so grundverschiedene Berufe aus wie Techniker und Mechaniker, Lehrer und Erzieher, Arzt und Pfleger, Therapeut und Taxifahrer, Bibliothekar und Telefonist oder Kanzleigehilfe (vgl. N#mmer-Magazin 2, 2015). Hinzu kommen Selbstständige und erstaunlich viele Künstler. Der Beweis, dass autistische Menschen für ein weites Tätigkeitsspektrum in Frage kommen, ist somit längst eindrucksvoll erbracht. Ihr Scheitern liegt meist daran, dass sie gezwungen sind, sich in einem sozialen Umfeld zu bewegen, dessen Spielregeln ausnahmslos erkannt und akzeptiert werden wollen. Nicht wenige Autisten versuchen deshalb, an ihrem Arbeitsplatz „normales" Verhalten zu imitieren. Da die Befähigung, als neurotypisch in Erscheinung zu treten, bei Autisten individuell unterschiedlich ausgeprägt ist, sind ihre Chancen, von der Gesellschaft anerkannt zu werden, unterschiedlich und schwer vorhersagbar.

Die alarmierende Arbeitslosenquote unter den Autisten (und anderen Menschen mit Handicap) liegt jedoch mitnichten ausschließlich in deren „Behinderung" begründet. Auch mehr als siebzig Jahre nach dem zweiten Weltkrieg besteht in allen gesellschaftlichen Schichten eine unterschwellige, aber tiefsitzende Bereitschaft zur Etikettierung, Kategorisierung und Stigmatisierung[105] von Minderheiten wie behinderte oder chronisch kranke Menschen. Diese sehen sich einem verächtlichen Jargon preisgegeben, fühlen sich nicht mehr anerkannt und darum nicht mehr zugehörig. Ihre Motivation ist in dieser sozialen Kälte entsprechend gering. Überlegenheitsdünkel und Selbstüberhöhung auf der einen und Minderwertigkeitsgefühle auf der anderen Seite werden so befördert und gefestigt. Vorurteile und Abwehrverhalten der „Gesellschaft" aber können zur vollständigen Abwertung der gesamten Persönlichkeit des Opfers führen. „Allein Erwerbsarbeit schafft jene Bedingungen für die individuelle Selbstachtung und gesellschaftliche Anerkennung, in der Menschenwürde zur realen Erfahrung werden kann", stellt Thomas Meyer im Debattenmagazin Berliner Republik fest (Meyer 2001). „Wer etwas kann […], aber keine Möglichkeit findet, das Erlernte auch anzuwenden, wird demotiviert", konstatiert Reinhard K. Sprenger nüchtern (Sprenger 2015, S. 252). Der Jurist Volker Kitz ergänzt: „Menschen ohne Arbeit deprimiert es, dass sie aus Gemeinschaften ausgeschlossen sind". Ihnen fehle nicht nur die Ansprache während der Geschäftszeiten. Auch privat verlören sie in einer Welt, in der man Geld braucht, um dabei zu sein, als Außenseiter den Anschluss (Kitz 2017, S. 59 f.).

Doch die Stigmatisierten können sich in der Regel nicht gegen ihre ungerechtfertigte Herabsetzung wehren. Vor allem nicht, wenn die Interaktionspartner „mit besonderen Befugnissen oder gar mit Macht ausgestattet" sind (Gerstenmaier & Hamburger 1978, S. 153 ff.; Bruhn und Homann, 2013). Dabei ist es völlig unerheblich, ob sich diese Macht formaljuristisch legitim im Verlauf eines Bewerbungsprozesses entfaltet oder als bösartiges Mobbing am Arbeitsplatz. Beides leistet der Entstehung unbeeinflussbarer Erwerbsbiografien Vorschub, erzeugt bei den Betroffenen fundamentale Verunsicherung und Ungewissheit, schürt Sorgen, Ängste und Aggressionen (vgl. Sennett, 1998) mit all ihren negativen Folgen für Körper, Geist und Seele. Doch eine Gesellschaft, ist sich Volker Kitz sicher, die ihren Mitgliedern Verständnis und Zugehörigkeit dauerhaft vorenthält, kann nicht glücklich sein (Kitz 2017, S. 45).

Die meisten Arbeitgeber haben, allen Aufklärungsbemühungen und der staatlichen Inklusionsinitiative zum Trotz, nach wie vor große Vorbehalte gegen Menschen mit Handicap im Allgemeinen und gegen Menschen mit Autismus im Besonderen. Sie, die Arbeitgeber, begreifen das Anderssein des anderen nicht als Bereicherung, sondern als Schwäche oder gar als Bedrohung (Sprenger 2015, S. 94 und S. 245). Wie schön, dass der Staat für solche Fälle ein Hintertürchen geschaffen hat! Statt die vom Sozialgesetzbuch IX[106] aufgegebene Beschäftigungspflicht von fünf Prozent schwerbehinderter Mitarbeiter (bezogen auf die anzurechnenden Arbeitsplätze) zu erfüllen, kaufen sich viele lieber durch die gesetzlich vorgeschriebene Ausgleichsabgabe an das zuständige Integrationsamt frei. In Anbetracht der seit 2012 monatlich zu entrichtenden Staffelbeträge in Höhe von 115, 200 oder 290 Euro pro nicht besetztem Arbeitsplatz (Quelle: Bundesgemeinschaft der Integrationsämter und Hauptfürsorgestellen) braucht man sich über die hohe Bereitschaft zur behindertenfeindlichen Einstellungspraxis nicht zu wundern. Strafzahlungen, die etwas bewirken sollen, müssten ganz anders zu Buche schlagen. Laut „Leitfaden zur Förderung und Unterstützung von Mitarbeitern mit Behinderung" verfehlte eine mitteldeutsche Universität in Armins Wahlheimat 2014 die Pflichtquote um immerhin noch 0,6 % und musste eine Ausgleichsabgabe von rund 35.000 Euro zahlen. Ausgerechnet die Medizinische (!) Fakultät durfte mit 96.600 Euro sogar noch tiefer in die Tasche greifen. Sie hatte im Jahr 2014 lediglich die Hälfte der geforderten schwerbehinderten Mitarbeiterinnen und Mitarbeiter auf ihrer Lohn- und Gehaltsliste stehen.

Doch das Problem ist weder neu, noch allein auf die Medizinische Fakultät beschränkt. Bereits 2002 hatte dieselbe Universität (ohne Medizinische Fakultät) mit 4,17 % die Pflichtquote verfehlt. In einem Rundschreiben bedauerte der damalige Kanzler eine Ausgleichsabgabe von rund 50.000 Euro. Wesentlich heftiger müssen ihn die drei verhängten Zusatzsperrstellen wegen Nichterfüllung der Pflichtquote sowie die in der Integrationsvereinbarung vorgesehenen Budgetkürzungen geschmerzt haben. Allerdings hatte sich zehn Jahre später mit einer lediglich zu 4,19 % erfüllten Pflichtquote nichts Wesentliches geändert.

Doch es gibt Grund zur Hoffnung. Seit 2013 beginnt sich für Autisten zumindest in der IT-Branche das Blatt vorsichtig zu wenden. Ihre ausgeprägte Fähigkeit, sich auf Grund ihrer Vorliebe für abstrakte Denkmuster geduldig und mit viel Durchhaltevermögen auf eine analytische Arbeit zu konzentrieren, lassen sie bei IT-Dienstleistungsunternehmen unter einem völlig anderen Licht erscheinen. Zuvor noch als sonderbare Käuze auf dem ersten Arbeitsmarkt außen vor, werden sie heute als begehrte Fachkräfte gesucht und geschätzt. Man könnte nun meinen, das Vorurteil vom arbeitsunfähigen Soziopathen sei damit ausgeräumt. In Wahrheit hat man nur ein Vorurteil gegen ein anderes ausgetauscht. Glaubte man bisher, Menschen mit Autismus seien für den ersten Arbeitsmarkt sämtlich ungeeignet, verbreitet sich nun die ebenso irrige Ansicht, alle Asperger-Autisten und Menschen mit hochfunktionellem Autismus seien ausnahmslos Computer-Nerds und somit die geborenen Softwaretester. Es ist jedoch ein Trugschluss zu denken, diese Menschen glichen sich in ihren intellektuellen Fähigkeiten wie die Computer einer Fertigungsserie und müssten somit alle in der boomenden IT-Branche ihr Auskommen finden. Es wird übersehen, dass unter ihnen die gleiche Vielfalt an Interessen, Talenten und Fähigkeiten herrscht wie unter den neurotypischen Menschen. Es erscheint ohnehin sehr fragwürdig, Menschen, denen man eine Behinderung unterstellt, gesellschaftlich nur dann zu akzeptieren, wenn sie „tolle Sachen können", die in einer kapitalorientierten Gesellschaft womöglich finanziell verwertbar sind. Das aber ist keine wirkliche Akzeptanz (vgl. Theunissen 2016, S. 53 f.).

Menschen im Autismus-Spektrum, die als Wort-Denker keinen unmittelbaren Zugang zu Softwarethemen haben oder denen schlicht das Interesse daran fehlt, fallen trotz abgeschlossener Berufsausbildung weiterhin durch den sprichwörtlichen Rost. Dabei könnte ihre Fähigkeit, als Lektoren Texte schnell und effizient auf Fehler zu „scannen", durchaus für Verlage interessant sein. Da dem (noch nicht) so ist, bleiben ihnen als Alternativen auch weiterhin nur die Langzeitarbeitslosigkeit, das Verrichten unterqualifizierter und schlecht bezahlter Tätigkeiten oder der staatlich subventionierte, von institutionellen Trägerschaften organisierte zweite Arbeitsmarkt (der in Wahrheit kein Arbeitsmarkt ist, sondern ein Beschäftigungsprogramm für die Sozialarbeitsbranche). Sie müssen womöglich noch dankbar dafür sein, ein Leben lang einen Beruf auszuüben, der weder ihren Fähigkeiten noch ihren Interessen entspricht.

Spezielle Einrichtungen der Behindertenbetreuung mögen für manche Autisten unbestritten von Vorteil sein (das gilt in gleichem Maße ja auch für neurotypische Menschen). Für viele, die dort eingewiesen werden, sind sie jedoch alles andere als segensreich, wenn ihnen dort intellektuelle Unterforderung droht. Eine ihrer Ausbildung und ihren Fähigkeiten entsprechende berufliche Entfaltung im Sinne der Inklusion bleibt ihnen dort in der Regel versagt. Schlimmer noch: Wessen Lebenslauf eine oder gar mehrere Maßnahmen zur Teilhabe am Arbeitsleben aufweist, wird sich in seinen Bemühungen um eine Beschäftigung auf dem ersten Arbeitsmarkt einem immensen Rechtfertigungsdruck ausgesetzt sehen. Arbeitgeber der Wirtschaft wie Arbeitgeber des öffentlichen Dienstes sind sich in ihrem voreingenommenen Werturteil leider nur allzu einig: Wer einmal eine betreute Arbeit in einem von Ämtern, Kranken- und Rentenkassen regulierten und kontrollierten Umfeld in Anspruch nehmen musste, der kann nach ihrer simplen Logik eben nirgendwo sonst arbeiten. Zurückliegende, selbst hochqualifizierte und sozial geachtete Tätigkeiten erfahren zudem bei längerer Arbeitslosigkeit eine inflationäre Entwertung. Durch diese soziale, zutiefst fahrlässige Kategorisierung werden Autisten und andere Menschen mit Handicap pauschal stigmatisiert. Die wenigsten werden das fatale Kainsmal vom ABMler oder SAMler[107] jemals wieder los. Lebensqualität, eine Bestimmung im Leben (von einem sinnerfüllten Leben ganz zu schweigen) und eine menschenwürdige Altersrente dürfen sie unter diesen Umständen nicht erwarten.

Autisten, die sich mangels beruflicher Perspektive für die Selbstständigkeit entscheiden, sehen sich mit nicht minder belastenden Erschwernissen konfrontiert. Der besonders problematischen Kommunikation mit Ämtern, Behörden, Banken, Geschäftspartnern und Kunden sind viele auf Dauer nicht gewachsen. Mörderischer Konkurrenzdruck, skrupellose Geschäftspraktiken, gnadenlose Marktbereinigung und ein weitgehend undurchschaubar agierender Kapitalmarkt tun ein Übriges, um autistische Existenzgründer gehörig unter Druck zu setzen. Ganz zu schweigen von überlangen Arbeitstagen und dem Verlust aller sozialen Sicherheiten, die bekanntlich nicht nur autistische

Selbstständige vor gewaltige Herausforderungen stellen. Wer sich nach einer gescheiterten Selbstständigkeit mit erheblichen finanziellen Belastungen im zweiten Arbeitsmarkt wiederfindet, wird – je nach Höhe des Schuldenberges – trotz der vom Staat gewährten Unterstützung kaum eine Chance haben, seine Verbindlichkeiten in einem überschaubaren Zeitraum abzutragen. Auch er darf eine tragfähige Alterssicherung kaum erwarten.

Obwohl in der IT-Branche derzeit bemerkenswerte Ansätze zu beobachten sind, nicht die Defizite, sondern die Stärken autistischer Menschen in den Fokus zu stellen, bleiben für Autisten in der leistungsorientierten Gesellschaft mit sich ständig beschleunigenden Arbeitsprozessen mehr als genug Hürden und Hindernisse, die nicht allein ihrer angeblich mangelnden Qualifikation oder ihrem individuellen Autismus geschuldet sind. In einer Zeit, in der man alles schnell, effizient und perfekt beherrschen muss, fällt es nicht schwer, immer mehr Menschen mit angeblich kognitiven Defiziten auszumachen und rigoros auszugrenzen. Impulse, die einen erfolgreichen (Wieder)eintritt in den ersten Arbeitsmarkt erleichtern würden, sind hingegen so rar wie Bodenfrost im Regenwald. Von einer wirklichen Unterstützung aller von Erwerbslosigkeit und von prekären Einkommensverhältnissen betroffenen im Sinne echter Inklusion (also unmittelbarer gesellschaftlicher Zugehörigkeit) kann deshalb noch lange keine Rede sein.

Die Ratifizierung der UN-Behindertenrechtskonvention durch die Bundesrepublik Deutschland war mitnichten als unverbindliche Geste gedacht. Inklusion ist vielmehr geltendes Recht geworden (vgl. Rüffer 2017). „Inklusion wegzuschieben ist zutiefst darwinistisch […] Die Stärksten werden es schon schaffen, die anderen haben es nun einmal nicht anders verdient“ (Denise Linke in einem Artikel der FAZ vom 24.08.2014). Solange jedoch dem Menschenrecht Inklusion die wirtschaftlichen Interessen der Fort- und Weiterbildungsindustrie, der beruflichen Trainingszentren und der Berufsförderungswerke entgegenstehen, solange in Jobcentern Bonuszahlungen für genügend Vermittlungen in

Umschulungsmaßnahmen und andere zweifelhafte Projekte üblich sind (vgl. Mitteldeutsche Zeitung 30.09.2014), so lange wird dieses Menschenrecht nicht umgesetzt, werden Menschen mit Behinderung auch weiterhin gegen ihr Interesse als Sozialfälle integriert, das heißt zwangsassimiliert werden. Ein einzelnes Gesetz wird es leider nicht schaffen, das System zu verändern. Das System muss die Bereitschaft zur Veränderung aufbringen. Schon auf Grund der notwendigen Anpassungen des Renteneintrittsalters an die demografische Entwicklung wird die Parole für viele Betroffene leider auch künftig lauten: ganz kleine Brötchen backen!

Fazit

Das Leben mit Autismus ist kein Vergnügen", bekennt die autistische Ärztin Dr. Christiane Preissmann öffentlich (Zitat aus einem Vortrag am Unternehmertag Halle a. d. Saale, 2012). Die allermeisten Menschen im Autismus-Spektrum – bis auf wenige Ausnahmen – würden ihr sicher nicht widersprechen. Vor allem Autisten im reiferen Alter können diesbezüglich einiges an einschlägiger Erfahrung vorweisen. Viele haben erst im Laufe ihres Lebens von ihrer Besonderheit erfahren, die für so manchen misslichen Lebensumstand verantwortlich sein dürfte.

Doch was ist mit der nachwachsenden Generation? Die mit Autismus „diagnostizierten" Kinder und Heranwachsenden von heute sind die Auszubildenden, die Studenten, die Arbeits- und Wohnungssuchenden, die Rentner von morgen. Bereits im Kindergarten und in der Schule bekommen autistische Kinder und deren Eltern zu spüren, was es heißt, in Deutschland autistisch zu sein, sprich: „behindert" zu werden. Sollen sie in dreißig oder vierzig Jahren ebenfalls den eingangs zitierten Schluss ziehen müssen? Es wäre unlauter, die in letzter Zeit einsetzenden Verbesserungen für Menschen im Autismus-Spektrum zu leugnen oder kleinzureden. Doch es darf durchaus darauf hingewiesen werden, dass längst noch nicht alles zum Besten steht. Die Verheißungen der durch die Behindertenrechtskonvention eingeforderten und vom Gesetzgeber vollmundig angekündigten inklusiven Gesellschaft haben seit 2009 vor allem bei betroffenen Eltern einen riesigen Erwartungsdruck aufgebaut (übrigens auch bei Lehrern, wie der Film „Ich. Du. Inklusion." von Thomas Binn eindrücklich vor Augen führt). Die Erfahrungen, die sie und ihre Kinder indes machen mussten, waren eher ernüchternd. Das Recht auf ein persönliches Budget zur Teilhabe sowie dessen Höhe, seriös kalkulierte Stundensätze für Schulbegleiter, die Kostenübernahme bei Eingliederungshilfen oder gar inklusive Beschulung mussten sie allzu oft erst gerichtlich erstreiten. Wie einige wegweisende Gerichtsurteile zeigen, ist die Rechtslage mittlerweile erfreulich eindeutig auf Seiten der Kläger (Boxberger 2016, S. 191 f.). Eltern autistischer Kinder sollten sich daher nicht scheuen, Druck auszuüben und störrische Sozialhilfeträger oder bräsige Jugendämter wenn nötig durch Beschreitung des Rechtsweges zu zwingen, solch ungesetzliche, aber leider immer noch übliche Verweigerungsstrategien zu unterlassen.

Im Gegensatz zu Armin und anderen Menschen im Autismus-Spektrum, die bereits in den Herbst ihres Lebens eingetreten sind, haben die Neudiagnostizierten den größten Teil ihres Lebensweges noch vor sich. Die neue Autistengeneration wird auf einen Arbeitsmarkt treffen, der komplexer, anspruchsvoller und schwieriger nicht sein könnte. Die simple Trilogie Schule – Ausbildung – Arbeitsplatz (bis zur Rente) ist längst Geschichte. Von dreißig- oder vierzigjährigen Betriebsjubiläen, die weiland die Großeltern noch feierten, können die Enkel in Zeiten befristeter Kettenverträge nur träumen. Besonders für Menschen im Autismus-Spektrum stellt der neoliberale Arbeitsmarkt eine ganz besondere Herausforderung dar (vgl. Meyer 2001). Fallstricke und Fußangeln warten an jeder Ecke, um unpassende Bewerber aus dem Verkehr zu ziehen (Blodig 2016, S. 72 ff.). Doch die Ausgrenzung beginnt nun ihrerseits an ihre Grenzen zu stoßen. Nicht zuletzt durch die beharrliche Aufklärungsarbeit zahlreicher Menschen im Autismus-Spektrum[108] öffnet sich die Wagenburg Arbeitsmarkt zumindest für einige Autisten mit AS oder HFA zaghaft. Für Armin und viele andere mag diese Öffnung zu spät kommen, doch für die nachwachsende Autistengeneration ergeben sich Möglichkeiten, die noch vor wenigen Jahren undenkbar waren. Nicht von ungefähr hat das Thema Autismus und Arbeit in den letzten Jahren in der öffentlichen Diskussion einen so breiten Raum eingenommen wie nie zuvor (Sünkel 2013, S. 331 ff.). Das lässt hoffen. Wenn im Zuge der zu erwartenden Aufklärung weitere Sparten dem Beispiel der IT-Branche folgen und sich für autistische Mitarbeiter öffnen, dann hat Inklusion in diesem Land vielleicht doch noch eine Chance. Es gäbe „sehr viel zu gewinnen und wenig zu verlieren – nicht nur für die betroffenen Menschen und ihre Angehörigen, sondern auch für die Gesellschaft“ (Tebartz van Elst 2012, S. 8).

Armins Schlussbemerkungen

1. Autismus ist die Bezeichnung für das Sein eines Menschen, keine persönliche Tragödie.
2. Überlasst Euch nicht Euren Ängsten, Schuldgefühlen und Selbstzweifeln. Werdet Euch Eurer Stärken und Fähigkeiten bewusst.
3. Vertraut nicht blindlings „Fachleuten" und irgendwelchen „Maßnahmen", die lediglich die „Störung behandeln" wollen.
4. Akzeptiert keine überholten, klinisch-defizitären Autismusdefinitionen.
5. Macht Euch nicht abhängig von zu viel Hilfe, die am Ende keine ist.
6. Meidet wenn irgend möglich den Weg über die Agentur für Arbeit, über das Jobcenter oder über Einrichtungen zur beruflichen Wiedereingliederung und Rehabilitation.
7. Nutzt das Potenzial von Foren und Selbsthilfegruppen (s. Links).
8. Nutzt die Möglichkeit der Peer-Beratung („Autisten helfen Autisten").
9. Versucht, am Arbeitsplatz ein ausgeglichenes Verhältnis zwischen Entlastungs- und Anpassungsstrategien zu realisieren.
10. Vernetzt Euch! Informiert Euch! Organisiert Euch! Wehrt Euch!

Literaturangaben

Alighierei, D.: Die Göttliche Komödie. Hölle III, 9. Askanischer Verlag, Berlin (1916)

Ankowitsch, C.: Mach's falsch, und du machst es richtig. Die Kunst der paradoxen Lebensführung. Rowohlt Verlag, Berlin (2011)

Blodig, I.: Hochfunktionale Autisten im Beruf. Navigationshilfen durch die Arbeitswelt. Junfermann Verlag, Paderborn (2016)

Boxberger, J.: Mit autistischen Merkmalen, Fähigkeiten und Stärken umgehen – ein zusammenfassendes Resümee aus der Innensicht. In: Theunissen, G. (Hrsg.): Autismus verstehen. Außen- und Innensicht. Kohlhammer Verlag, Stuttgart (2016)

Brauns, A.: Buntschatten und Fledermäuse. Mein Leben in einer anderen Welt. Goldmann Verlag, München (2004)

Brecht, B.: Die Dreigroschenoper. In: Stücke I. Aufbau Verlag, Berlin (1973)

Bruhn, L.; Homann, J.: Differenz und Vielfalt. In: Dies. (Hrsg.); UniVision 2020 – Perspektiven für eine barriere- und diskriminierungsfreie Hochschule, Freiburg, S. 135-149 (2013)

Bundesgemeinschaft der Integrationsämter und Hauptfürsorgestellen, 2011

Dalferth, M.: Stichwort „Arbeit". In: Theunissen, G.; Kulig, W.; Leuchte, V.; Paetz, H. et al. (Hrsg.): Handlexikon Autismus Spektrum: Schlüsselbegriffe aus Forschung, Theorie, Praxis und Betroffenen-Sicht. Kohlhammer Verlag, Stuttgart (2015)

Daniels, E.: Geliebter Fremder. Wie Frauen ihren Asperger-Mann lieben und verstehen. TRIAS Verlag in MVS Medizinverlage GmbH & Co. KG, Stuttgart (2015)

Doose, S.: Theorie, Methodik und Nachhaltigkeit der Unterstützung von Menschen mit Lernschwierigkeiten durch Integrationsfachdienste und Werkstätten für behinderte Menschen auf dem allgemeinen Arbeitsmarkt. Eine Verbleibs- und Verlaufsstudie. Lebenshilfe-Verlag, Marburg (2007)

Fuchs, K.: Teilhabe am Arbeitsleben: Aktuelle Lage für Menschen mit Autismus in Deutschland. Bachelorarbeit zur Erlangung des akademischen Grades Sozialarbeiterin BA (FH). Hochschule Magdeburg Stendal, Fachbereich Sozial- und Gesundheitswesen (2012)

Gepner, B.; Féron, F.: Autism: a world changing too fast for a mis-wired brain? Neuroscience and Biobehavioral Reviews 33 (2009)

Gerstenmaier, J.; Hamburger, F.: Erziehungssoziologie. Westdeutscher Verlag, Opladen (1978)

Grass, G.: Das Treffen in Telgte. Verlag Philipp Reclam jun., Leipzig (1987)

Heckl, M.: Klinikhierarchien: Haus der Demütigung http://news.doccheck.com/de/blog/post/6718-klinikhierarchien-haus-der-demuetigung/ (Stand: 2017)

Hübner, M.: Autismus auf dem ersten, zweiten und dem stereotypen Arbeitsmarkt. N#mmer-Magazin 2 (2015)

Jötten, F.: Mittags nicht schlafen, bedeutet Stress. Ein Interview mit dem Schlafforscher Göran Hajak. Stuttgarter Zeitung, 22.07.2013

Kitz, V.: Feierabend! Warum man für seinen Job nicht brennen muss. Fischer Taschenbuch, Frankfurt a. M. (2017)

Kohl, E.; Seng, H.; Gatti, T. (Hrsg.): Typisch untypisch. Berufsbiografien von Asperger-Autisten. Individuelle Wege und vergleichbare Erfahrungen. Kohlhammer Verlag, Stuttgart (2017)

Linke, D.: 404 Error: Cliché not found. N#mmer-Magazin 2 (2015)

Linke, D.: Nicht normal, aber das richtig gut. Mein wunderbares Leben mit Autismus und ADHS. Berlin Verlag (2015)

Linke, D.: Inklusion hat mich gerettet. FAZ 24.08.2014 http://www.faz.net/aktuell/feuilleton/debatten/eine-asperger-autistin-berichtet-13113454.html

Markram, K.; Markram, H.: The Intense World Syndrome – a unifying theory of the neurobiology of autism, Frontiers in Human Neuroscience 4 (2010)

Meyer, T.: Das Leben – Ein Flickenteppich. Berliner Republik; Das Debattenmagazin 5 (2001) http://www.b-republik.de/archiv/das-leben-ein-flickenteppich (Stand: 2017)

Mitteldeutsche Zeitung: Jobcenter-Affäre in Halle. Das Geschäft mit der Bildung (30.09.2014) http://www.mz-web.de/halle-saale/das-geschaeft-mit-der-bildung-2621364

Remschmidt, H.: Deutsches Ärzteblatt 97, Heft 19 (2000)

Remschmidt, H.; Schmidt, M.; Poustka, F. (Hrsg.): Multiaxiales Klassifikationsschema für psychische Störungen des Kindes- und Jugendalters nach ICD-10 der WHO. 4. Auflage. Bern (2001)

Robison, J. E.: What is Neurodiversity? In: Psychology Today (2013). http://www.psychologytoday.com/blog/my-life-aspergers/201310/what-is-neurodiversity

Rüffer, C.: Inklusion ist keine Sparbüchse. Frankfurter Rundschau, 15.08.2017

Sacks, O.: Drachen, Doppelgänger und Dämonen. Über Menschen mit Halluzinationen. Rowohlt Verlag, Reinbek (2013)

Schmidt, P.: Kein Anschluss unter diesem Kollegen. Ein Autist im Job. Patmos Verlag, Ostfildern (2014)

Seng, H.: Zu den Schwierigkeiten, typische soziale Interaktionen zu verstehen und mit anderen Personen zu interagieren. In: Theunissen, G. (Hrsg.): Autismus verstehen. Außen- und Innensicht. Kohlhammer Verlag, Stuttgart (2016)

Sennett, R.: Der flexible Mensch. Die Kultur des neuen Kapitalismus Berlin Verlag (1998)

Soulières, I.; Dawson, M.; Gernsbacher, M. A.; Mottron, L.: The Level and Nature of Autistic Intelligence II: What about Asperger Syndrome? https://doi.org/10.1371/journal.pone.0025372 (2011)
Speer, O.: Vortrag in Walsrode unter Verwendung von Grafiken von Elli, S. (2012)
Sünkel, U.: Autismus-Spektrum-Störungen und die Arbeitswelt. In: Tebartz van Elst, L. (Hrsg.): Das Asperger-Syndrom im Erwachsenenalter (S. 331-345). Medizinisch Wissenschaftliche Verlagsgesellschaft, Berlin (2013)
Tebartz van Elst, L.: Interview im Newsletter 3 der Wissenschaftlichen Gesellschaft Autismus Spektrum WGAS (2012)
Tebartz van Elst, L.: Autismus und ADHS. Zwischen Normvariante, Persönlichkeitsstörung und neuropsychiatrischer Krankheit. Kohlhammer Verlag (2016)
Theunissen, G. (Hrsg.): Autismus verstehen. Außen- und Innensicht. Kohlhammer Verlag, Stuttgart (2016)
Theunissen, G.; Kulig, W.; Leuchte, V.; Paetz, H. et al. (Hrsg.): Handlexikon Autismus Spektrum: Schlüsselbegriffe aus Forschung, Theorie, Praxis und Betroffenen-Sicht. Kohlhammer Verlag, Stuttgart (2015)
Velázques, J. L. P.; Galán, R. F.: Information gain in the brain's resting state: A new perspective on autism. Front Neuroinform 7: 37 (2013) https://www.ncbi.nlm.nih.gov/pmc/articles/PMC3870924/
Vero, G.: Autismus – (m)eine andere Wahrnehmung. FeedARead.com Publishing (2014)
Vogeley, K.: Vom Krankheitsbegriff der Autismus-Spektrum-Störung (ASS). Die Psychiatrie 3 (2010)

Links

YouTube: https://www.youtube.com/watch?v=oHriLH9_pso&vl=de Autisten helfen Autisten (Stand: 15.12.2017)
Ich. Du. Inklusion.: www.ich-du-inklusion.de (Stand: 15.12.2017)
Autismus-Forschungs-Kooperation: http://www.autismus-forschungs-kooperation.de
(Stand: 15.12.2017)
N#MMER - Das Magazin für Autisten, AD(H)Sler und Astronauten: https://www.startnext.com/nummer-magazin (Stand: 15.12.2017)
BIH Integrationsämter: https://www.integrationsaemter.de/publikationen/65c8799i/index.html (Stand: 15.12.2017)
einzigartig-eigenartig e.V.: http://einzigartig-eigenartig.de (Stand: 15.12.2017)
Lebenshilfe: https://lebenshilfe.de/de/buecher-zeitschriften/teilhabe/TH-publizieren.php (Stand: 15.12.2017)
autWorker: http://www.autworker.de/ (Stand: 15.12.2017)
Grafik + Informatik asperger: http://asperger-ag.ch (Stand: 15.12.2017)
Aspies e.V.: https://www.aspies.de/ (Stand: 15.12.2017)
auticon: http://auticon.de/autismus/ (Stand: 15.12.2017)
SAP – Vielfalt und Inklusion: https://www.sap.com/corporate/de/company/diversity.html (Stand: 15.12.2017)
bareface: https://bareface.jimdo.com/ (Stand: 15.12.2017)
Zentrum für Autismus-Kompetenz – ZAK-Hannover: http://www.zak-hannover.de/ (Stand: 15.12.2017)
Frankfurter Allgemeine: http://www.faz.net/aktuell/feuilleton/debatten/eine-asperger-autistin-berichtet-13113454.html (Stand: 15.12.2017)

PageWizz: https://pagewizz.com/war-kaiser-tiberius-autist-33636/ (Stand: 15.12.2017)
PageWizz: https://pagewizz.com/autistic-ladyland-war-jimi-hendrix-autist-36034/ (Stand: 15.12.2017)
Zeit Wissen: https://medium.com/@zeitwissen/the-boy-whose-brain-could-unlock-autism-31db97799ffc (Stand: 15.12.2017)

Endnoten

1 Von dem Schweizer Psychiater Eugen Bleuler (1857-1939) eingeführter Begriff; *autos* = selbst, *ismos* = das Sein.

2 Behinderung wird nicht mehr als Eigenschaft einer Person, sondern als ein Wechselspiel zwischen dem gesundheitlichen Problem, der individuellen Situation und der Umwelt angesehen (vgl. Doose 2007, S. 45).

3 Nach Leo Kanner (1894-1981), austro-amerikanischer Kinder- und Jugendpsychiater; beschrieb als erster den frühkindlichen Autismus.

4 Benannt nach Hans Asperger (1906-1980), österreichischer Kinderarzt.

5 Es ist interessant, dass diese Art des Autismus sich gerade dann manifestiert, wenn das Gehirn die Fähigkeit entwickelt, Erfahrungen zu speichern und abzurufen, d. h. aktuelle Erfahrungen mit früheren zu vergleichen (vgl. Ankowitsch 2011, S. 178).

6 Zu zweit einkaufen zu gehen bedeutete zweikaufen; war noch der Vater dabei, steigerte es sich zum dreikaufen usw.

7 Maurice Couve de Murville, französischer Außenminister von 1958 bis 1968

8 Gleichzeitige Wahrnehmung verschiedener Sinne. Beispiele sind das farbige Wahrnehmen von Zahlen, Buchstaben oder Tönen. Bei der Kalender-Synästhesie werden abstrakte Zeitbegriffe als dreidimensionale Form „gesehen". Menschen mit Sequenz-Raum-Synästhesie besitzen nicht selten ein visuelles Vorstellungsvermögen für Zahlen, Buchstaben oder eben Zeiteinheiten (Kalender-Synästhesie). Es versetzt sie in die Lage, ungegenständliche Konzepte wie Jahreszahlen in anschauliche, figurative Darstellungen zu transferieren, die sich als Erinnerungshilfen nutzen lassen.

9 Vom Lehrer mittels eines dünnen Rohrstocks auf die Handfläche verabreichte Hiebe als Strafmaßnahme, bei Disziplinarverstößen.

10 Konfabulieren: erfundene Erlebnisse als selbst erlebt darstellen.

11 Schüler einer weiterführenden Schule, abgeleitet von „Penne", einem Slangwort für Schule. (vgl.: http://www.mundmische.de/bedeutung/11560-Pennaeler)

12 „Unter den Talaren der Muff von tausend Jahren" war Ende der sechziger Jahre ein bekannter Studentenslogan.

13 Bramarbasieren: prahlen, sich in den Vordergrund drängen.

14 Ein dem Duden vergleichbares Wörterbuch, das auch Auskunft über die Herkunft der Wörter und deren indoeuropäische Wurzeln gibt.

15 Zitat aus Julius Caesars „Kommentare über den gallischen Krieg" (6, 22, 1). Übersetzung: „Die Germanen bemühen sich nicht um den Ackerbau, ihre Ernährung besteht zum größten Teil aus Milch, Käse und Fleisch". Armins freie Übersetzung beruht auf der Verwechslung der Wörter für Nahrung (*victus*), Milch (*lac*) und Käse (*caseus*) mit Dorf (*vicus*), See (*lacus*) und Hütte (*casa*) – und auf der Tatsache, dass er im Geschichtsunterricht bei der Durchnahme der Pfahlbaukultur gut aufgepasst hatte.

16 Verkleinerungsform von Traktat; lat. *tractatus*: „Abhandlung, Erörterung".

17 „Urbi et orbi": traditioneller Segen des Papstes (der Stadt Rom und dem Erdkreis).

18 Beim 24-Stunden-Rennen von Le Mans (Frankreich) starten die Fahrer ihre Motorräder durch Anschieben.

19 Durch *Mycobacterium tuberculosis* verursachte, feuchte Rippenfellentzündung.

20 Schrittweise Wiederherstellung der Gesundheit nach einer Erkrankung. (vgl. http://flexikon.doccheck.com/de/Rekonvaleszenz)

21 Militär bzw. Bundeswehr in der Soldatensprache.

22 Nicht hinnehmen, sich widersetzen.

23 Mittelalterliche Methode zur Auslegung von philosophischen Texten mit Hilfe von kirchlichen Autoritäten oder der Bibel.

24 Olfaktorisch: den Geruchssinn betreffend.

25 Unerwartet wieder in Mode kommen.

26 Lat.: „*nährende Mutter*", lateinische Bezeichnung für eine Universität.

27 Staatliches Förderungsdarlehen nach dem Bundesausbildungsförderungsgesetz BAfÖG.

28 Angefärbte Moleküle wandern in einem elektrisch geladenen Gel je nach Größe unterschiedlich weit; dort, wo sie sich ansammeln, entstehen Farbflecken, die sog. Bandenmuster.

29 1 Nanometer = 1 Milliardstel Meter

30 Arbeitsrausch

31 Ein Poster ist ein visueller Vortrag in Form eines Plakates, in dem ein wissenschaftlicher Sachverhalt anschaulich dokumentiert wird.

32 Magen-Darm-Trakt

33 Flau, der Übelkeit nahe. Verballhornung des französischen „bleu mourant" – das sterbende Blau.

34 Die Reaktionspartner reagieren unter Freisetzung erheblicher Wärmeenergiemengen, z. B. in Form einer Explosion.

35 Postdoktoranden sind Nachwuchswissenschaftler, die nach ihrer Promotion auf befristeten Stellen weiterarbeiten.

36 Bundesverband Mittelständische Wirtschaft

37 Ein Schuft, wer Böses dabei denkt.

38 Reizdarmsyndrom

39 Drei winzige Gehörknöchelchen, die der Schallübertragung dienen; mit den permanenten Ohrgeräuschen (Tinnitus) haben sie jedoch nichts zu tun.

40 Visuelle Migräne, auch Migräne-Aura genannt, äußert sich in geometrischen Zickzackformen, die den Bollwerken und Bastionen alter Stadtbefestigungen aus der Zeit des Dreißigjährigen Krieges verblüffend ähneln. Von Neurologen werden derartige Erscheinungen zu den Halluzinationen gezählt (Oliver Sacks 2013, S. 143 ff.).

[41] Aufbewahrung von lebendem Material in flüssigem Stickstoff.

[42] In Dantes Werk prangt der Satz über dem Eingangstor zur Hölle.

[43] Schlecht bezahlte Arbeitsplätze mit geringem Ansehen.

[44] Mindestens 14 Tage anhaltende, klar abgrenzbare Episode mit den typischen Veränderungen des Denkens, Fühlens und Handelns.

[45] Antidepressivum zur Behandlung von depressiven Erkrankungen.

[46] Bezeichnung im Sanskrit für ein repetitiv rezitiertes, heiliges Wort.

[47] Der russische Forscher Pawlow (1849-1936) beobachtete bei Hunden, dass ein neutrales Geräusch (z. B. das einer Glocke), wenn es der Fütterung regelmäßig voranging, den Speichelfluss bereits vor der Nahrungsaufnahme in Gang setzte. Er bezeichnete dieses Phänomen als „konditionierten Reflex".

[48] Im Sinne von: Du bist nicht nur raus aus dem Spiel, du hast nie mitgespielt.

[49] Internationale Schulleistungsstudie der OECD.

[50] Arbeitet medizinische oder pharmazeutische Rohdaten in einer gut verständlichen Form für die Veröffentlichung auf.

[51] Günther Grass in „Das Treffen in Telgte".

[52] „Leitfaden für die Zell- und Gewebekultur. Einführung in Grundlagen und Techniken" (Wiley – VCH Weinheim, 2006).

[53] „Als Mobbing bezeichnet man Handlungen, die dazu dienen, andere Menschen wiederholt zu schikanieren, zu quälen und seelisch zu verletzen. Beispielsweise durch die Verbreitung falscher Tatsachenbehauptungen, die Zuweisung sinnloser Arbeitsaufgaben, Gewaltandrohung, soziale Isolation oder ständige Kritik an der Arbeit. Viele Mitarbeiter des Gesundheitsdienstes kennen diese Situationen. Oft ist das Mobbingopfer zunächst Sündenbock für unverarbeitete Konflikte am Arbeitsplatz. Später kommt es zu gezieltem Terror durch Ausgrenzung und Kränkungen. ‚Mobbing ist in Kliniken stark verbreitet – das liegt auch an den traditionellen, strikt hierarchischen Strukturen', erklärt Dr. Brigitte Hefer, Mobbing-Beauftragte der Ärztekammer Nordrhein". (Heckl, 2017)

54 Noradrenerges bzw. serotonerges Antidepressivum.

55 Britischer, auf das Asperger-„Syndrom" spezialisierter Psychologe und Buchautor.

56 Kinofilm aus dem Jahr 1988. Dustin Hoffman stellt darin den Autisten und Inselbegabten Kim Peek († 2009) dar.

57 Autismus-Spektrums-Quotient

58 Klassifikationssysteme für psychische Erkrankungen.

59 Ratingskala der Diagnostik von Störungen des autistischen Spektrums nach ICD-10 und DSM-IV.

60 Katatonie: psychomotorische Bewegungsunfähigkeit mit Sprechblockade (Mutismus).

61 Ausgefallene Wortneuschöpfungen, z.B. Adjektive wie verblondet; entmüdet; Verben wie einkaufen, zweikaufen, dreikaufen (je nach Anzahl der Begleiter); teflonieren, urben und orben, tesafilmen, oktobern, bananen etc.

62 Nachahmung und Wiederholung von eigentümlich klingenden Worten oder Geräuschen.

63 Ambulanter Dienstleister und neutrale Vermittlungsinstanz zwischen Arbeitgeber und Arbeitnehmer, die im Auftrag von gesetzlichen Arbeitsvermittlern die Teilhabe am Arbeitsleben für Menschen mit Behinderung fördern, begleiten und unterstützen.

64 Genossenschaft mit dem Ziel, autistischen Menschen den Zugang zum ersten Arbeitsmarkt zu erleichtern und Kooperationen mit Unternehmen anzustreben, die autistische Mitarbeiter beschäftigen möchten.

65 Selbsthilfeorganisation von und für Menschen im Autismus-Spektrum.

66 Die Zielstellung der Maßnahme lautet nach § 33 SGB IX: „Zur Teilhabe am Arbeitsleben werden die erforderlichen Leistungen erbracht, um die Erwerbsfähigkeit behinderter [...] Menschen entsprechend ihrer Leistungsfähigkeit zu erhalten, zu verbessern, herzustellen oder wiederherzustellen und ihre Teilhabe am Arbeitsleben möglichst auf Dauer zu sichern."

[67] Artikel 27 der UN-Behindertenrechtskonvention: „Die Vertragsstaaten anerkennen das gleiche Recht von Menschen mit Behinderungen auf Arbeit; dies beinhaltet das Recht auf die Möglichkeit, den Lebensunterhalt durch Arbeit zu verdienen, die in einem offenen, integrativen und für Menschen mit Behinderungen zugänglichen Arbeitsmarkt und Arbeitsumfeld frei gewählt oder angenommen wird."

[68] Nicht wörtlich gemeinte Metapher für weniger qualifizierte, schlechter bezahlte Tätigkeiten (vgl. „den Gürtel enger schnallen").

[69] Peter Escher, Moderator der 2013 eingestellten MDR-Ratgeberserie „Ein Fall für Escher". Seine 2015 gegründete Internetplattform, auf der er Bürgern mit Problemen unentgeltlich Rat und Hilfe anbot, ging 2016 in die Insolvenz (Mitteldeutsche Zeitung vom 16.08.2017).

[70] Nach eigenen Angaben Deutschlands bislang einziges Unternehmen, das ausschließlich Menschen im Autismus-Spektrum als IT-Consultants beschäftigt (Stand: 2012).

[71] Autistisches Denken fußt nach T. Grandin auf drei unterschiedlichen Denksprachen: visuelles oder Bilderdenken, Denken in Mustern und Strukturen sowie Wort-Fakt-Denken. Diese Denkmethoden können auch in Kombination verwendet werden.

[72] Dänisches Unternehmen, das die charakteristischen Eigenschaften von Menschen mit Autismus als Alleinstellungsmerkmal und Wettbewerbsvorteil nutzt.

[73] Schweizer Unternehmen, das vorzugsweise Menschen mit dem Asperger-„Syndrom" beschäftigt.

[74] Der Elternselbsthilfeverband vertritt die Interessen von Menschen mit Autismus und ihrer Angehörigen, betreibt Aufklärung und fördert Einrichtungen und Maßnahmen, die eine wirksame Hilfe für Menschen mit Autismus bedeuten.

[75] Zentrale Auslands- und Fachvermittlung der Bundesagentur für Arbeit.

[76] Nach einer Studie der Berliner Autismus-Forschungs-Kooperation (AFK) von 2009 besitzen Allgemeinärzte kaum mehr Wissen über Autismus als die Durchschnittsbevölkerung.

[77] Mythisches Ungeheuer in Hundsgestalt, das den Zugang zur Unterwelt bewacht.

[78] Aus dem Nationalen Aktionsplan der Bundesregierung zur Umsetzung der UN-Behindertenrechtskonvention (Stand: September 2011).

[79] Ein Mann, der sich für seine Einberufung zum Militär bereithält, die aber Monat um Monat auf sich warten lässt.

[80] Lediglich elf Prozent der ALG-II-Empfänger über 55 Jahre kamen im Freistaat Sachsen in eine Beschäftigung (Quelle: Daten des Sächsischen Wirtschaftsministeriums von 2016 auf Anfrage des Landtagsabgeordneten Bründer von der Linkspartei).

[81] Die DAK-Gesundheit ermittelte 2014, dass Arbeitslose härter von Stress betroffen sind als diejenigen, die viel arbeiten und Verantwortung tragen. Unterforderung und Frustration können ebenfalls chronischen Stress auslösen.

[82] Vor dem Hintergrund des aktuellen Wissens beleuchtete und kommentierte Krankengeschichten.

[83] Inhaltsangaben, Abrisse oder Kurzreferate ohne Interpretation und Wertung einer wissenschaftlichen Arbeit.

[84] Aufmerksamkeitsdefizit-/Hyperaktivitätsstörung

[85] Akustische Collage aus Klängen, Sprache und Alltagsgeräuschen („Konkrete Musik"), 1968 auf der LP „We're Only in It for the Money" veröffentlicht.

[86] Dort befindet sich der Landeplatz der Rettungshubschrauber.

[87] Aus dem Tätigkeitsbericht 2012-2014.

[88] Patientengruppe in einer experimentellen Studie, die einer zu prüfenden Behandlung auch wirklich unterworfen wird. Von dem in der Verumgruppe zu beobachtenden Effekt wird jener subtrahiert, der in der Kontrollgruppe (= Placebogruppe) aufgetreten ist. Die Differenz dieser Effekte ist als Wirkung der Behandlung zu interpretieren. [*Copyright 2001 Spektrum Akademischer Verlag, Heidelberg*].

[89] Eine Hand wäscht die andere. Lateinische Übersetzung eines Verses des griechischen Komödiendichters Epicharmos durch den römischen Philosophen Seneca.

[90] Ehemaliger Verband der Kriegsbeschädigten, Kriegshinterbliebenen und Sozialrentner Deutschlands.

[91] 9. Buch Sozialgesetz

[92] Engl.: New Deal: „Neuverteilung der Spielkarten". Die Redewendung wurde 1932 vom amerikanischen Präsidentschaftskandidaten F. D. Roosevelt für die von ihm durchgeführten Reformen zur Beilegung der Wirtschaftskrise verwendet.

[93] Mutmaßlich vom Hersteller geplante, absichtliche Verringerung der Lebensdauer von Produkten.

[94] Künstliche Figur in Computerspielen.

[95] Beweisfehler, bei dem die Voraussetzungen das zu Beweisende schon enthalten.

[96] Das Andorra-Phänomen besagt, dass sich Menschen aus gesellschaftlichen Randgruppen mit der Zeit entsprechend den Erwartungen und Beurteilungen der Gesellschaft („ihr dürft nichts, ihr seid nichts") zu verhalten beginnen. Man könnte auch sagen, die Gesellschaft hat ihnen ein schlechtes Gewissen eingeredet.

[97] Bis zur Abschaffung des Kaiserreiches in China praktizierte Demutsgeste; im deutschen Sprachgebrauch die Umschreibung für ein nicht ganz freiwilliges Nachgeben.

[98] Engl. „bonsaiing": fernöstliche Gartenkunst, durch die Bäume widernatürlich am Wachstum gehindert und zurechtgestutzt werden.

[99] Traditioneller Mittagsschlaf in Spanien.

[100] Der Nachbrenner eines Düsenjets reichert die in den Triebwerksbrennkammern verdichtete und beschleunigte Luft nochmals mit Kraftstoff an und zündet das Gemisch erneut. Das führt zwar zu einer deutlichen Schuberhöhung, jedoch auf Kosten eines deutlich höheren Treibstoffverbrauchs.

[101] Mühsame Detailarbeit

[102] Keine Fehler! Maxime des amerikanischen Rock- und Jazzmusikers Frank Zappa.

[103] Claqueur: bestellter Beifallklatscher

[104] „Witzischkeit kennt kein Pardon“ (aus einem Liedtext von Hape Kerkeling und Heinz Schenk).

[105] Stigma: Merkmal eines Menschen, das teilweise oder ganz von sozialer Anerkennung ausgeschlossen ist (Gerstenmaier und Hamburger, 1978).

[106] Das Sozialgesetzbuch IX vom 01.07.2001 zielt darauf ab, die Selbstbestimmung und gleichberechtigte Teilhabe am gesellschaftlichen Leben für Menschen mit Behinderung sicherzustellen und Benachteiligungen zu vermeiden oder ihnen entgegenzuwirken (vgl. Fuchs, 2012).

[107] Teilnehmer an Arbeitsbeschaffungs- und Strukturanpassungsmaßnahmen.

[108] Der starke Anstieg von Information über Autismus ist nicht zuletzt der bevorzugten Nutzung der Digitalen Medien durch Autisten zu verdanken.

Ausgewählte Fachliteratur zum Thema

Autismus

Martina Schabert:
Teilhabe am Arbeitsleben von Menschen mit Autismus-Spektrum-Störung und hohem Assistenzbedarf

Menschen mit ASS und hohem Assistenzbedarf, haben ein großes Interesse daran, am Arbeitsleben teilzuhaben.Das vorliegende Buch stellt ein Projekt vor, das für diesen Personenkreis geschaffen wurde: die „Werkstatt für Menschen mit Autismus" in der Stiftung Attl. Begleitet durch das Forschungsprojekt AUTWERK konnten die Erfahrungen und Erkenntnisse dieser modellhaften Werkstatt dokumentiert und ausgewertet werden. Die Erkenntnisse dieses Buches geben wertvolle Anregungen und machen Mut, weitere Schritte zu inklusiven Angeboten im Bereich der Arbeit zu gehen. 128 S., mit zahlr. Abb., Großformat, kart.
ISBN 978-3-86059-**197**-0

autismus Deutschland e.V. (Hrsg.):
Autismus
Lernen – Arbeit – Lebensqualität

Bildung, Arbeit und Wohnen sind zentrale Bereiche um ein erfülltes Leben in der Gesellschaft führen zu können. Doch häufig sind genau diese Lebensqualitäten für Menschen mit Autismus nicht gegeben und alles andere als selbstverständlich. Der Band legt die wichtigsten neuen Erkenntnisse aus Forschung und Wissenschaft dar und stellt zeitgemäße Möglichkeiten von Therapie und Förderung vor. Es wird gezeigt wie wichtig eine frühe Diagnose und eine frühe Förderung ist, denn dadurch kann auf die weitere Entwicklung bedeutend Einfluss genommen werden, um entsprechend der intellektuellen Fähigkeiten die Beschulung und spätere Ausbildung anschließen zu können. Außerdem werden in diesem Buch einige konkrete Beispiele gegeben, sich trotz dieser Störung in der Arbeitswelt und der Gesellschaft zurecht zu finden. Der Band zeigt neue Wege, wie eine individuell abgestimmte Integration in die Gesellschaft gelingen kann. Im Fokus steht dabei die Heranführung an die zentralen gesellschaftlichen Werte von Arbeit, Bildung und einer weitgehenden Selbstständigkeit. 352 Seiten, kart.
ISBN 978-3-86059-**233**-5

autismus Deutschland e. V. (Hrsg.):
Inklusion von Menschen mit Autismus

Echte Teilhabe von Menschen mit Autismus in einer inklusiven Gesellschaft ist ein wichtiges Ziel. Doch auf welchen rechtlichen Grundlagen basiert die Inklusion? Wie kann sie im Alltag umgesetzt werden? Wo ist Inklusion schon Realität und in welchen Bereichen müssen die Bemühungen um Teilhabe noch deutlich intensiviert werden? Grundlegende Beiträge u. a. zur „UN-Konvention über die Rechte von Menschen mit Behinderungen" liefern Basiswissen über die Rechtsgrundlagen der Inklusion und die Rechtsansprüche von Menschen mit Autismus. In persönlichen Texten ermöglichen Menschen mit Autismus den Leserinnen und Lesern einen Einblick in ihr Leben, ihre Empfindungen und ihre Möglichkeiten zur Teilhabe. In vielfältigen Beiträgen widmen sich Fachleute aus der Praxis dem Thema „Inklusion" im Hinblick auf die verschiedenen Lebensbereiche von Menschen mit Autismus. 496 S., mit zahlreichen Abbildungen und Tabellen, kart.
ISBN 978-3-86059-**231**-1

autismus Deutschland e.V. (Hrsg.):
Autismus in Forschung und Gesellschaft

Obwohl „Inklusion" in aller Munde ist, wird schnell klar, dass das Ziel einer inklusiven Gesellschaft bei weitem noch nicht erreicht ist. Menschen mit Autismus nehmen die Welt auf ihre ganz eigene Weise wahr. Daher entwickeln sie oft besondere Fähigkeiten. In diesem Buch wird gezeigt, wie die Arbeitswelt von diesen Fähigkeiten profitieren kann und wo auf gesellschaftlicher Ebene noch weiterer Handlungsbedarf besteht.
Nicht alle Betroffenen kommen innerhalb der Gesellschaftsstrukturen ohne fremde Hilfe zurecht. Vor welchen Herausforderungen Spezialeinrichtungen, ambulante Unterstützungsangebote etc. stehen, erläutern weitere Beiträge.
416 Seiten, kart.
ISBN: 978-3-86059-**232**-8

VON LOEPER LITERATURVERLAG
Daimlerstraße 23, 76185 Karlsruhe
Tel. +49 (0)721 4647290, Fax +49 (0)721 46472 9099
Email: info@vonloeper.de, Internet: www.vonloeper.de